철학은 내 친구

철학은 내 친구

지은이 위기철 그린이 정우열

펴낸날 2022년 3월 21일 초판1쇄
펴낸이 김남호 | 펴낸곳 현북스
출판등록일 2010년 11월 11일 | 제313-2010-333호
주소 07207 서울시 영등포구 양평로 157, 투웨니퍼스트밸리 801호
전화 02) 3141-7277 | 팩스 02) 3141-7278
홈페이지 http://www.hyunbooks.co.kr | 인스타그램 hyunbooks
ISBN 979-11-5741-297-6 03100

편집 이경희 | 마케팅 송유근, 함지숙

철학은
내 친구

위기철 지음 정우열 그림

현북스

초판이 나온 지 햇수로 15년이 되었습니다. 세월이 많이 흐르다 보니 이해를 도우려고 든 예들이 도리어 이해를 가로막는 꼴이 되어 버렸고, 말투나 표현조차 요즘 정서에 안 맞는 구닥다리티를 내더군요. 이 책을 찾는 독자들이 아직도 있는데, 언제 고쳐도 한 번은 고쳐야 할 듯하여 개정판 작업을 했습니다.

개정판 작업은 두 가지 점에 주력했습니다. 하나는 낡은 예들을 바꾸는 일이고, 다른 하나는 좀 더 쉽게 다듬는 일이었습니다.

낡은 예들을 바꾸는 일도 만만치 않았지만, 쉽게 쓴다는 것은 여간 골치 아픈 일이 아니더군요. 쉽게 쓰면 부정확해지고, 정확하게 쓰면 어려워지니 말입니다. 참으로 선택하기 어려운 문제이긴 하나, 정확성을 조금 포기하더라도 쉽게 풀어쓰는 쪽을 택했습니다.

그래도 완전히 쉽게 풀어쓰지 못한 까닭은 '개념'에 대한 제 나름의 소신 때문입니다. 만일 이 책 한 권으로 철학을 통달할 수 있다면, 구태여 까다로운 철학 개념들을 익힐 필요는 없을지 모릅니다. 하지만 이 책은 그저 철학의 입구 노릇이나 할까 말까 한 정도이며, 여러분이 앞으로도 철학에 흥미를 느낀다면 좀 더 심화된 책들을 읽어야 할 것입니다.

저는 어떤 학습이든 정확한 개념 파악 없이는 진척되기 어렵다고 믿고 있으며, 심지어 모든 학습은 결국 개념 학습이라는 생각마저 가지고 있습니다. 그러니 골치 아프더라도 철학에서 사용하는 개념어들을 익혀 두는 것이 뒷날을 위한 좋은 투자가 되지 않을까 싶어 이 책의 많은 부분을 개념 파악에 할애했습니다.

다만 개념을 익히는 방법은 다양할 수 있어, 되도록 알기 쉽거나 여러분 일상과 관련한 예들을 열거하는 방식을 택했습니다. 개념 정의에 너무 신경 쓸 필요는 없고, 예들을 통해 그냥 무슨 뜻인지 파악하는 정도로 훑고 넘어가면 좋을 것입니다. 여러분이 '사과'라는 개념을 백과사전을 보고 알게 된 것이 아니라 그냥 여러 차례 보고 먹다 보니 알게 되었듯이, 다른 개념들도 마찬가지가 아닐까 생각해 봅니다. 자주 읽고 사용하다 보면 그 개념에 가까이 다가가게 될 테지요.

책 읽기에 익숙하지 않은 분들께는 이 책보다 좀 더 풀어쓴 철학책을 권하고 싶네요. 요즘에는 그런 책들이 많이 나와 있으니 그리 구하기 어렵지 않으리라 생각합니다.

능력껏 다듬기는 했지만 여전히 부정확하거나 어려운 부분은 제 재주가 미욱한 탓이니 이해해 주시고, 이왕 손에 잡은 책 끝까지 읽어 주시기를 바랍니다.

끔찍하고 막막하기만 했던 개정 작업에 박차를 가하게 된 것은 어떤 고등학생 친구들의 질책과 응원을 담은 메일 덕분이었습니다. 얼굴 한번 본 적 없지만 이 자리를 빌려 그 친구들에게 감사의 말을 전합니다.

고맙다, 친구들아! 너도나도 멋진 사람이 되어 세상 어딘가에서 우연히 만나자꾸나!

2005년 5월 글쓴이

머리말

[1] 사람은 얼마큼 자유로울 수 있는가?

얼마 전 어떤 단체에서 설문 조사를 했더니, 우리 청소년들 대다수가 자신이 목표하는 삶으로 '어떠한 제약도 받지 않는 자유로운 삶'을 꼽았다고 하더군요. 아마 그만큼 자유롭지 못한 현실에서 살아가고 있으니 이런 삶을 갈망하게 되었을 테지요.

그러나 한번 생각해 봅시다. '어떠한 제약도 받지 않는 자유로운 삶'이란 과연 가능한 것일까요? 물론 저는 여러분께 '자유에 대한 갈망'을 포기하라고 이런 물음을 던지는 것은 아닙니다. 자유에 대한 갈망이야말로 가장 사람다운 것이며, 이런 '갈망'을 포기한다면 인생은 끝이라고 말해도 지나친 말은 아닐 것입니다. 하지만 잘라 말하거니와 '어떠한 제약도 받지 않는 자유'는 불가능합니다.

어째서 그럴까요? 사람은 육체를 가진 생명체로서 세상으로부터 이런저런 도움을 받으며 살아갈 수밖에 없기 때문입니다. 죽음으로부터 자유로울 수 있는 사람이 있습니까? 먹지 않고 살 수 있는 사람이 있습니까? 사회와 어떤 관계도 맺지 않고 살 수 있는 사람이 있습니까? 없습니다. 어차피 사람은 수많은 제약 속에서 살아갈 수밖에 없는 존재들입니다.

자유는 제약을 극복하는 데서 실현될 수밖에 없는데, 우리는 이 일을 혼자서는 할 수 없습니다. 한 개인으로서 사람은 한정된 목숨과 제한된 능력을 가진 존재이기 때문입니다.

그럼에도 불구하고 오늘날 많은 사람들은 저 혼자 자유롭고 저혼자 완전해지려 합니다. '개인주의'와 '자유의 실현'은 도저히 양립할 수 없는 관계에 있는데도, 양립할 수 있다고 착각합니다. 개인주의가 확산되면 될수록 개인적 자유가 실현되고 있다는 착각은 점점 커지되 자유는 개인들로부터 점점 멀어져 갑니다. 사회는 자신의 자유를 실현할 유일한 공간인데도 '사회가 자신을 억압한다'고 믿습니다. 이웃과 동료가 자유 실현을 도울 가장 좋은 협력자인데도 '자유롭기 위해서 홀로 살아야 한다'고 믿습니다. 이런 괴상한 이율배반은 개인주의와 자유 실현이 조화를 이룰 수 있다는 착각에서 비롯한 것입니다. 이런 종류의 착각들은 늘 위태롭게 느껴집니다.

저는 여러분이 '어떠한 제약도 받지 않는 자유로운 삶'을 자신이 목표하는 삶으로 꼽는 것을 보고도 이런 위태로움을 느낍니다. 엄밀히 말하면 슈퍼맨이 아닌 우리에게 이런 자유란 불가능합니다. 세상에 태어나 살고 있는 우리에게 '세계'라는 제약은 이미 주어진 것인데, '어떠한 제약도 받지 않는다'는 말은 있을 수 없는 말입니다. 이러한 삶이 가능하리라 믿는다면 그것은 거짓된 인식이며, 거짓된 인식은 우리를 자유롭지 못하게 합니다.

그래서 우리는 개인이 아닌 사람 전체로서의 인생을 계획하지 않으면 안 됩니다. 개인은 약하지만 사람 전체는 강하기 때문입니다. 개인의 수명은 길어야 100년이지만, 사람 전체의 수명은 인류가 존재하는 한 무한합니다. 개인의 능력은 작은 바윗돌 하나 옮겨 놓기에도 벅차지만, 사람 전체의 능력은 태산도 옮겨 놓을 만큼 강합니다. 우리가 인생을 사람 전체로서 계획할 때 그만큼 수명도 늘어나고 능력도 강해집니다. 그럼에도 불구하고 어째서 오늘날 많은 사람들은 '자기 혼자' 모든 것을 완성하려 들까요? 어째서 혼자 강해지고, 혼자 자유를 누리려고 생각하는 것일까요? 이것은 우리 사회에 뿌리내린 개인주의 병폐가 개인의 삶마저 왜곡시키고 있는 단면입니다.

저는 여러분이 어떤 인생관을 세우고 삶을 살아가든, '세계와 사람의 관계가 어떠한 것인가' '그것은 단지 제약하는 관계일 뿐인가' '사람은 무엇이고, 세계는 무엇인가' 따위에 대해 더 많이 고민해 보았으면 합니다. 그리고 이 책은 이런 문제를 철학적으로 제기하는 책이라 보아도 좋을 것입니다.

하지만 이 책은 전적으로 신봉할 만한 것은 못 됩니다. 이 책은 여러분이 철학으로 들어가는 입구는 될지언정 출구는 될 수 없기 때문입니다. 철학은 보편적이고 추상적이며, 현실의 모든 문제는 구체적이기 마련입니다. 여러분이 이 책을 읽고 세계와 자신에 대한 고민을 생생하게 떠올릴 수 있다면, 저는 작은 보람을 느낄 수 있을 것입니다.

[2] 책의 구성에 대해서도 좀 말씀드리겠습니다.

철학은 본래 쉽지가 않습니다. 철학은 개별적이고 구체적인 현상들 속에서 보편적이고 추상적인 본질을 캐내려는 사람 사고의 반영물입니다. 그래서 철학을 학습하는 일은 영화를 감상하는 일처럼 수월하지는 않습니다. 이 점은 어느 정도 각오해야 합니다.

다만 저는 제 능력이 닿는 데까지 최대한 쉽게 써 보려고 애를 썼습니다. 서술문보다는 이야기 투가 친근하다는 점을 살려 본문 전체를 철학이 여러분에게 들려주는 대화체로 꾸몄습니다. 따라서 본문에 나오는 '나'는 '철학'입니다. 여러분은 친구 이야기를 듣는 기분으로 읽어 나가면 좋을 것입니다.

속담이나 옛날이야기를 많이 빌린 까닭은 옛사람들의 지혜를 활용하기 위해서입니다. 다만 속담이나 옛날이야기가 하나의 사실에 대해서는 진리를 포함하고 있지만, 다른 사실에 대해서는 진리를 포함하지 못한다는 점만큼은 염두에 둬야 합니다. 그것은 본문에서도 말하겠지만, 속담과 옛날이야기는 철학적 세계관이 아닌 상식적 세계관만을 반영하기 때문입니다.

본문에서 다루지 못한 내용 가운데 일부는 '도란도란 철학 문답'에서 다뤘습니다. 특히 혼동하기 쉬운 개념들을 중심으로 다루었으니 참고 바랍니다. '머리 쓰기 연습 문제'는 여러분이 철학적 사고를 실생활에 응용해 보기를 바라는 마음에서 달아 놓은 것입니다. 책 끝에 도움말을 달아 놓았지만 도움말에 지나치게 의존할 필요는 없습니다. 도움말은 '정답'이 아니라, 그야말로 '도움말'일 따름입니다.

이 책은 모두 여섯 묶음으로 짜여 있지만 그 내용들은 서로 유기적으로 연관되어 있습니다. 따라서 좀 이해하기 어려운 묶음이 있다면, 다른 묶음부터 먼저 읽어도 상관없습니다.

이 책을 읽을 때 가능하다면 정리·요약하면서 읽고, 특히 철학 개념들만큼은 잘 정리해 두고 넘어가는 편이 좋을 것입니다. 또 혼자 학습하기보다는 친구들과 함께 토론하며 학습하기를 권하고 싶습니다.

이 책을 쓰기는 했지만 저는 글 쓰는 이야기 작가일 뿐 철학을 직업으로 삼고 있는 사람은 아닙니다. 하지만 철학이 몇몇 철학 전문가들만의 친구가 아닌, 모든 사람의 친구가 되어야 한다는 믿음에서 감히 이 작업에 달려들었습니다. 이 책에 '철학은 내 친구'라는 좀 우스꽝스러운 제목을 단 까닭도 이런 믿음 때문입니다.

아무래도 부실한 내용이 많을 것입니다. 이 책을 읽다가 혹시 잘못된 점이나 의문 나는 점들을 발견한다면 언제라도 알려 주십시오. 책을 출간한 다음에라도 최대한 수정해 나갈 각오입니다.

여러분 앞날에 늘 보람되고 알찬 삶이 있기를 바랍니다.

1991년 4월 글쓴이

차례

첫 번째 이야기 **철학적으로 생각한다는 것**

사는 게 힘들다구?

그럼, 나랑 놀면서 한 발자국씩 나가 보자.

철학은 왜 필요한가

철학 따위가 다 뭐냐?

이웃집 할머니는 철학의 '철' 자도 모르시는 분인데도 인생 70년을 별 탈 없이 지내 오셨어. 이 할머니뿐 아니라, 사람들은 철학을 몰라도 살아가는 데 큰 불편을 느끼지 않을 거야. 그래서 어쩌면 이렇게 말할 친구도 있을지 몰라.

"철학은 골치 아픈 거야. 철학책은 철학자들이나 읽으라고 해. 나는 그 시간에 차라리 추리소설이나 공상과학소설을 읽겠어."

사실 맞는 말이야. 나(철학)를 몰라도 너희는 빵집에서 빵을 사먹거나 직장을 구하는 데 큰 문제는 없을 거야.

빵집에서 '만두를 시킬까, 찐빵을 시킬까.' 하는 문제를 두고 철학적 고민을 하는 사람은 없잖니? 또 '곧바로 취직을 할 것인가, 아니면 대학에 진학을 할 것인가' 'OO대학에 갈까, △△대학에 갈

까'처럼 좀 더 고민스러운 문제일지라도, 너희는 내 도움보다 부모
님이나 선생님의 도움말을 듣고 문제를 해결할 수 있을 거야.

하지만 너희는 이런 문제들보다 더 어려운 문제에 부딪히는 때가
있을 거야. 자, 어떤 친구의 고민을 한번 들어 볼까?

나를 가장 비참하게 만드는 것은 학교에 와서 인간들 사이에 끼여
서 하루의 생활을 한다는 그 자체다. 산다는 것에 의미를 잃은 지는
이미 오래지만, 이것을 단순히 사춘기 탓이라고만 돌리기엔 뿌리가
깊다. 여러 인간들에게 나의 존재란 아무 쓸모가 없다는 것을 생각할
때 친구들 앞에 서기가 두렵고 또한 처참함을 느끼게 된다. 가끔은
누가 옆에 있어 주기를 바라지만 나는 늘 혼자 있어야 한다고 속삭이
는 또 다른 하나의 내가 있음을 느낀다. 부모가 싫다. 선생님들은 나
와 아무런 관계가 없다. …… 세상 살기가 싫다.

　－《홀로 앓는 풀잎들의 이야기》 어느 여고 2년생의 글에서

이런 종류의 고민은 그저 막막하게만 느껴지고 심지어 그 원인
과 정체조차 제대로 알 수 없기 마련이지. 이런 고민에 부딪히게
되면 너희는 뭔가 좀 더 깊이 있는 사색이 필요하리란 생각이 들
거야.

아마 지금 너희 가운데는 이런 고민 때문에 뭘 좀 알아야겠다 싶어 이 책을 펼쳐 든 친구도 많을 테지.

만두냐, 찐빵이냐?

이제 좀 더 찬찬히 따져 보자. 너희는 그동안 철학 없이도 문제를 판단하고 해결해 왔어. 자, 그렇다면 너희는 여태껏 무엇으로 문제를 판단하고 해결해 왔을까?

'만두냐, 찐빵이냐?'의 문제야 물론 제 입맛대로 판단하는 거겠지. 그냥 자기 먹고 싶은 것을 달라고 하면 되잖아? 이런 판단은 정직해서 거의 착오가 없어. 때로 만두를 시켜 놓고 나서 "에이, 찐빵을 시킬걸." 할 때도 있겠지만, 그건 '찐빵을 시키는 것이 옳았는데, 만두를 시키고 말았다'는 판단 착오라기보다는 갑작스레 입맛이 바뀌었을 뿐이야.

너희는 일상생활에서 '입맛' 같은 감각으로 판단할 때가 많을 거야. 배가 고프면 밥을 먹고, 소변이 마려우면 화장실에 가고, 등이 가려우면 긁지. 우리 감각은 매우 정직하기 때문에 감각에 따른 판단은 대부분 옳아. 예를 들어 너희가 앞에 놓인 꽃을 눈으로 보고, 향기도 맡고, 직접 만져 보기까지 했다 하자. 너희는 "이게 정말 꽃일까? 혹시 돌멩이를 꽃으로 착각하고 있는 것은 아닐까?" 하며 자신의 감각이 알려 준 사실을 의심할 필요는 없어. 너희 감각은 옳고 그것은 분명 꽃이야.

그러나 모든 문제를 오로지 감각에만 의존해서 판단할 수 있을까? 그럴 수는 없어. 이를테면 어떤 시험에 이런 문제가 나왔다고 해 보자.

[문제] 지구와 태양의 관계에 있어서 어떤 것이 옳은가?
　　　①태양이 지구를 중심으로 돈다.
　　　②지구가 태양을 중심으로 돈다.

물론 너희는 이 문제의 정답이 ②번임을 쉽게 알 거야.

그렇다면 너희는 과연 이 문제를 감각으로 판단한 걸까? 만일 감각으로 판단했다면, 너희는 아마 ①번을 정답으로 골랐을지도 몰라. 왜냐하면 사람들 눈에는 분명 태양이 동쪽에서 떴다가 서쪽으로 지는 것으로 보이기 때문이지. 하지만 너희는 그저 눈에 보이는 대로만 판단하지 않기 때문에, 정답이 ②번임을 아는 거야.

그럼 너희는 이 문제의 정답이 ②번임을 저절로 알았을까? 아닐 테지. 아마도 책이나 다른 누군가한테 배운 상식으로 정답을 맞혔을 거야. 상식은 오랜 세월에 걸친 경험을 통해 사람들에게 인정받아 온 지식이고, 그런 만큼 많은 경우에 있어서 옳아.

이를테면 너희 어린 동생이 장난삼아 남의 물건을 훔쳤다고 해 봐. 너희는 이렇게 동생을 꾸짖을지 몰라.

"얌마, 아무리 장난이래도 그러면 못써. 바늘 도둑이 소도둑 되는 법이야!"

'남의 물건을 훔쳐서는 안 된다'는 것도 하나의 상식이며, 특별한 경우가 아니라면 이런 상식은 옳아. "상식적으로 생각해서" "그건 상식 밖의 생각이야!" "몰상식한" 따위의 말들을 보면, 사람들이 얼마나 많이 상식에 따라 판단하는지 잘 알 수 있지.

하지만 상식은 늘 옳은 것일까? 그렇지 않지? 상식이 틀린 경우도 많고, 상식으로 해결되지 않는 문제도 많잖니?

이를테면 "윗물이 맑아야 아랫물도 맑다."도 상식처럼 통하고 있는 속담이지만, 실제로 형은 개망나니인데 동생은 천사인 '흥부 놀부'와 같은 경우도 얼마든지 있잖아? 상식은 이렇게 어떤 경우에는 옳고, 어떤 경우에는 틀릴 수도 있지.

또 많은 사람들이 틀린 상식을 믿고 있는 경우도 많아. 예를 들면 옛사람들에게는 지구가 평평하다는 것이 상식이었지만, 옛사람들 모두가 틀린 상식을 믿고 있었을 뿐이잖니? 때문에 너희는 모든 문제를 상식에 따라서만 판단할 수는 없고, 그래서는 해답을 제대로 찾을 수 없는 경우가 많아.

종교를 가지고 있는 친구라면 종교 교리에 따라 문제를 판단하는 경우도 있겠지. 물론 종교 교리가 옳은 경우는 아주 많을 거야. 그러나 이것 역시 상식과 마찬가지로, 모든 문제에 무조건 옳다고 할 수는 없어.

예를 들어 "살생하지 마라." 하는 종교 교리는 대부분의 경우에 있어서 옳지만, 미친개가 돌아다니며 사람을 물고 있는데 생명이니 죽여서는 안 된다고 해 보자. 결국에는 더 많은 사람이나 동물들이 피해를 입게 되고 말 거야.

스스로 판단하기

지금까지 너희가 어떤 문제를 판단할 때 도움받는 것들을 꼽아 보았어. 물론 이런 것들은 바르게 판단하도록 너희를 도와주지. 하지만 모든 문제에 도움받을 수 있는 것은 아니야. 어째서 그럴까?

너희가 현실에서 부딪히는 문제들은 늘 똑같은 모양으로만 주어지지 않기 때문이야. 현실의 문제들은 아주 다양하고 상황에 따라 달라지기 마련이야. 예를 들어 '정직해야 한다'는 상식이 옳다고 해서, 일본 경찰한테 독립군 비밀 기지를 '정직하게' 알려 줄 수는 없는 노릇이잖아? 이처럼 현실에서는 '정직해야 한다'가 옳은 경우도 있고 옳지 않은 경우도 있어.

그렇다면 이런 판단은 무엇의 도움을 받을 수 있을까? 결국 스스로 판단할 수밖에 없겠지. 칼을 들이댄 일본 경찰 앞에서 "잠깐만요. 다른 사람들의 의견을 듣고 올게요." 한다면 우스꽝스러운 노릇 아니겠어?

그나마 다른 사람의 조언을 듣고서라도 해결할 수 있다면 다행이지만, 그렇지 못할 경우라면 어떻겠니? 이를테면 앞에서 말한 여학생의 고민 같은 경우라면 말이야.

물론 너희는 오직 자기 혼자의 판단으로 모든 문제를 해결할 수는 없어. 그렇게 할 수 있다고 믿는다면, 그건 오만한 생각일 뿐이지. 너희는 자신의 감각, 경험, 지식, 상식 따위의 여러 자료들을 모두 활용해야 해. 하지만 그것도 스스로 판단할 수 있는 능력이 있어야 올바로 활용할 수 있지 않겠어? 그렇지 않으면 이 사람 말을 들으면 이게 옳은 것 같고, 저 사람 말을 들으면 저게 옳은 것 같고, 혼란만 더 생길 뿐이지.

때문에 너희는 스스로 판단할 수 있는 능력을 키워 이런 혼란을 방지할 필요가 있어.

조리 있게 생각하기

스스로 판단할 수 있는 능력을 키우려면, 너희는 무엇보다 체계적이고 조리 있게 생각하는 방법을 훈련해 두어야만 해.

자, 이제 앞에서 예로 든 여학생의 고민을 다시 생각해 보자꾸나. 이 친구는 어째서 자신의 고민을 쉽게 해결할 수 없는 것일까? 여러 가지 이유가 있겠지만, 생각하는 방법에도 문제가 있을 거야.

해결할 수 있든 없든, 너희는 먼저 문제를 잘 뜯어보고 체계적으로 정리해 볼 필요가 있어. 이를테면 '학교생활이 만족스럽지 못하다'든가, '삶의 의미에 대한 이해가 부족하다'든가, '친구 관계가 원만하지 못하다'든가 하는 식으로 말이야. 이렇게 체계적으로 정리해야 뭐가 진짜 문제인지 생각을 모을 수 있고, 문제의 해결 방법도 찾을 수 있겠지.

예를 들어 '학교생활이 불만족스럽다'는 문제라면, 너희는 그것을 더 요모조모 따져 볼 수 있겠지. 왜 그런 불만이 생겼는가? 자신의 성격이 잘못된 탓인가, 아니면 학교생활이 잘못된 탓인가? 그 잘못은 어떤 것이며, 무엇 때문에 생긴 것인가? 그런 잘못을 고치려면 어떻게 해야 하는가?…… 식으로 말이야.

이렇게 문제를 분류하여 조리 있게 따져 봐야 그 문제에 맞는 해결책도 찾을 수 있는 거야.

폭넓게 생각하기

하지만 해결책은커녕 뭐가 뭔지 도무지 정리조차 안 될 때가 많을 거야. 그건 당연해. 이이는 사, 이삼은 육, 이사 팔…… 구구단 외우듯 문제와 답이 일대일로 딱딱 맞아떨어진다면 오죽 좋겠냐마는, 현실에서 부딪히는 문제는 늘 '이것도 문제, 저것도 문제' 식으로 복잡하게 서로 얽히고설켜 있기 마련이거든.

이를테면 '학교생활이 불만족스럽다'는 문제도 단지 학교생활 자체에서만 오는 것은 아니야. 성격 문제, 가정 문제, 친구 문제 따위와 얽혀 있고, 이런 문제들도 또 다른 문제들과 뒤엉켜 있기 마련이지. 그래서 어떤 문제를 놓고 씨름하다 보면, 도대체 어디서부터 풀어야 할지 막막해지기까지 할 거야.

이쯤 되면 너희 생각은 극단적으로 치닫게 될지도 몰라.

"내 문제는 도저히 해결될 수 없어. 세상은 모순투성이고, 나는 잘못 태어난 아이야. 아아, 죽음……, 오직 죽음만이 모든 문제를 해결할 수 있겠지."

이런 식의 사고는 청소년 친구들의 글에서 흔히 나타나더구나.

하지만 잠깐만! 너무 비관적으로 생각하지 말자. 현실에서 부딪히는 문제가 뒤죽박죽 얽혀 있는 게 사실이라면, 너희도 얽혀 있는 문제 전체를 살펴봐야 하지 않겠어? 부분만 봐서 해결되지 않던 문제도 전체를 두루 살펴볼 때 뜻밖에 쉽게 해결되는 경우는 아주 흔해.

만일 너희가 아주 복잡한 미로에 갇혀 있다고 상상해 봐. 길들이 서로 복잡하게 얽히고설켜 있어 너희는 도대체 어느 길이 출구로 가는 길이고, 어느 길이 함정에 빠지는 길인지 도무지 알 수 없을 거야. 너희가 볼 수 있는 거라곤 오직 벽과 길밖에 없을 테니까. 하지만 너희는 잡지에 실린 '미로 찾기'를 할 때에는 조금만 시간을 들이면 쉽사리 출구를 찾을 수 있잖니? 이건 너희가 미로의 구조 전체를 들여다볼 수 있기 때문이야.

그래, 전체를 들여다볼 수만 있다면, '인생'이라는 미로에서 길 찾기도 그리 어려운 일은 아닐 거야.

"장님 코끼리 만지기."라는 말도 있잖니? 코끼리 엉덩짝을 만진 장님이 '코끼리는 평평해!'라고 판단했다 하자. 이것은 부분적으로는 정확하지만, 코끼리 전체의 모습으로는 정확하지 못한 판단이잖아? 때문에 코끼리에 대해서 알려면 코끼리 전체를 봐야 하는 거야. 감각이나 상식으로 한 판단은 '장님 코끼리 만지기'처럼 모두 부분적인 판단일 따름이야. 그러나 **철학적인 사고**는 달라. 무엇이든 늘 전체를 따져 생각하지.

자, 앞에서 예로 든 여학생의 고민을 한 번 더 생각해 볼까?

"나를 가장 비참하게 만드는 것은 학교에 와서 인간들 사이에 끼여서 하루의 생활을 한다는 그 자체다." 하고 말한 것은 감정으로 느낀 부분적인 생각일 뿐이고, 철학적인 사고가 아니야. 하지만 이 친구가 '산다는 것의 의미' 차원으로 자신의 문제를 폭넓게 생각한다면, 비로소 철학적 사고를 하기 시작했다고 할 수 있겠지. 그런데 이런 철학적 사고를 제대로 해 보지도 않고 "산다는 것에 의미를 잃은 지는 이미 오래" 하고 지레 단정해 버린다면야 곤란하지 않겠어?

이 친구뿐만이 아니라, 사춘기의 너희는 이와 비슷한 문제들로 머리깨나 썩일 거야. 너희는 이런 문제들을 주로 무엇의 도움을 받아 고민하고, 해결하니? 혹시 감각이나 상식에 따라 고민하는 것은 아닐까?

　당장 짜증 나고, 외롭고, 괴롭다는 감각적인 느낌으로 '세상이 싫다.'고 섣부른 결론을 내리거나, 또 그릇된 상식에 따라 '사람은 어차피 고독한 존재다.' '인생은 허무한 것이다.' 식으로 엉뚱한 결론을 내리는 건 아니야? 너희 머릿속에 실타래처럼 엉클어져 있는 고민을 푸는 일은 단순한 감각이나 상식만으로는 해결될 수 없어. 그것은 체계적이어야 하며, 전체를 바라봐야 해결될 수 있는 법이야.

　그것이 바로 너희가 나를 친구로 삼아야 할 필요이며 이유겠지. 안 그래?

철학과 세계관

사람과 세계

앞에서 '문제 전체를 살펴본다'고 한 말을 다시 생각해 보자. 어째서 전체를 살펴봐야 올바른 사고를 할 수 있는 걸까? 그건 어떤 문제도 그 문제 하나만 동떨어져 있지 않기 때문이야.

예를 들어 꽃을 가꾼다고 해 봐. 그저 물만 잘 준다고 꽃이 잘 자라는 것은 아니야. 햇볕, 토양, 기후, 벌레 따위의 문제도 고려해야 해. 이것들 모두 꽃의 발육과 관계가 있기 때문이지. 이처럼 꽃은 저 혼자 자라는 것이 아니라, 다른 여러 자연들과의 연관 속에서 자라는 거야.

그건 사람도 마찬가지야. 사람은 자신을 둘러싸고 있는 자연, 사회 따위의 세계 속에서 존재하고 살아가는 거야. 물고기가 물을 떠나서는 살 수 없듯, 사람은 세계를 떠나서는 살 수가 없어. 아니,

사람 자신이 세계의 일부니까 세계와 사람은 도저히 분리시켜 생각할 수가 없지.

'사람과 세계'라면 대단히 거창한 말 같지만, 사실 너희는 이미 '사람과 세계'가 떼어 놓을 수 없는 관계에 있으며, 이 관계를 해명해야 삶의 다른 문제들도 해명된다는 사실을 경험으로 잘 알고 있을 거야.

앞에서 예로 든 여학생의 고민도 마찬가지야. 이 친구는 "학교에 와서 인간들 사이에 끼여서 하루의 생활을 한다는 그 자체"에 대해 비참함을 느낀다고 고백하고 있잖니? 또 "여러 인간들에게 나의 존재란 아무 쓸모가 없다는 것을 생각할 때" 처참함마저 느낀다고도 하잖니?

여기서 '학교'와 '여러 인간들'은 이 친구를 둘러싸고 있는 세계의 한 부분들이지. 이 친구는 아마 그런 세계와 관계가 원만하지 못하고 또 외로움마저 느꼈던 모양이야. 그래서 "산다는 것에 의미를 잃은 지는 이미 오래" "세상 살기가 싫다."라고 푸념하고 있어. 이 친구는 일상생활에서 느낀 경험으로 이런저런 고민들을 늘어놓고 있지만, 깨닫고 있든 그렇지 못하든 고민의 핵심은 바로 '자기 자신과 세계의 관계'에 놓여 있는 셈이지.

이런 종류의 고민은 비단 이 친구만의 고민은 아닐 거야. 사춘기의 너희는 물론이고 어른들도 이와 같은 고민을 많이 해. 하지만 이런 고민 속에는 의식하든 못 하든 언제나 '사람과 세계와의 관계'에 대한 문제가 핵심을 이루고 있기 마련이야. 그것이 때로는 "세상이 싫다." 식의 감정적인 반응으로 나타나기도 하고, "세상은 그저 약삭빠르게 살아야 해." 식의 상식적인 반응으로 나타나기도 하지만 말이야.

세계를 어떻게 볼 것인가

'사람과 세계는 떼어 놓을 수 없는 관계를 맺고 있다'는 사실을 수긍하는 일은 그리 어려운 일이 아닐 거야. 이 사실은 일상 경험으로도 충분히 알아차릴 수 있잖니? 다만 문제는 관계가 있되 '어떠한 관계가 있는가'에 있겠지.

앞에서 예로 든 친구도 자신과 세상 사이에 어떠한 관계가 있는지를 모르기 때문에 고민하고 있는 거야. 이 친구는 자신과 세상을 감정적으로 '고달프고 피곤한 관계'로만 생각하고 있지만, 이래서야 어디 올바른 결론을 찾을 수 있겠어? 만일 세계와 사람의 관계가 그저 고달프고 피곤한 관계일 뿐이라면, 결론 역시 '세상 살기가 싫다.'라는 감정으로 나타날 수밖에 없을 거야.

'세계란 무엇인가?' '세계와 사람은 어떠한 관계에 있는가?' 등등 세계에 대한 견해를 **세계관**이라고 해. 사람은 누구나 자신이 알건 모르건 나름대로 이런저런 세계관을 가지고 있기 마련이야. 앞의 여학생 친구처럼 '세계는 고달프고 피곤하기만 하다'고 여기는 태도도 그 친구 나름의 세계관이지. 또 우리는 종종 할머니들이 "세상일이란 다 정해진 대로 움직이는 거란다." 하는 말을 듣게 되는데, 이것도 일종의 세계관이야.

앞에서도 말했듯, 사람과 세계가 떼어 놓을 수 없는 관계에 있기 때문에 너희는 인생 문제나 그 밖에 여러 문제를 고민할 때 세계를 관련시키지 않을 수 없어. 때문에 세계관은 인생관, 가치관, 행복관, 도덕관, 자연관, 사회관, 애정관 따위의 다른 모든 견해의 가장 근본적인 바탕을 이루게 되는 법이야.

이를테면 '세계는 운명이 지배하는 것이다.'라는 세계관을 가진 사람이라면, 인생에 대해서도 이렇게 말할 테지.

"인생은 타고난 운명에 복종하는 일일 뿐이야. 삶을 바꾸려고 발버둥 쳐 봐야 아무 소용도 없어. 그저 운명에 따라 살 뿐이지. 인생은 우리 마음대로 바꿀 수 없어!"

또 '세계는 사람들이 쓴 굴레일 뿐이다.'라는 염세적인 세계관을 가진 사람은, 인생에 있어서도 마찬가지로 말할 거야.

"인생은 아무 의미도 없어. 그냥 태어났기 때문에 사는 거야. 그 밖에 무슨 의미가 있겠어? 그냥 하루하루 버텨 나갈 뿐이지. 그럭저럭 살다가 죽으면 그만이야."

또 '세계는 잠깐 머물다 가는 곳일 뿐이다.'라는 식의 하루살이 같은 세계관을 지닌 사람은 어떨까?

"살아 있는 동안 실컷 즐겨야 해. 도덕이나 양심? 죽고 나면 끝인데 그게 나와 무슨 상관이야? 즐겁게 살다 죽는 것, 그게 인생이야!"

이처럼 세계관에 따라 인생관도 달라지는 거야.

사람은 세계에서 태어나 세계에서 살아가기 때문에 누구나 알게 모르게 나름의 세계관을 갖고 있기 마련이야. '기분에 이것이 옳은 것 같은데.' 하고 그때그때 감정에 따른 세계관을 갖기도 하고, '남들이 이것이 옳다고 하니 그런가 보지 뭐.' 하는 식으로 상식에 따른 세계관을 갖기도 하지.

하지만 이렇게 감정이나 상식에 따른 세계관은 체계적이지 못해. 이런 문제에 대해서는 이런 세계관을, 저런 문제에 대해서는 저런 세계관을 적용하는 식이 돼서야 인생 역시 혼돈 속에 빠져 버리지 않겠어? 세계관은 무엇보다 체계적이어야만 해.

'나의 세계관이 이런 문제에 있어서도 옳은가? 저런 문제에 있어서는 어떤가? 서로 이율배반이지는 않은가?'

이렇게 끊임없이 고찰하고 탐구해서 잘못된 부분은 고치고, 부족한 부분은 채우는 식으로 체계적인 세계관을 세워야겠지. 나, 철학은 바로 이렇게 체계적으로 세계를 탐구하는 학문이야.

세계를 탐구하기

'세계를 탐구한다고? 그게 뭐지?'

너희는 어쩌면 이런 의문이 들지도 몰라.

만일 너희가 '동심의 세계'를 알고 싶다면 어린이 마음을 탐구하면 되겠지. 또 '동물의 세계'를 알고 싶다면 동물들을 관찰하면 되고, '별들의 세계'를 알고 싶다면 하늘을 관측해 보면 될 거야. 아동 심리학, 동물학, 천문학이 바로 그런 세계를 탐구하는 학문들이지.

그런데 어떤 영역도 없이 세계 자체를 탐구한다면 아마 막막하게 느껴질지도 몰라. 세계에는 자연 세계, 사람 세계, 정신세계 등등 그야말로 존재하는 모든 것이 다 포함되는데, 그걸 한꺼번에 몽땅 탐구하다니?

자연 세계 하나만 봐도 생물학, 지질학, 천문학, 물리학, 화학 따위들을 탐구해야 하고, 이를 더 쪼개면 동물, 식물, 인체, 미생물,

광석, 토양, 해양, 기상, 역학, 광학, 전자, 자장, 미립자…… 끝도 없겠지. 아무리 천재라 해도 세계의 모든 것을 한꺼번에 다 탐구할 수는 없을 거야.

하지만 염려할 필요는 없어. 세계를 탐구하기 위해서 세계에 대한 세세한 지식들을 깡그리 알아야 할 필요는 없으니까. 내가 탐구하는 건 세계를 보는 관점과 방법, 그리고 세계 전체에 걸친 법칙과 원리들이야.

그건 비유하자면 이런 거야. 너희가 백과사전에서 '토끼' 항목을 찾으려고 할 때 반드시 사전에 실린 항목들을 깡그리 외워 둬야만 하는 건 아니잖아? 'ㅌ' 항에서 'ㅗ' 항을 찾고, 다음에 'ㄲ'과 'ㅣ'를 찾는다는 사전 찾는 '원리'만 익혀 두면 언제든지 찾을 수 있어. 그리고 이런 원리를 응용하면 '토끼'뿐 아니라 어떤 항목이라도 내키는 대로 찾을 수 있겠지.

물론 나는 단지 '사전 찾기' 식의 원리나 방법만 탐구하는 학문은 아니야. 세계 전체에 걸친 관점, 법칙, 본질 들을 다 포함하는 것이지. 그리고 이런 세계 전체에 대한 철학적 탐구는 세계에 대한 세세한 지식들을 훨씬 더 정확하게 이해하게 해 주지. 이렇게 말하면 지금은 "아이고, 골치야!" 하겠지만, 내 얘기를 계속 듣다 보면 차츰 이해할 수 있을 거야.

철학에는 어떠한 사고가 필요한가

'그럴듯한 것'과 '진짜 그런 것'

종종 "나의 철학은 이렇다." 하고 말머리를 꺼내는 사람들이 있어. 그런데 얘기를 들어 보면 결국 "나의 생각은 이렇다."에 지나지 않는 경우가 많아.

그건 '철학은 자기 생각을 그럴듯하게 늘어놓은 것'이라는 편견에서 나온 말일 거야. 나에 대한 이런 편견은 뜻밖에 흔해.

"아아, 인생은 벌거숭이! 맨손으로 왔다가 맨손으로 가는 것……."

어떤 친구가 떨어지는 낙엽을 보면서 한숨을 쉬니까 곁에 있던 친구가 대뜸, "짜식, 철학하고 있네!" 하고 면박을 주더구나. 아마 '철학은 뭔가 그럴듯해 보이는 말'이라고 생각했나 봐.

나는 '자기 생각을 그럴듯하게 늘어놓은 말'은 분명 아니야. 나도 일종의 학문이야. 때문에 다른 모든 학문과 마찬가지로, 철학에도 **과학적 사고**가 필요해.

신문을 보면 종종 가짜 약을 만들어 팔다가 붙잡힌 사람들 기사가 실리곤 하더구나. 이런 사람들은 심한 병을 앓고 있는 사람들한테 접근해서 아무 효험도 없는 약을 특효약이라고 속여 판다는 거야. 너희도 흔히 말을 그럴듯하게 잘하는 사람을 두고 "약장수 같다."고 표현하더라만, 가짜 약을 파는 사람들은 그럴싸한 말들을 잔뜩 늘어놔 가짜 약을 특효약으로 둔갑시켰을 거야.

가짜 약에 속는 사람들은 대개 현대 의학으로는 치료하기 어려운 중병을 앓고 있거나, 비싼 약을 살 만큼 부유하지 못하다는 약점을 갖고 있기 마련이지. 때문에 가짜 약을 파는 사람들의 말이 그럴듯하게 들리는 거야. 하지만 아무리 감언이설로 가짜 약을 특효약으로 그럴듯하게 둔갑시켜 놓아도, 가짜 약으로 어떻게 병을 치료할 수 있겠니?

철학도 이와 마찬가지야. 사람들은 현실에서 많은 고민과 갈등을 겪게 되지. 고민과 갈등을 심하게 겪고 있는 사람들은 어떤 주장을 들으면 마치 고민이 해결된 것처럼 그럴듯하게 여기기도 하지.

그러나 '그럴듯한 것'과 '진짜로 그런 것'은 구분해야 해. '그럴듯한 것'은 말재간만 있으면 얼마든지 꾸며 낼 수 있어. 하지만 그럴듯한 것으로는 너희 삶의 문제를 올바르게 해결할 수 없어. 진짜로 그래야만 해결할 수 있는 것이지.

　과학은 '그럴듯한 것'이 아닌 '진짜로 그런 것'을 탐구하는 학문이야. 예를 들어 "토끼 똥은 암 치료에 특효약일지도 몰라." 하고 주장하는 건 누구나 할 수 있잖아? 토끼 똥으로 진짜 암 치료에 성공한 사례들을 밝혀야 토끼 똥이 특효약으로 인정받게 될 테지.

　과학에서 의미 있는 것은 그 주장이 '있는 그대로의 사실과 일치하느냐, 그렇지 않느냐'일 뿐이야. 설사 아직 증명되지 않은 가설이라 해도, 중요한 것은 그게 '얼마나 실제 사실에 근거를 두고 있느냐'일 뿐이지.

　하지만 눈에 보이는 사실과 일치한다고 해서 꼭 과학적인 사고라고 할 수는 없어.

　너희가 사과나무에서 사과가 떨어지는 것을 보고 '아, 사과가 떨어졌구나.'라고 생각했다고 하자. 그 생각이 틀리다고 시비를 걸 사람은 아무도 없겠지만, 그렇다고 해서 그걸 과학적인 사고라고 할 수 있을까? 그렇지 않겠지. '왜 떨어졌지?' '원인이 뭐지?' '왜 물체는 위에서 아래로 떨어지는 거지?' 식으로 그 바탕까지 깊이 따지고 들 때 과학적인 사고를 한다고 할 수 있지 않겠어? 그래, 과학적 사고는 눈에 보이는 사실과 일치하느냐 그렇지 않느냐만 따지는 게 아니라, 그 사실의 바탕까지 따져 보는 사고라고 할 수 있지.

예를 들어 너희가 앞의 여학생 친구와 같은 고민에 빠져 있는데, 부모님이 이렇게 말했다고 해 보자.

"네가 뭐가 부족해서 그런 고민을 하니? 너는 행복한 아이야. 그러니 어서 성적 올릴 고민이나 해."

대화가 이쯤 되면 이건 가정불화감이지. 엄연히 있는 고민을 없다고 단정해 버린다면 문제가 해결되겠어? 설사 너희조차, "정말 그래. 내가 뭐가 부족해서 그런 고민을 하고 있지?"하며 부모님 말에 수긍을 한다 할지라도 문제는 해결되지 않아. 있는 문제는 덮어 둬서 사라지는 게 아니라 해결해야만 사라지는 법이니까.(하지만 부모님이 그렇게 말한다고 해서 가정불화를 일으키면 못써! 너희는 내 친구지만, 너희 부모님은 아직 내 친구가 아닐 수도 있잖아?)

또 어떤 부모님들은 이렇게 말할지도 몰라.

"너 정말 심각한 고민을 하는구나. 그래, 너만 할 때에는 누구나 그런 고민을 하지. 하지만 그런 고민은 때가 되면 다 사라진다. 그러니 지금은 공부만 해."

앞의 부모님과 비교한다면 좀 더 과학적인 듯 보이지만, 사실 이것도 가정불화감이야. 아마 너희는 금세 속으로 '우리 부모님은 날 이해 못 해.' 하며 대화의 벽을 쌓으려 들 테지.

여기서 부모님이 "너만 할 때에는 누구나 그런 고민을 하지." "때가 되면 다 사라진다."라고 한 말은 사실일지도 몰라. 하지만 그게 사실이라고 해도, 대체 그 원인이 뭐고 해결책이 뭔지 아무것도 알 수 없잖아?

이렇게 과학적 사고는 그저 나타난 사실을 있는 그대로 볼 뿐 아니라, 그 사실의 바탕까지도 꼼꼼히 따져 보는 사고여야 해. 나를 친구로 삼으려면 이런 과학적인 사고가 필요한 거야.

철학 따로 삶 따로?

너희가 나와 사귀려 하는 이유는 살아가는 데 뭔가 보탬이 되기 위해서지 그저 지적인 호기심이나 충족시키기 위해서는 아닐 거야. 물론 너희가 어떤 학문에 전념할 때 지적 호기심이 충족되는 것은 틀림없는 사실이야. 혼돈스럽고 의문투성이였던 문제들이 학문을 통해 질서 정연하게 우리 눈앞에 펼쳐질 때의 기쁨은 천만금으로도 바꿀 수 없는 보람일 거야. 이런 보람 때문에 많은 사람들은 일생을 학문 탐구에 바치기도 하고, 때로는 진리를 위해 목숨마저 버리기도 하잖니?

그러나 지적 호기심의 충족은 학문 탐구를 통해 얻는 또 하나의 선물일 따름이지 학문을 하는 이유도, 목적도, 원천도 아니야. 철학의 탐구 또한 마찬가지야.

많은 사람들이 '철학은 몇몇 괴짜들이나 하는 학문'이라고 생각하는 까닭도 철학은 우리 삶과 아무 상관도 없다는 편견을 갖고 있기 때문일지도 몰라. 하지만 나는 몇몇 괴짜들의 지적 호기심을 충족시키기 위해 생겨난 것은 아니야.

내가 단지 너희의 지적 호기심만 충족시켜 주는 것이라면, 그래서 나를 알든 모르든 너희 삶에 아무 차이도 없는 것이라면, 구태여 따분한 나와 사귀려고 할 필요가 뭐 있겠니? 하지만 너희가 나와 사귀어 보려 애쓰는 이유는 정확하고 올바른 생각을 갖고 좀 더 나은 삶을 살고 싶기 때문 아니겠어?

"에이, 그럭저럭 살다 죽으면 되지. 철학 따위는 알아서 뭐 하냐?" 하는 사람한테는 구태여 내가 아니더라도 지적 호기심을 채워 줄 만한 거리는 얼마든지 널려 있을 거야. 퍼즐 맞추기도 있고, 추리소설도 있고, 퀴즈 게임도 있고……. 정 마땅한 게 없으면 백과사전이나 천천히 읽어 나가면 되지 않겠어?

역사적으로도 나는 현실의 삶과 결코 동떨어져서 발전해 온 것은 아니야. '공자 왈, 맹자 왈'도 공자님과 맹자님이 공연히 지적 호기심이 발동해서 한 말씀은 아니잖니? 사람들이 바른 이치를 깨

달아 어지러운 세상에서 잘 살아가게끔 하자는 뜻으로 '공자 왈, 맹자 왈' 하신 것이지.

"알아도 그만, 몰라도 그만이다!"

이런 식으로 나와 사귀려면, 차라리 그 시간에 컴퓨터게임이나 하렴. 그러면 스트레스라도 해소될 테니까. 그렇다고 해서 '이걸 당장 어디다 써먹으면 좋을까.' 궁리하라는 얘기는 아니야.

"요 구절 외어 두었다가 미팅할 때 상대방에게 써먹어야지."

이런 식으로 하면 암기력 향상에는 보탬이 될지 몰라도, 나를 학습하는 데에는 별 보탬이 안 될걸, 아마.

철학을 탐구하려면 무엇보다 자신의 현실 생활에 적극적인 관심을 가져야 해. 자기 삶과 주변 현실을 깊이 사색해 보고, 자기 삶을 발전시키는 데에 장애가 되는 문제는 무엇인가, 어떻게 해야 발전이 가능한가, 자신은 어떠한 삶을 살아야 옳은가 따위를 관심 있게 바라보고, 그것을 일상생활에서 실천해 보려는 노력을 기울일 때, 우리의 우정도 그만큼 돈독해질 거야. 지적 허영심이나 충족시키는 그럴싸한 말이나 추구하는 것은 참된 학문의 자세가 아니야.

[1] 많은 사람들이 옳다고 믿지만 사실은 그릇된 상식들이 많아. 이
　　를테면 "가난 구제는 나라님도 못 한다." "오십보백보"와 같은 말
　　은 어떨까? 이 말들이 어째서 잘못되었는지 생각해 보고 현실에
　　서 어떻게 악용될 위험이 있는지도 생각해 보자. 또 잘못된 상식
　　에 어떠한 것들이 있는지 더 찾아보자.

　　➡ 도움말 338~339쪽

[2] 전체를 살펴볼 때 문제를 더 정확히 파악할 수 있는 예는 얼마든
　　지 있겠지. 이를테면 환경문제를 놓고 얼마큼 넓고 깊게 볼 수 있
　　는지, 너희 머리를 한번 시험해 보렴.

　　➡ 도움말 339~340쪽

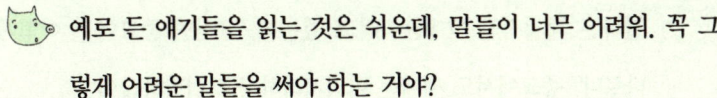

도란도란 철학 문답

🐱 예로 든 얘기들을 읽는 것은 쉬운데, 말들이 너무 어려워. 꼭 그
렇게 어려운 말들을 써야 하는 거야?

🐶 그렇지? 철학에서 쓰는 말들은 우리가 일상생활에서 쓰는 말들과
는 달라. 아주 다른 것은 아니고, 좀 더 포괄적이고 함축된 말이랄
까? 예를 들어 '과학' 하면 너희는 물리, 화학, 생물 같은 과목들
을 떠올리게 되잖니? 하지만 너희가 떠올린 과목들은 과학의 한
분야인 '자연과학'만을 뜻하는 거야. 요즘에는 과학기술을 중요
하게 여기다 보니까, 자연과학이 과학의 대표 선수처럼 되어 버렸
지만, 원래 과학은 '진리나 법칙을 탐구하는 체계적인 학문'을
뜻해. 사회과학, 인문과학 같은 말도 들어 봤지?
그리고 '생각'이라는 쉬운 말이 있는데 구태여 '사고'라는 어려
운 말을 쓰는 까닭은 뜻이 조금 다르기 때문이야. 사고는 생각 중
에서도 '여러모로 깊이 따져 보는 생각'이거든. 그런데 쉽게 풀어
쓴다고 해서 '철학에는 과학적인 사고가 필요하다'를 '철학을 하
려면 진리나 법칙을 체계적으로 탐구하는 태도로 여러모로 깊이
따져 보는 생각이 필요하다'로 쓴다면, 아마 너희는 더 헷갈릴걸.
말들이 정 어려우면, 대충 그게 무엇을 가리키는지만 새기고 그
냥 넘어가도 좋을 거야. 물론 나중에 진짜 본격적으로 철학을 공

부할 때에는 대충 넘어가서는 안 되지만 말이야.

🐱 **철학은 체계적인 세계관이라고 했는데, 그러면 종교와는 어떻게 다르니? 종교에서도 세계는 이러저러하다고 설명하잖아?**

🐶 그래, 맞아. 종교도 나름대로 체계를 갖추고 있는 세계관이야. 이를테면 기독교에서 세계는 신이 창조했다고 설명하거나, 불교에서 세계는 윤회한다고 설명하는 것을 봐도 그렇지. 또 종교는 그 세계 속에서 사람이 어떻게 살아야 하는가도 체계 있게 설명하곤 하지. 하지만 철학은 종교와는 달라. 어떤 차이가 있을까?

종교도 하나의 세계관이기는 하지만 '이론적인' 세계관은 아니야. 종교는 세계를 이론적으로 설명하지는 않아. 종교는 주로 신이나 성인의 '계시'로 세계를 설명하고, 신자들은 이를 '믿음'으로 받아들이지. 즉, 세계는 사람의 영역이 아니라 신의 영역에 속하므로, 이론적으로 따질 것 없이 신의 뜻을 무조건 믿고 따라야 한다는 식이야. 철학은 이와는 달리, 옳든 그르든 세계를 이론적으로 설명해. 그리고 이런 이론은 현실에서의 실천을 통해 끊임없이 검증되고 비판되고 수정되면서 발전하는 거야.

물론 종교도 때로는 철학적 이론 체계를 갖추어 세계를 설명하려는 노력을 하기도 해. 그때는 종교라기보다는 '신학' 또는 '종교철학'이라고 하는 편이 옳겠지.

두 번째 이야기 **사람이 세계를 생각한다**

나는 무엇인가

'나'에 대한 질문

리어 왕은 아버지를 진심으로 사랑한 막내딸 대신 그저 말로만 사랑한 두 딸한테 자신의 왕국을 반씩 나눠 주고 말지. 두 딸한테 배신당한 뒤 리어 왕은 자신의 어리석음을 뼈저리게 뉘우치며 이렇게 외치더구나.

여기 누가 나를 아는 사람 있나? 이것은 리어가 아니다. 리어가 이렇게 걷나? 그의 눈은 어디에 달렸지? 이해력이 약해져 분별력도 마비되어 버렸구나. 허! 내가 깨어 있나? 아닐 거야. 내가 누구인지, 내게 말해 줄 수 있는 자는 누구인가?

윌리엄 셰익스피어의 《리어왕》에 나오는 유명한 대사야. 그래, 사람들은 리어 왕처럼 갈등과 혼란에 빠졌을 때 '나'에 대한 의문을 던지곤 하지. "나는 무엇인가?" 하고.

이런 물음은 앞에서 인용한 여학생의 고민에도 어김없이 나타나더구나.

"여러 인간들에게 나의 존재란 아무 쓸모가 없다는 것을 생각할 때 친구들 앞에 서기가 두렵고 또한 처참함을 느끼게 된다."

이 구절만 읽으면 이 친구는 '나'가 무엇인가를 알고 있는 것 같아. 아니까 아무 쓸모가 없다고 말하고 있지 않겠어?

하지만 사실 이 친구는 참된 '나'가 무엇인지 모르고 있거나, 잘못 생각하고 있어. 때문에 '나'를 '쓸모 있다, 없다'로 가름하려 들면서, 지레 "친구들 앞에 서기가 두렵고 또한 처참함을 느끼게 된다."라며 공포심에 사로잡히고 만 것이지.

조금만 더 깊이 생각해 봐도 '나'를 '쓸모 있다, 없다' 식의 기능 문제로 따지는 것은 매우 우스꽝스러운 일임을 알게 될 거야. 망치는 못을 박는 데 쓸모가 있고, 대패는 나무를 깎는 데 쓸모가 있어. 망치나 대패는 생겨 먹은 자체가 어떤 기능을 수행하기 위해서 존재하잖아? 하지만 사람은 망치나 대패가 아니라서 이런 식으로 존재하지는 않아.

물론 사람은 살아가면서 이런저런 기능·역할·목적을 수행하기 마런이지만, 그것이 곧 '나'는 아니야. 그래서 비록 평생 못 박는 일만 해 온 목수일지라도, 그를 망치와 똑같은 존재로 취급해 버려서는 안 되는 거야.

너희는 뒤바뀐 순서를 바로잡아야만 '나'에 대해 올바로 사고할 수 있어. 사람은 이런저런 기능·역할·목적을 수행하기 때문에, 또는 그러기 위해 존재하지는 않아. 존재하기 때문에, 또는 존재하다 보니 이런저런 기능·역할·목적을 수행하는 거야.

이렇게 순서를 바로잡고 보면, '나'에 대한 물음 역시 '나는 왜 존재하는가?' '나는 무엇을 위해 존재하는가?'가 아니라, '나는 어떻게 존재하는가?' '나는 무엇을 할 것인가?' 하고 던지는 편이 옳을 거야.

내 삶의 주인인 '나'

삼신할머니가 궁둥이를 탁 때리며 "인제 네 엄마 배 속에서 나가라!" 하고 외쳤기 때문이든, 하늘나라 저 먼 곳으로부터 황새가 물어다가 떨어뜨렸기 때문이든, 억만 겁의 윤회를 되풀이한 전생의 인연 때문이든, 어쨌거나 너희는 '현재의 나'로 태어났어.

"나는 왜 스위스에서 태어나지 않고 하필이면 한국에서 태어났을까?"

"나는 왜 부잣집에서 태어나지 않고 하필 가난한 집에서 태어났을까?"

"나는 왜 영화배우처럼 예쁘게 태어나지 않고 지지리도 못생기게 태어났을까?"

이런 물음을 던져서는 절대로 안 된다는 법은 없겠지만, 던져 봤자 아무 소용없는 물음이지. 이런 물음을 터무니없는 공상으로 억지로 해결하려다 보면, '혹시 죽었다가 다시 태어나면 예쁘게 태어나지 않을까?' 식의 망상에 사로잡히게 될 뿐이야.

아마 너희 가운데는 유독 남들보다 불행한 여건 속에서 태어난 친구가 있을지도 몰라.

"나는 태어날 때부터 그랬다. 사생아! 가슴속에 남들이 보지 못하도록 감추어 놓고 혼자 괴로워해야 했던 세 글자, 사생아! 내가 무얼 잘못했단 말인가?"

"어머니가 춤바람이 나서 자꾸 나가 돌아다니니까 아버지는 맞장구를 쳐서 첩을 두었다. 나는 어쩌다가 이런 집에서 태어났는지. 정말로 나를 이런 집에서 태어나게 한 하느님을 원망한다."

"조물주는 왜 하필 나를 이렇게 만들어 놓으셨을까. 세상에는 몸이 온전하고 건강한 사람들이 대부분이다. 극히 소수의 사람만이 나같이 몸이 부자유스럽다. 그런데 왜 하필이면 내가 그 소수의 불행한 사람 속에 끼었는지 원망스럽다."

　－《홀로 앓는 풀잎들의 이야기》에서

자신의 처지를 원망하고 싶을 때에는 마음껏 원망하고, 울고 싶을 때에는 실컷 울어도 돼. 하지만 '나는 왜 하필이면 이런 처지로 태어났을까?' 식의 물음은 해결될 수 없고, 마음만 상하게 할 뿐이야. 이미 그렇게 태어난 걸 어쩌겠어? 그걸 다시 물릴 수도 없잖니? 그러니 자신의 조건을 냉정하게 인정하고, 그 조건에서나마 앞으로의 삶을 발전시키도록 노력해야 해.

싫든 좋든 '나'는 '지금의 나'로 태어났고, 더 곰곰이 생각해 본다면 '지금의 나'도 그다지 나쁜 상태는 아님을 알게 될 거야.

당연한 얘기지만, 이 세상에 '나'는 오직 '나' 하나밖에는 없어. 그러니 다른 사람과 비교하며 '나는 왜 하필이면' 하고 비관할 필요는 없어. 아무리 비참한 여건 속에서 태어난 사람일지라도 '나'는 그 누구도 대신할 수 없는 '나의 삶'을 가지고 태어나며, 그 삶의 주인은 바로 '나 자신'이야.

석가모니 부처는 태어나자마자 사방으로 일곱 걸음을 걸으면서 이렇게 말했다더구나.

하늘 위, 하늘 밑에 오직 나만이 높다. 天上天下 唯我獨尊.

후세 사람들이 지어냈을 신화 같은 이야기지만, 어쨌든 이 말은 옳아. 물론 부처만 높은 건 아니고, 모든 사람은 '자기 삶의 주인'으로서 우뚝 서 있는 거야.

하지만 이 말을 무작정 '오직 나만 잘났다' 식으로 왜곡해서 생각하면 곤란해.

'나'에게는 두 측면이 있어. '세계의 일부로서 존재하는 나'와 '내 삶의 주인으로서 독립되어 존재하는 나'이지. 둘 가운데 어느 쪽이 더 중요한지 따질 필요는 없어. 똑같이 중요하니까. 이 두 측면은 분리되어 있는 게 아니라 동전의 앞뒤처럼 딱 맞물려 있거든.

다만 두 측면의 관계를 말한다면, '세계의 일부로서의 나'가 우선적이고 바탕이 되는 관계˚에 있다고 할 수 있어. 세계가 있으므로 내가 태어났고, 나는 그 속에서 살아가기 때문이지. 하지만 우선적이라고 해서 그것이 더 중요하다거나 더 강조되어야 한다는 말은 아니야. 관계가 그렇다는 것뿐이지.

세계의 일부인 '나'

스위스 사람이든 한국 사람이든, 부자든 가난뱅이든, 미남 미녀든 메주 덩어리든, 또 어떠어떠한 처지로 태어났든, 사람은 두 가지 점에서 누구나 똑같은 존재로 태어나기 마련이야.

하나는 자연적 존재로 태어난다는 점이고, 다른 하나는 사회적 존재로 태어난다는 점이야.

자연적 존재로서 사람은 다른 생물들과 마찬가지로 생식 과정을 통해 태어나. 다만 사람은 늑대나 고양이가 아닌, 사람의 생리적 형질을 갖고 태어난다는 차이가 있겠지. 한 개인인 '나'는 부모로

 잠깐!

어떤 문제에 있어서든 '어느 측면이 더 중요하다, 덜 중요하다' 식의 태도는 '바른 사고의 적'이야. 여기서 '우선적이다' '바탕이 된다'고 말한 것도 실제 관계가 그렇다는 뜻이지 '더 중요하다'는 뜻은 아니야. 이를테면 '콩으로 메주를 쑤는' 관계에서 콩은 메주보다 우선적이고 바탕이 되잖니? 하지만 '콩이 더 중요하고, 메주는 덜 중요하다'고 따지면 우스꽝스러운 노릇이지.

앞으로 '일차적-이차적' '주요 측면-부차적 측면' '우선한다-파생된다' '절대적-상대적' 따위의 표현들이 계속 나올 테지만, 이것을 '더 중요하다, 덜 중요하다' 식으로 오해할 필요는 없어.

부터 고유한 유전자를 물려받게 되며, 다른 사람과 구분되는 신체·외모·성격 따위를 이미 갖고 태어나는 거야.

한편, 사람은 자연적 존재로 태어남과 동시에 사회적 존재로 태어나기 마련이야. 혹시 너희는 '먼저 개개의 사람들이 있고, 그들이 모여 사회가 형성된다.'라고 생각할지 모르지만, 그건 전혀 그렇지 않아. 여기저기서 따로 태어난 꿀벌들이 어느 날 나무 아래 모여서 "자, 우리 지금부터 함께 모여 살아갑시다!" 결의하고 꿀벌 집단을 형성하는 게 아니잖니? 사람도 마찬가지야. 꿀벌들이 처음부터 꿀벌 집단에서 태어나듯이, 사람도 처음부터 사회에서 태어나는 거야.

사람은 거북이 새끼처럼 알을 깨고 나오자마자 바다로 기어가는 본능도 없고, 망아지처럼 태어나자마자 걸을 수도 없고, 강아지처럼 체온을 유지할 모피를 갖고 태어나지도 못하잖아? 하지만 사람은 사회에서 태어나는 까닭에, 기는 것조차 못 해도 굶어 죽지 않고, 발가숭이로 태어나도 얼어 죽지 않는 거야.

사람은 모방을 잘하게끔 되어 있는 천부적인 두뇌로 사회생활에 필요한 모든 것을 습득하며, 그리하여 뚜렷한 사회적 존재로 성장해 나가는 거야. 인도에서 발견된 '늑대 소녀'의 경우처럼, 태어나자마자 늑대 무리에게 물려 가는 바람에 '사람으로 태어나서 야수로 성장하는' 아주 운 나쁜 사건만 일어나지 않는다면, 사람은 어김없이 사회적 존재로 성장하게 되지.

사람은 자연적 존재이면서 사회적 존재인 까닭에, 싫든 좋든 '자연'과 '사회'라는 세계에 속해 그와 더불어 살아가지 않을 수 없어.

사람과 세계의 능동적 관계

자연적 존재로서 사람은 자연으로부터 영양분을 섭취해야만 육체를 유지할 수 있어. 그건 사람 자신이 곧 자연의 일부이기 때문이야. 하지만 그렇다고 해서 완전히 '사람＝자연'이라고 보아서는 곤란해.

만일 꿀벌이라면, '꿀벌＝자연'이라고 해도 별 무리가 없을 거야. 하지만 사람은 꿀벌처럼 자연적인 본능에 이끌려 수동적으로 움직이는 존재는 아니야. 꿀벌은 꽃의 빛깔만 보면 본능적으로 달려들지만, 사람은 자신의 행동을 의식적으로 통제하고 지배하지. 그래서 빛깔 좋은 버섯일수록 오히려 피해 가는 슬기도 보이는 거야.

다른 동물들과는 달리 사람은, 자연적인 존재이면서 동시에 비자연적인 존재야. 자연의 일부이며 자연의 도움으로 살아가야 한다는 점에서는 자연적인 존재지만, 자연을 변화시키고 통제한다는 점에서는 다른 자연물들과 구별되는 비자연적 존재지.

성서를 보니 하느님이 사람에게 이런 능력을 주는 광경이 잘 묘사되어 있더구나.

하느님의 모습대로 사람을 지어내시되, 남자와 여자로 지어내시고 하느님께서는 그들에게 복을 주시며 말씀하셨다. "자식을 낳고 번성하여 온 땅에 퍼져서 땅을 정복하여라. 바다와 고기와 공중의 새와 땅 위를 돌아다니는 모든 짐승을 부려라!"
– 〈창세기〉에서

이런 능력을 하느님이 주었다고 믿는 것은 종교적인 문제겠지만, 어쨌든 사람이 땅을 개간하고 모든 생물을 부리는 능력을 갖게 된 것은 생물 진화에 있어 창세기적인 사건이라 할 만해.

성서가 자연을 지배하는 비자연적인 존재로서 사람을 강조했다면, 동양의 도가道家 사상에서는 오히려 자연적인 존재로서 사람을 강조하지.

하려 드는 자는 실패하고, 집착하는 자는 잃게 된다. 성인은 하려 들지 않으므로 실패가 없고, 집착하지 않으므로 잃을 것이 없다. ……

…… 만물의 자연을 따르며, 함부로 하려 들지 않는다.

— 노자老子의 《도덕경》에서

노자는 이처럼 사람은 자연을 지배하기보다는 그에 따라야 한다고 주장해. 하지만 사람이 자연을 지배해야 하느냐, 자연을 따라야 하느냐의 문제 또한 어느 한쪽에 치우쳐 생각해서는 안 돼. 사람은 자연적인 존재임과 동시에 자연을 지배하는 존재이거든. 사람이 자연을 무작정 지배하려고만 들 때, 노자가 우려하는 것처럼 오히려 많은 것을 잃게 될 수도 있어. 그건 오늘날 무차별한 이용으로 자연환경이 오염되고 생태계가 파괴되는 예를 봐도 잘 알 수 있잖니?

그렇다고 해서 자연이 이끄는 대로 사는 것만이 능사는 아니야. 자연을 지배하되, 자연의 법칙에 따라 지배하는 것, 그것이 사람과 세계의 능동적인 관계라 할 수 있겠지.

그건 비단 자연과의 관계만 그런 것은 아니고, 사회와의 관계 또한 마찬가지야. 너희는 싫든 좋든 사회에서 태어나고 사회를 떠나서는 살 수 없어. 하지만 너희는 사회의 분위기가 흘러가는 대로 사는 수동적인 존재는 아니잖니?

그래서 사회 전체가 "돈! 돈!" 하며 돈타령을 하고 있어도, 어떤 사람들은 "돈이 전부가 아니다! 나는 다른 길로 가겠다!" 하고 자

기 나름의 삶을 개척하기도 하는 것이지.

개미 집단이나 꿀벌 집단은 100년 전이나 1,000년 전이나 그 모양 그대로 아무 변화가 없고, 변화가 있다면 오직 자연조건의 변화에 따른 생물적인 진화만이 있을 뿐이지. 하지만 사람 사회는 10년이 멀다 하고 쉴 새 없이 변하잖니? 그건 사람은 자기가 속한 세계에 맞춰 그저 수동적으로 살아가는 존재가 아니라, 도리어 세계를 능동적으로 바꾸면서 살아가는 존재이기 때문이야.

의존할 부분과 독립할 부분

자연이니 사회니 세계니 하고 거창하게 말하면, 너희는 꼭 교과서 구절처럼 공연히 엄숙하게 느껴져 '이크, 밑줄 쳐야겠구나!' 하는 생각부터 할지도 몰라. 하지만 이것은 너희 생활과 동떨어진 얘기가 아니라 너희가 흔히 느끼고 있는 얘기야. 앞의 여학생 친구의 고민을 다시 생각해 보자.

가끔은 누가 내 곁에 있어 주기를 바라지만 나는 늘 혼자 있어야 한다고 속삭이는 또 하나의 내가 있음을 느낀다.

이 친구는 이렇게 생각하는 자신을 모순 덩어리라도 되는 양 여기고 있지만, 사실은 전혀 그렇지 않아. 이 친구 생각은 지극히 정상이야. 즉, '누가 내 곁에 있어 주기를 바라는 나'는 '세계의 일부로서 나'이고 '혼자 있어야 한다고 속삭이는 또 하나의 나'는 '삶의 주인으로서 나'인 셈이지.

꼭 이 친구뿐 아니라 너희도 무엇인가에 의존하고 싶은 욕구와 독립하고 싶은 욕구를 늘 동시에 느끼게 될 거야. "부모님은 정말 내게 무관심해." 하고 투덜거리면서도, 부모님이 지나치게 잔소리를 늘어놓으며 간섭한다고 생각하는 식이지. 또는 식구들 보기 싫어 집에 가지 않고 거리를 헤매다가, "그래도 내 보금자리려니." 싶어 결국 어깨를 축 늘어뜨리고 집에 들어가는 식이야.

이런 자신의 꼬락서니가 참을 수 없게 가증스러워 보여도, 이건 아주 정상인 모습이야. 다른 사람에게 의존하고 싶으면서도 독립하고 싶은 욕구는 전혀 배반되지 않아. 오히려 배반된다고 생각하는 게 문제지. 그건 사람 자신이 세계에 의존하면서도, 동시에 독립해 있는 존재이기 때문에 당연한 거야. 그러니 공연히 이것이 배반된다 생각하여 "나는 모순 덩어리야! 가증스러운 이중인격자야!" 하며 아까운 눈물을 질질 짤 필요 없어.

사람이라는 존재 자체가 세계의 일부이면서 독립된 존재임을 분명히 알아 두렴. 그러면 너희는 이런 당연한 일을 가지고 쓸데없이 머리를 쥐어박는 대신, '내가 세계에 의존할 부분은 무엇이며, 독립해서 할 부분은 무엇인가?'를 따져 보는 데 머리를 쓸 수 있을 거야.

거칠게 뭉뚱그려 말하면, 너희가 세계에 의존할 부분은 의식주의 해결을 비롯하여 자기 삶을 기름지게 할 모든 재료와 정보와 의견을 제공받는 일이고, 세계로부터 독립해서 할 부분은 세계 속에서 자기 삶을 찬란하게 실현하는 일이겠지.

그러니 "가끔은 누가 내 곁에 있어 주기를 바라지만" 하고 구시렁거릴 필요 없이 곁에 있는 사람들에게 "나를 도와줘!" 하고 당당히 말하고, "늘 혼자 있어야 해."라고 속삭이지만 말고 "난 지금 혼자 있고 싶어!" 하고 당당히 말하려무나.

아마 너희는 고민이 있을 때 '나'에 대한 질문을 많이 던지게 될 거야. '나는 뭐지?' '내가 존재하는 의미가 뭐지?' '나는 왜 이렇게 살고 있지?' 어떤 질문이라도 좋아. 하지만 '나'에 대한 의문은 자신만 들여다봐서는 풀리지 않고, 자신과 세계의 관계 속에서 봐야 제대로 실마리를 찾을 수 있을 거야. 《모리와 함께한 화요일》을 보니 이 관계를 파도와 바다의 관계로 적절히 비유해 놓은 구절이 있더구나.

작은 파도가 대답하지. "넌 모를 거야! 우린 모두 부서진다구! 우리 파도는 부서져 다 없어져 버린단 말이야! 정말 끔찍하지 않니?" ……
그러자 다른 파도가 말하지. "아냐. 넌 잘 모르는구나. 우리는 그냥 파도가 아냐. 우리는 바다의 일부라구."

학교생활은 숨통이 막히는 것 같고, 친구들은 다 자기를 미워하는 것 같고, 제대로 풀리는 일은 없고……. 이럴 때 너희는 "세상이 싫어!" 하고 외칠지 모르지만, 당장 너희 눈에 보이는 세상만이 세계는 아니야. 너희는 작은 암초에 부딪혀 "아이고, 아파!" 할 수도 있지만, 그건 세상이 아니라 엄청나게 넓은 바다에서 잠시 마주친 먼지만 한 돌덩이에 지나지 않는단다. 조금만 달리 생각해 보면 세계는 너희를 괴롭히는 괴물이 아니라, 너희 삶의 든든한 배경이고 재미있는 놀이터임을 알게 될 거야.

무엇이 무엇을 생각하는가

'사람'이 '세계의 모든 것'을 생각한다

옛날 박정희 독재 정권 시절에는 정부에서 〈국민교육헌장〉이라는 것을 교과서 맨 앞 장마다 실어 학생들한테 달달 외우도록 강요했는데, 그 첫 구절은 이렇게 시작하지.

우리는 민족중흥의 역사적 사명을 띠고 이 땅에 태어났다.

맞는 말이니? 땡! 사람은 세계 속에서 태어나지만, 세계를 위해서 태어나는 것도 아니고, 어떤 임무를 띠고 태어나는 것도 아니야. 어떤 사람들은 운 나쁘게 독재 사회에서 태어나기도 하지만, 독재자를 위해 태어나는 것도 아니고 독재자의 임무를 받들어 태어나는 것은 더더욱 아니지.

너희는 민족중흥의 역사적 사명을 띠고 이 땅에 태어난 것이 아니라, 이 땅에 태어나서 민족중흥의 역사적 사명에 대해서도 한 번쯤 생각하게 될 뿐이야. 사람은 존재하기 때문에 생각하며, 존재하지 않는다면 생각할 수도 없거든.

물론 사람은 민족중흥의 역사적 사명에 대해서만 생각하지는 않아. 사람은 무엇에 대해 생각하는 것일까? 사람이 생각하는 것은 이 세계 전체야. 자연에 대해서도 생각하고, 사회에 대해서도 생각하고, 다른 사람에 대해서도 생각하고, 스스로에 대해서도 생각하고, 심지어 생각에 대해서도 생각하지. 그러니 사람은 세계 전체에 대해서 생각한다고 말할 수밖에는 없지.

그런데 사람의 생각은 정말 발랄하기(?) 짝이 없어서, '이 세계'뿐만 아니라 '저 세계'에 대해서도 생각하잖니? 저승, 천국, 극락, 황천 따위가 바로 그런 세계지. 그곳은 이 세계 사람이 죽은 뒤에 가는 곳이기도 하며, 신의 세계이기도 하지.

'저 세계'는 '있었으면 좋겠다.'라는 사람들의 바람이 반영된 세계야. 때문에 사람들은 자신이 사는 환경에 따라 '저 세계'를 각자 다르게 상상하지. 이를테면 유목민족들은 '젖과 꿀이 흐르는 곳', 농경민족들은 '오곡이 풍성하게 자라는 곳', 건조한 지방에 사는 사람들은 '시원한 바람이 부는 곳', 불평등한 사회에 사는 사람들은 '만인이 평등한 곳' 따위로 '저 세계'를 생각하는 식이지. 하지만 '저 세계'에 대한 생각은 사람마다 다른 믿음의 문제이니만큼 이 책에서는 '이 세계'에 대해서만 살펴보기로 하자꾸나.

'주관'이 '객관'을 생각한다

동물원에 가면 얼룩말을 볼 수 있어. 만일 얼룩말의 무늬에 대해 설명하라면, 너희는 대개 "흰 바탕에 검은 줄무늬가 있다."라고 대답할 거야. 그런데 아프리카 흑인들은 너희와는 정반대로 "검은 바탕에 흰 줄무늬가 있다."라고 말한다더구나.

너희는 아프리카 사람들의 생각을 비웃을지도 몰라. 하지만 아프리카 사람들은 오히려 너희 생각을 비웃을 거야. 그러나 피차 비웃을 필요는 없어. 아프리카 사람들은 자신의 검은 피부를 중심에 놓고 보기 때문에 모든 것의 바탕은 검다고 생각하지만, 반면에 너희는 흰색에 가까운 자신의 피부를 중심에 놓고 보기 때문에 그 반대로 생각하는 것일 뿐이야.

이처럼 보는 사람에 따라 똑같은 대상을 다르게 생각하는 경우는 아주 흔해. 하지만 그건 대상이 다르기 때문이 아니라 각자의 생각이 다르기 때문이야. 마치 '저 세계'에 대해 사람들이 저마다 다르게 상상하는 식으로 말이야.

너희가 어떤 대상에 대해 이런저런 생각을 갖는 것은 '대상'과 '생각'의 통일이야. 당연한 얘기지만, 너희는 얼룩말 없이 얼룩말을 생각할 수 없으며, 생각 없이 얼룩말을 생각할 수도 없잖니?

철학에서는 생각하는 사람이나 사람의 의식을 **주관主觀·주체主體**라고 하며, 사람이 생각하는 대상을 **객관客觀·객체客體**라고 해.

좀 더 정확히 정의하면, 주관은 **느끼고 생각할 수 있는 의식 능력을 지닌 자**를 뜻하며, 객관은 사람으로 하여금 **느끼고 생각하게 하는 대상**을 뜻하지. 여기서 객관은 주관 밖에 독립해 있으며, 주관은 그것을 받아들여 느끼고 생각하게 되는 거야.

결국 주관은 생각하는 사람을, 객관은 생각하는 대상을 뜻하는 것이지만, 이것을 '사람' '대상'이라는 말과 단순히 바꿔 쓸 수는 없어. 주관과 객관은 '생각에 있어서 사람과 대상의 관계'를 나타내는 개념이므로 언제나 서로 짝을 이뤄서만 써야 해.

사람이 어떤 대상에 대해 생각하는 것은 '주관이 객관을 생각하는 것'이며, 달리 말하면 '주관 속에 객관을 받아들이는 것'이야.

말이 좀 어렵지? 너무 어려우면 이해할 수 있는 부분만 받아들이고 그냥 넘어가렴. 자, 이제 예를 들어 설명해 볼게.

'징그러운' 뱀

객관은 주관 밖에 존재하는 것이므로 주관과 독립해서 그저 있을 뿐이야. 그것을 주관인 사람이 이렇게도 생각하고 저렇게도 생각하는 것이지.

이를테면 너희는 '징그러운 뱀'과 같은 식의 표현을 많이 쓰잖아? 하지만 '징그러운'은 뱀이 원래부터 가지고 있는 속성이 아니라, 너희가 주관적▪으로 그렇게 생각하는 것일 뿐이야. 어떤 사람은 뱀이 징그럽다고 생각하지만, 또 어떤 사람들은 뱀이 사랑스럽다며 반려동물로 키우기도 하잖니?

 잠깐!

주관적이라는 말은 일상에서 종종 '제멋대로 생각하는' '객관을 무시한'이라는 뜻으로 사용되기도 해. 예를 들어 어떤 친구가 너희한테 "그건 네 주관적인 생각일 뿐이야."라고 말했다면 그건 '너 혼자 멋대로 그렇게 생각하고 있구나.'라는 뜻일 테지.
또 객관적이라는 말은 일상에서 '편견 없이 따져 본' '제삼자의 눈으로 본'이라는 뜻으로 사용되더구나. 예를 들어 어떤 친구가 "객관적으로 볼 때 개똥이 말이 맞아." 했다면 그건 '누가 봐도 개똥이 말이 맞다.'는 뜻일 테지.
그러나 철학에서는 '주관적'은 '주관에만 속한' '주관에 의존한'이라는 뜻으로, '객관적'은 '의식 밖에 독립해 있는' '있는 그대로의'라는 뜻으로 쓰지.

똑같은 얼룩말 무늬를 보고 사람마다 서로 다르게 생각하는 경우도 마찬가지 이치야.

사람은 뱀이나 얼룩말 같은 자연물들만 생각하는 데 그치지 않고, 엄청나게 많은 것들을 생각하지. 정치·경제·문화 같은 사회적인 것들에 대해 생각하기도 하고, 때로는 생각에 대해 생각하기도 하잖니? 이런 것들의 공통점은 모두 주관 밖에 독립해서 존재한다는 점이야.

설사 '생각에 대해 생각한다'고 해도, '생각의 대상이 된 생각'과 '생각하는 생각'은 다르기 마련이야. 이를테면 너희는 '갑순이가 나에 대해 갖는 생각'을 생각하는 경우도 있어. 하지만 갑순이의 생각은 엄연히 너희 생각 밖에 독립해서 존재하지. 만일 그렇지 않다면 얼마나 신나겠어? '갑순아, 나를 사랑하는 생각을 가져다오!' 하고 생각하면, 갑자기 갑순이의 생각이 싹 바뀔 테니 말이야. 하지만 갑순이의 생각은 너희 주관 밖에 독립해서 객관적으로 존재하는 만큼, 요런 야무진 꿈을 꾸지 않는 편이 좋겠지?

그래서 너희는 어차피 주관적으로 생각할 수밖에 없지만, 객관성을 무시하고 생각하면 잘못된 생각에 빠지기 쉬워.

'갑순이는 나에 대해 이러저러하게 생각할 게 뻔해.'

'저 총각 선생님도 나를 사랑하는 게 틀림없어.'

이렇게 주관적으로만 생각할 게 아니라, 그것이 객관적인 사실과 일치하는가를 확인해 보는 것이 중요한 거야. 물론 그 방법은 직접 대화를 나눠 보는 게 가장 확실하겠지?

의식이란 무엇인가

황금 뇌를 가진 사나이

프랑스 작가 알퐁스 도데가 쓴 〈황금 뇌를 가진 사나이〉라는 작품이 있어.

이 작품에는 태어날 때부터 뇌가 황금으로 된 사나이가 나와. 이 사나이는 자라면서 자기 머릿속에 든 황금을 조금씩 떼어 탕진해 버리는 거야. 놀음도 하고 술도 마시고 나중에는 사랑하는 여자를 기쁘게 해 주느라 마지막 남은 뇌까지 다 써 버리지. 그러고 나서야 이 사나이는 소중한 황금 뇌를 얼마나 헛되이 써 버렸는가를 깨달으며 죽더구나.

이 작품은 소중한 두뇌를 쾌락과 방탕에 빠져 함부로 탕진하지 말라는 교훈을 담고 있어. 하지만 뇌가 하나도 남아 있지 않은 상태에서 어떻게 뇌가 소중하다는 교훈을 깨닫겠니? 물론 그렇게 따

지면 황금 뇌를 가진 것부터가 허구지만 말이야. 이것은 모두 꾸며
낸 소설이기 때문에 가능한 일들이겠지.

당연히 사람은 뇌 없이 느끼고 생각할 수는 없어. 그건 무엇을
느끼고 생각한다는 것이 바로 뇌를 비롯한 신경계통의 작용이기
때문이야.

어떤 사람이 머리에 돌멩이를 맞고 기절했다면, 너희는 그 사람
을 두고 "의식을 잃었다."라고 말할 거야. 뇌에 충격을 받았기 때문
에 의식을 잃은 것이지. 또 가스중독이 되었을 때에도 사람은 의식
을 잃게 돼. 그건 일산화탄소 같은 유해가스들이 뇌 기능을 마비시
키기 때문이지.

뇌는 사람 몸에서 아주 중요한 부분이야. 사람이 무엇을 느끼고,
깨닫고, 생각하고, 상상하는 모든 기능은 뇌의 작용이야. 사람의
대뇌피질(뇌 표면을 덮고 있는 얇은 층)에는 무려 140억 개에 달하는
신경세포가 있어 외부 세계를 인식하거나, 사람의 사고와 신체 여
러 부분들을 통제하는 기능을 한다고 하더구나.

뇌의 기능이 제대로 밝혀지지 않았던 시대의 사람들은 사람이
어떻게 해서 생각을 하게 되는지 올바로 알지 못했어. 심장으로 생
각한다고 믿는 사람도 있었고, 눈으로 생각한다고 믿는 사람도 있
었고, 또 영혼이라는 것이 따로 있어서 그 영혼이 생각하는 것이라

고 믿는 사람도 있었지.

과학자들은 사람 뇌에 대해 아직 빙산의 한 조각만큼도 밝혀내지 못했다고 말하곤 해. 하지만 어쨌든 의식이 뇌에서 일어나는 작용이라는 점만큼은 틀림없어.

알퐁스 도데는 뇌가 세상에서 가장 값진 것임을 말하기 위해 '황금'에 비유했어. 하지만 사람의 뇌는 황금 따위와는 비교도 할 수 없을 만큼 값진 것이야. 만일 뇌가 없다면 사람들은 황금의 가치를 생각할 수조차 없을 테니까 말이야. 사람과 같은 의식을 갖지 못한 동물들은 그야말로 황금 보기를 돌같이 할 따름이잖니?

텔레비전, 컴퓨터, 비행기, 우주선 따위는 물론 인류의 모든 아름다운 예술과 문명이 사람의 뇌에서 쏟아져 나왔잖아? 그런 의미에서 사람의 뇌는 자연이 만든 최고의 걸작품이라 해도 지나친 말은 아닐 거야.

외부 세계를 반영한 의식

의식이 뇌의 작용이기는 하지만, 그렇다고 뇌 혼자 하는 작용은 아니야. 너희는 종종 "나는 하드 용량이 적어 기억을 못 해."라는 식으로 두뇌를 컴퓨터 하드디스크에 비유하곤 하더구나. 아주 타당한 비유는 아니지만, 그럴듯한 면이 없지는 않아. 뇌는 기억을 저장하는 기능도 하니까 말이야.

하지만 기억용량이 아무리 커도 하드디스크만 가지고 뭘 하겠니? 거기에 프로그램을 깔고 자료와 정보를 입력해야 음악을 듣든 그림을 그리든 뭔가 할 수 있겠지. 사람도 그저 뇌만 있다고 저절로 의식이 생기는 것은 아니고, 외부 세계로부터 수많은 자료와 정보를 받아들임으로써 의식을 갖게 되지.

그건 당연한 거야. 너희가 좋아하는 《어린 왕자》의 한 구절을 읽어 보자꾸나.

"당신 집은 매우 춥군요. 시설이 좋지 못해요. 내가 있던 곳에서는……."

그러나 꽃은 말끝을 맺지 못했다. 그 꽃은 씨의 형태로 왔던 만큼 다른 세상에 대해서는 아무것도 알 수 없었다. 속이 들여다보이는 거짓말을 하려다가 들킨 것이 부끄러워, 꽃은 잘못을 어린 왕자에게 뒤집어씌우려고 두세 번 기침을 했다.

"바람막이는 어쨌어요?"

맞아. 꽃은 거짓말을 한 거야. 다른 세상을 보지 못한 꽃은 다른 세상에 대해 알 수 없어.

하지만 꽃만 거짓말을 하고 있는 것은 아니고, 작가도 거짓말을 하고 있어. 처음 태어난 꽃이라면 '집' '춥다' '시설'이 뭔지도 알 수 없고, 심지어 '다른 세상이 있다'는 사실조차 알지 못할 거야. 또 '거짓말' '부끄러움'에 대해서도 느끼지 못할 테지. 하기는 애당초 꽃이 생각한다는 것부터가 허구지만. 물론 소설을 이렇게 곧이 곧대로 따지며 읽으면 하나도 재미없겠지?

어쨌든 사람의 의식은 외부 사물들을 받아들임으로써만 형성되고 작용할 수 있는 거야. 사람은 어렸을 때부터 수많은 외부 사물들과 접하게 되고, 그런 경험이 뇌에 저장되어 의식을 갖게 되지.

갓 태어난 아기는 젖에 대한 의식조차 없어. 먹을 것을 찾는 본능이야 있겠지만 젖에 대한 의식은 없지. 그래서 아기는 엄마 젖을 물리면 젖 맛에 길들여지고, 우유를 물리면 우유 맛에 길들여지는 거야. 한번 젖 맛을 들인 아기가 좀처럼 우유를 먹지 않으려고 고집하는 것도 그 때문이겠지. 아기는 자라면서 외부 사물들에 대해 더욱 많은 경험을 갖게 되며, 이것이 뇌에 저장되어 의식을 형성하게 되는 거야.

이처럼 사람 뇌는 외부 세계를 받아들이고 그에 따라 의식을 갖게 되지. 조금 어렵게 표현하면, 의식은 사람 뇌가 외부 세계를 반영하는 작용이라고 할 수 있어.

사람 두뇌의 창조성

사람도 뇌가 있고, 개도 뇌가 있고, 사람도 꽃을 보고, 개도 꽃을 보고……. 그럼 개도 꽃을 보며 사람처럼 생각할까? 그렇지 않겠지. 사람은 꽃을 보며 오빠 생각, 누나 생각, 고향 생각 등등 오만 가지 생각을 다 할 테지만, 개야 그럴 리가 없겠지.

왜 동물들도 뇌를 가지고 있는데 똑같은 꽃을 보고도 사람과 같은 의식을 갖지 못할까? 똑같은 외부 사물이어도 무엇에 반영되는 가에 따라 다른 형태로 나타나기 때문이야. 이를테면 너희가 볼록 거울 앞에 서면 뚱뚱해지고, 오목거울 앞에 서면 홀쭉해지잖니? 하지만 너희 몸이 갑자기 뚱뚱해지고 홀쭉해진 게 아니라 그저 거울에 따라 상이 달라진 거잖아? 이와 마찬가지로, 의식은 '사람 뇌'라는 거울에 반영되었기 때문에 나타나는 독특한 상인 거야.

무생물, 식물, 하등동물, 고등동물, 사람이 외부 사물을 저마다 어떻게 다르게 반영하는가 살펴보면, 사람 뇌의 진화 과정을 짐작할 수 있을 거야.

　무생물들은 거울처럼 외부 사물을 직접적으로 반영해. 이를테면 달 표면이 햇빛을 받아 지구에 달빛을 비추는 식으로 말이야. 이런 건 반영이라기보다 반사라고 하는 게 더 낫겠지.

　반면에 생물들은 외부 세계를 좀 더 복잡하고 다양한 형태로 반영해. 예를 들어 똑같이 햇빛을 반영하는 작용이라도, 달 표면은 그저 반사작용을 할 뿐이지만, 식물들은 굴광성, 향일성, 광합성 등등의 다양한 작용을 하잖니? 그러니까 식물들은 햇빛을 반영해도 내부 작용을 거쳐서 반영한다는 얘기야.

　동물들의 경우에는 내부 작용을 일으키는 시간이 식물보다 훨씬 더 신속해. 동물에게 있어서 외부 자극을 받아들여 반응하는 역할을 담당하는 것이 바로 신경계통의 기능이야. 이를테면 말미잘이 먹이가 들어오면 입을 다문다거나, 조개가 외부 자극을 느끼면 껍질을 닫는다거나 하는 반응은, 신경의 직접적인 명령에 따른 반응이야. 이런 반응을 외부 자극에 대해 무조건적으로 반응한다 하여 **무조건반사**라고 해. 하등동물들이 외부 세계를 반영하는 행동은 주로 무조건반사에 따른 것이야.

　고등동물들은 외부 세계의 경험을 뇌에 저장할 수 있어. 그래서 고등동물들은 앞서 겪은 경험을 연상하여 반응하기도 하지. 뇌가 없는 파리는 사람이 있는데도 음식물에 무조건 달려들지만 뇌가 있는 생쥐는 이런 짓을 하지 않잖니? 생쥐의 뇌 속에는 '사람은 위험하다'는 경험이 저장되어 있기 때문이야. 이렇게 고등동물의 뇌는 외부 사물의 경험들을 저장하여 행동을 통제하는 기능을 해.

하지만 동물들 뇌는 저장 기능이 형편없어. 특정한 신호나 조건들을 겨우 저장해 둘 수 있을 정도야. 그래서 일정한 신호나 조건이 갖추어져야 반응할 수 있어. 이런 반응을 일정한 조건으로 반응을 나타낸다 하여 **조건반사**라고 해. 고등동물들의 행동은 주로 조건반사에 많이 의존하지.

뇌가 발달된 고등동물일수록 뇌에 더 다양하고 풍부한 외부 조건이나 경험들을 저장할 수 있어. 그래서 너희는 어떤 동물들의 행동을 보면 "저 녀석이 혹시 의식을 가지고 있는 것이 아닐까?" 하고 의심이 드는 경우도 있을 거야. 이를테면 강아지가 보이지 않는 적과 싸우듯이 털실 뭉치 따위를 향해 깡충깡충 뛰며 으르렁거리는 모습 같은 경우 말이야. 털실 뭉치를 보이지 않는 적으로 연상하려면, 강아지의 뇌에는 상당히 많은 조건과 경험들이 저장되어 있어야 하겠지.

이처럼 뇌가 발달한 고등동물들은 아주 낮은 수준의 의식을 갖기도 해. 하지만 이런 낮은 수준의 의식을 사람의 의식과 견줄 수

는 없어.

사람 뇌는 외부 사물을 단순히 받아들일 뿐 아니라 종합하고, 분석하고, 연상하고, 판단하고, 추리하고, 계획하고, 상상하는 고도의 반영을 나타내지. 이것이 바로 **의식**이야.

따라서 식물에 지나지 않는 어린 왕자의 장미꽃은 설사 다른 세계를 경험했다 할지라도 의식을 가질 수는 없어. 외부 세계를 반영한 의식 작용을 할 수 있는 것은 오직 사람의 두뇌뿐이지.

우리 의식은 어떻게 형성되나

너희 두뇌는 가깝게는 부모님이 만들어 준 것이지만, 멀게는 오랜 세월에 걸친 생물의 진화 과정이 만들어 준 거야. 너희가 물려받은 두뇌는 선천적인 것이지만 여기에 담기는 의식은 사회에서 살아가며 후천적으로 생기는 거야.

어떤 종교에서는 태어나기 이전 세상에서 물려받은 의식이 있어 영험한 사람은 그것을 기억해 낼 수 있다고 주장하더라만, 그거야 종교적 믿음의 문제일 테지. 한편 어떤 과학자들은 태아 상태에서부터 의식이 형성된다는 주장도 하는데, 그건 어느 정도 사실일 거야. 하지만 이런 의식은 잠재의식이나 무의식 상태로 남을 뿐이고, 또렷한 의식은 태어난 뒤 수많은 외부 사물과 접촉하고 경험한 결과 형성되는 법이지. 너희도 어린 시절부터 부모님을 통해 여러 사물들에 대해 의식화 교육을 받아 왔잖니?

"아가야, '엄마' 해 봐!"

"이건 '맘마'라는 거야."

이런 의식화 교육을 통해 너희는 비단 말만 배우는 것이 아니라, 사물에 대한 여러 지식과 사물을 분별할 수 있는 의식 능력을 배우게 되는 것이지. 그래서 부모는 너희가 세상에서 만나게 되는 첫 번째 스승이야. 부모는 자신이 알고 있는 모든 경험과 지식을 총동원해 너희에게 의식 능력을 가르쳐 준 거야. 그건 부모도 마찬가지지. 부모는 조부모로부터, 조부모는 증조부모로부터, 증조부모는 고조부모로부터……. 이렇게 의식화 교육은 사회적으로, 역사적으로 이어져 나가는 거야.

그렇다면 까마득한 옛날에 인류는 어떤 스승으로부터 의식화 교육을 받았을까? 스승이라곤 자연밖에 없었던 최초의 인간들은 모든 것을 직접 경험해 터득할 수밖에 없었겠지. 그래서 주변 사물에 대한 간단한 지식 하나를 터득하는 데도 수백만 년의 세월이 걸렸어.

"에비, 그건 지지야!"

오늘날 아기는 이 말 한마디면 먹을 것과 못 먹을 것을 구분하잖니? 하지만 이런 말을 해 줄 스승이 없었던 원시인들은 지지든 뭐든 일단 직접 먹어 보는 수밖에 없었겠지. 아마 독버섯이나 독초 따위를 먹게 된 불행한 원시인들도 적지 않았을 테지. 그들이 죽는 것을 보고서야 동료 원시인들은 "아하, 저것을 먹으면 죽는구나!" 하고 깨쳤을 거야. 이렇게 까마득한 옛날 누군가가 직접 겪어 보고 얻었을 지식을 오늘날 아기는 "에비, 지지야!" 한마디로 터득하고 있는 셈이지.

원시 조상들은 자연에 대한 끊임없는 경험을 통해 주변 사물에 대한 지식을 쌓고 발전시켜 왔어. 그건 수백만 년에 걸친 매우 더딘 의식화 과정이었지.

하지만 오늘날 너희는 꼭 직접경험으로만 사물에 대한 지식들을 터득하지는 않잖니? 도리어 듣거나 배우는 식의 간접경험에 더 많이 의존하기 마련이지. 즉, 과거의 누군가가 직접 겪어서 얻은 지식을 너희는 간접적으로 배우게 된다는 얘기야.

너희가 직접 겪지 않고도 수많은 것을 배울 수 있는 것은 바로 너희가 사회에서 살고 있기 때문이지. 말하자면 사회는 수백만 년에 걸친 경험들을 저장하는 '지식 창고' 역할을 하는 거야.

예를 들어 최초의 인류가 간단한 도구를 사용하게 된 이후 불을 사용하기까지는 10만 년 이상의 세월이 걸렸지만, 오늘날 너희는 초등학생만 돼도 혼자 가스레인지 불에 라면도 끓여 먹잖니? 만일 너희가 사회에서 이런 지식을 배울 수 없다면 원시인들과 마찬가지로 수십만 년의 세월을 보내야 할 테지.

이처럼 너희 의식은 단지 뇌만 가지고 있다고 저절로 생겨나는 것은 아니야. 의식은 외부 세계에서 얻은 여러 경험들을 통해 형성되지. 물론 오늘날 너희는 원시인들처럼 직접경험에 의존하기보다는 부모님이나 선생님들한테 배우는 식의 간접경험에 더 많이 의존할 테지만 말이야. 이것을 달리 말하면, 오늘날 너희는 사회적으로 형성된 의식을 받아들임으로써 의식을 갖게 된다고도 할 수 있겠지.

개인적인 의식과 사회적인 의식

사람의 의식은 사회적으로 형성되기 마련이야. 비단 '의식 능력' 만 사회적으로 형성되는 건 아니고, 의식의 구체적인 내용들까지도 사회적으로 형성되지. 그래서 자신이 속한 사회에 따라 의식의 내용이 달라지는 경우가 생기게 돼.

앞에서 예로 든 얼룩말 무늬의 경우도 마찬가지야. 너희 의식은 황인종 사회에서 형성되었기 때문에 흰 바탕을 중심으로 생각하지만, 아프리카 사람들의 의식은 흑인종 사회에서 형성되었기 때문에 검은 바탕을 중심으로 생각하는 것이지.

이런 예들은 얼마든지 찾아볼 수 있어. 너희는 종종 부모님에게 '세대 차이' 어쩌고저쩌고 하며 '봉건 의식에 꽉 차 있다.'라고 생각하지만, 그것을 무작정 비판만 할 것이 아니라 어느 정도는 이해해 드려야 해. 부모님의 의식은 너희보다는 더 봉건 전통이 남아 있던 사회에서 형성된 것이 사실이니까.

또 너희가 앓고 있는 내면적인 고민들도 마찬가지야. 자칫 잘못 생각하면 외로움, 고독, 절망, 허무함 따위의 생각들을 마치 사람 본성의 것처럼 여기기 쉽지만, 사실은 꼭 그렇지도 않아. 그런 생각들 역시 사회적으로 형성된 거야.

남을 이겨야만 자신이 살아남는 살벌한 경쟁 사회가 바로 그런 생각들을 만든 것이지. 이런 사회에서는 한평생을 '남을 이기는 일' '뒤처지지 않고 살아남는 일'에만 바쳐도 시간이 모자랄 지경이고, 그렇다 보니 서로 위해 주고 따뜻한 정을 나누는 일이 뒷전으로 밀려나 버린 게지. 그래서 위안받고 의지하고 사랑을 나누고자 하는 욕구와 그렇지 못한 현실이 날카롭게 대립함으로써 외로움, 고독, 절망, 허무함 따위의 생각들이 생겨나는 거야.

지금까지 살펴본 것처럼 개인의 의식은 사회적으로 형성되는 거야. 그렇다고 해서 이 말을 '개인의 의식은 아무 의미도 없다'는 식으로 받아들이면 곤란해. 개인의 의식은 사회적으로 형성되지만, 저마다 다른 개성을 지니고 있는 거야.

그건 아주 당연한 얘기야. 한 사회에 살고 있는 개똥이와 갑돌이의 생각은 크게 다르지도 않지만, 그렇다고 완전히 같을 수도 없잖아? 그건 '나와 세계의 관계'에 있어서 '나'는 세계의 일부이면서 내 삶의 주인인 것과 마찬가지 이치야.

개인의 의식이 아닌, 그 사회에 형성되어 있는 의식을 가리켜 사회적 의식이라고 해. 개개인의 의식은 모두 이런 사회적 의식에 따라 형성되는 거야. **사회적 의식**은 관습, 통념, 도덕, 문화, 규범, 정책 따위들을 망라한 그 사회의 모든 정신적 활동을 뜻해.

사회적 의식의 내용은 그 사회에 따라 달라지는데, 이 점에 대해서는 뒤에서 다시 살펴보도록 하자꾸나.

의식 밖에 존재하는 것들

줄리엣이 로미오를 사랑할 수 있는 이유

줄리엣은 어느 날 파티에서 로미오를 발견하고 사랑에 빠지게 돼. 하지만 얼마 뒤 줄리엣은 로미오가 자기 집안과 원수 사이인 몬테규 집안의 아들임을 알고 절망하지. 파티가 끝나고 자기 방에 돌아온 줄리엣은 "로미오, 당신의 이름은 어째서 로미오인가요?" 라고 한탄하며 이렇게 읊조리더구나.

장미꽃을 다른 이름으로 부른다고 향기까지 변하진 않아요. 로미오 역시 로미오라는 이름이 아니어도 본래의 아름다움은 바뀌지 않잖아요? 오오, 로미오 님, 당신의 몸뚱이와는 아무 상관도 없는 그 이름을 버리세요. 그 이름 대신에 이 한 몸을 고스란히 가지세요.

그래, 장미꽃을 다른 이름으로 불러도, 그 향기는 변하지 않아. 장미꽃은 사람들이 붙인 이름이니까. 사람들은 원한다면 장미꽃을 된장꽃이나 망둥이꽃이라고 부를 수도 있었을 거야. 하지만 장미꽃을 된장꽃이라 부른다 해서 꽃에서 갑자기 된장 냄새가 풍길 리는 없잖니? 장미꽃은 사람들이 그것을 무엇이라 부르는가에 관계없이 사람의 의식 바깥에 '그저 있는 것'이기 때문이야.

비단 장미꽃만이 아니야. 책상, 의자, 연필, 사과, 밥, 강아지, 나무, 친구, 물, 공기……. 이런 것들은 모두 너희가 그것을 어떻게 생각하는가에 관계없이 '그저 있는 것'들이야. 너희는 그것들을 보고 느끼고 생각하지만, 그것들이 너희 생각에 따라 이렇게 저렇게 존재하지는 않아.

그래서 된장찌개를 먹다가 "야, 쇠고기구나." 하고 잽싸게 집어 먹었는데, 입에 넣고 보니 된장 덩어리인 경우도 생기는 것이지. 된장 덩어리를 쇠고기로 생각하는 거야 자유겠지만, 그렇게 생각한다고 해서 된장 덩어리가 쇠고기로 바뀔 리는 만무하잖니?

장미꽃이든 된장 덩어리든, 그것은 모두 사람의 의식 바깥에 '그저 있는 것'들이야. 좀 더 정확히 말하면, 사람의 **의식으로부터 독립해서 객관적으로 존재**한다고 할 수 있지.

이렇게 **의식으로부터 독립해서 존재하는 객관적 실재를 물질**이라 하고, 이런 성질을 띤 것을 **물질적인 것**이라고 해. 장미꽃, 된장 덩어리, 책상, 의자, 연필, 사과, 밥, 강아지 따위들은 모두 물질적인 것들이야. 사람은 이런 물질적인 것들을 감각기관으로 포착하고 두뇌에 받아들여 느끼고 판단하고 기억하게 되는데, 이것이 바로 의식이야.

여기서 물질이라는 말뜻에 대해 좀 더 살펴보고 넘어가자꾸나.

일상생활에서는 '물질 만능주의' '물질적 도움을 준다' 식으로 물질을 '돈'과 거의 다름없이 생각하지만, 이것은 철학에서 말하는 물질과는 전혀 뜻이 달라. 돈은 단지 물질적인 것들 가운데 하나일 뿐이지.

물질은 의식과의 관계를 나타내는 개념이므로 언제나 의식과 짝을 이뤄서만 써야 해.(참고로 말하면, 철학적 개념에는 이렇게 반드시 짝을 이뤄 쓰는 개념들이 많아. 이를테면 '주관-객관' '주체-객체', 뒤에서 살펴볼 '상대적-절대적' '우연-필연' '개별-보편' 따위가 그래.)

물질과 의식은 세계의 근본을 이루는 가장 큰 개념이야.

철학자들은 사람이 사고할 수 있는 모든 대상을 분류하고 또 분류하여 물질과 의식이라는 가장 큰 개념에 도달한 거야. 세계에는 물질과 의식 이외의 것에 속하는 것은 없어. 즉, 우리가 사고할 수 있는 대상들은 물질적인 것이 아니면 의식적인 것인 셈이야.

이를테면 신神과 같은 경우는 어떨까? 대부분의 종교는 신을 '정신적인 존재'라고 주장하며, 또 믿음이 강한 사람만이 신을 느낄 수 있다고도 주장하잖니? 이때 정신이나 믿음은 의식적인 것이고, 따라서 신도 의식적인 것이야.

반면에 '시간'과 같은 경우는 어떨까? 자칫 물질이라는 말을 '물체'라는 말과 혼동하면, 시간과 같이 뚜렷한 형체가 없는 것은 물질적이지 않다고 생각하기 쉬워.(물체는 물질적인 것들 중 특히 일정한 부피와 질량을 가진 것만을 뜻해.) 하지만 시간은 엄연히 사람 의식 밖에 독립해서 객관적으로 존재하므로 시간도 물질적인 것이야.

너희는 아마 평일에는 시간이 느리게 가고, 일요일에는 시간이 후딱 지나가 버리는 듯한 느낌이 들 거야. 하지만 그렇다고 해서 생각에 따라 시간이 달라진다고 할 수는 없어. 시간은 지겹게 생각하든 아쉽게 생각하든, 우리 생각과는 관계없이 언제나 일정하게 흘러가는 거야. "시간이 멈춰 주면 얼마나 좋을까." 하는 유행가도 있지만 시간은 우리가 바란다고 해서 멈추지 않아. 시간은 분명 사람 의식 밖에 객관적으로 존재하는 물질적인 것이기 때문이지.

물질적인 것은 객관적이지만, 객관적인 것이라고 해서 다 물질적인 것은 아니야. 이를테면 '갑순이의 생각'은 갑돌이의 주관과는 관계없이 객관적으로 존재하지만, 의식적인 것이지 물질적인 것은 아

니잖아? 물질은 의식적이지 않은 모든 것이라 생각하면 좋을 거야.

물질과 의식은 이처럼 구분되지만 서로 무관하지는 않아.

이를테면 로미오에 대한 이런저런 생각(의식)들은 로미오(물질)로부터 분리될 수 없잖아? 로미오를 만나기 전에 줄리엣은 로미오를 사랑할 수 없었어. 당연한 일이야. 있는지 없는지조차 모르는 사람을 어떻게 사랑하겠니? 줄리엣의 사랑은 바로 로미오라는 실체에 대한 사랑이야.

이렇게 의식은 바로 물질에 대한 의식이야. 그런 의미에서 의식은 물질에 의존한다고 할 수 있는 거야.(하지만 반대로 물질이 의식에 의존하지는 않아.)

물질과 의식이 어떠한 관계에 있는가는 뒤에서 다시 살펴보기로 하고, 여기서는 먼저 물질은 어떻게 존재하는가에 대해 살펴보자꾸나.

스스로 피어난 꽃

'이 아름다운 꽃은 대체 누가 만든 것일까?'

아주 아름다운 꽃을 보면 이런 생각이 들 때도 있을 거야.

하지만 꽃은 누가 만든 것이 아니라 혼자 스스로 피어난 거야. 우리는 이런 꽃과 같은 사물을 자연自然이라고 하는데, 이 자연이라는 말부터가 '스스로 그러하다'는 뜻이잖아? 옛사람들도 이런 사물들이 스스로 존재하는 것이라고 믿고 있었던 것이지.

들판의 사슴은 어디서 왔을까? 나무의 열매는 누가 만들어 주었을까? 하늘의 무지개는 어째서 생기나? 귀여운 아기는 어디서 왔을까?

까마득한 원시시대부터 사람들은 여러 자연현상들을 보며 종종 이런 물음을 떠올렸을 거야. 이것은 결국 사람 자신을 비롯하여 물질세계는 '어떻게 존재하는가'에 대한 물음일 테지.

이런 물음에 대한 풀이는 대체로 두 가지로 나눌 수 있어. 하나는 어떤 절대적인 창조자가 만들었다는 풀이고, 다른 하나는 스스로 존재한다는 풀이겠지.

예로부터 서양에서는 대체로 창조자가 물질세계를 만들고 다스린다고 믿는 경향이 강했어. 그러면 창조자는 누가 만든 것일까? 구약성경을 보니 창조자 '야훼'는 "스스로 존재하는 자(나 자체)"라고 말하더구나. 이에 따르면 창조자만 스스로 존재하고, 나머지 물질세계는 모두 창조자가 만든 셈이지. 반면에 동양에서는 물질세계가 스스로 존재한다고 믿는 경향이 더 강했어. 특히 노자의 사상에서는 이런 점이 잘 나타나. 노자는 《도덕경》에서 이렇게 말했지.

천지가 생기기 전에, 뒤섞여 이루어진 '물物'이 있었다. 그것은 고요하고 희미했다. 그것은 혼자 독립해 있으므로 다른 것의 영향을 받아 바뀔 까닭이 없었고, 세계 전체에 골고루 퍼져 있었다. 그것은 세계를 낳은 근원이지만, 나는 그 이름조차 모른다. 나는 그것을 가리켜 '도道'라 부른다. ……사람은 땅을 본받고, 땅은 하늘을 본받고, 하늘은 도를 본받으며, 도는 스스로 그러함(自然)을 본받는다. ……도는 누가 명령하여 존엄한 것이 아니라 스스로 존엄한 것이다.

노자가 말하는 '물'(또는 도)이 물질과 똑같은 의미는 아니지만 스스로 존재한다는 점에서는 같다고 할 수 있지.

과학 지식이 많지 않았던 옛날 사람들은 물질세계에서 일어나는 모든 일들이 불가사의하게만 보였을 거야. 그래서 세계가 스스로 존재한다고 믿기보다는, 사람이 토기를 만들고 농사를 짓듯 누군가가 자연을 만들어 냈다고 믿는 편이 수월했을 테지.

옛사람들의 이런 생각은 그리스신화를 보면 잘 알 수 있어. 그리스신화에는 해, 달, 땅, 바다, 강, 숲, 심지어는 작은 웅덩샘이나 나무들에까지 그것을 돌보는 신들이 있잖니? 이런 신들이 여러 자연물들을 생겨나게 하고 돌본다는 것이 옛 그리스 사람들의 믿음이었지.

이런 생각은 우리나라에도 있었어. 비를 내리는 것은 천신이고,

바다에 풍랑을 일으키는 것은 용왕이고, 천연두는 '역신'이라는 귀신이 가져오고, 아기는 삼신할머니가 태어나게 한다는 식이야.

하지만 과학이 발전하자 이런 생각들은 점차 깨지기 시작했어. 비행기는 구름 위에 천국이 없음을 밝혀냈고, 로켓은 달나라에 옥토끼가 없음을 밝혀냈으며, 잠수함은 바닷속에 용궁이 없음을 밝혀냈지. 과학의 발전에 따라 신화는 자꾸 깨졌고, 신이 다스리는 영역도 자꾸 지구 바깥으로 물러나게 되었지.

과학이 발전함에 따라 때로 과학자들조차 신의 존재와 과학적 진실 사이에서 고뇌하는 일도 생겼어. 그래서 돈독한 신자였던 아이작 뉴턴은 자신의 과학적 탐구가 신을 배반하는 결론에 이를 때마다 괴로워했다고 하더구나. 그래도 뉴턴만 해도 다행인 편이었어. 뉴턴의 시대에는, 과학자들조차 우주가 처음 창조된 시기가 있다고 믿었으니까. 그런데 현대의 물리학은 우주는 창조된 시기조차 없다고 밝혀내고 있어.(어째서 그런가는 이 책에서 설명할 과제가 아니므로 생략하겠어. 요즘엔 알기 쉽게 쓴 현대물리학 책도 많이 나와 있으니까 관심이 있는 친구는 직접 공부해 보는 것도 좋겠지.)

그래서 '휠체어를 탄 과학자'로도 유명한 영국의 물리학자 스티븐 호킹은 《시간의 역사》에서 다음과 같이 고통스러운 물음을 던지더구나.

우주에 시작이 있는 한, 우리는 우주의 창조자가 있었다고 상상할 수 있다. 그러나 만약에 우주가 실제로 경계나 끝이 없는 것이라면, 우주에는 시작도 끝도 없을 것이다. 우주는 그저 스스로 존재할 따름이다. 그렇다면 창조자가 존재할 자리는 어디일까?

밥을 먹느냐, 빵을 먹느냐

자연계는 스스로 존재하는 물질적인 것들로만 이루어져 있어. 그렇다면 '사회'라는 세계는 어떨까?

이를테면 밥, 옷, 집, 책, 망치, 연필, 돈, 냉장고, 자전거 따위를 생각해 보자. 이런 것들은 모두 사람의 의식 밖에 '그저 있는' 물질적인 것들이잖니? 이런 것들 역시 자연계의 돌멩이나 풀들처럼 너희 의식 밖에 독립해서 객관적으로 존재하지.

하지만 이런 것들은 자연계의 돌이나 풀과는 달리 좀 독특하게 존재하지. 즉, 이런 것들은 자연 상태로 있는 것들이 아니라, 모두 사람들이 머리를 써서 만들어 낸 것들이야.

'밥'이 자연 상태로 존재할 수는 없는 노릇이지. 자연 상태로는 그저 벼 이삭이나 보리 이삭일 뿐 밥이 아니잖아? 사람들이 탈곡을 하고 솥에 넣어 적당한 양의 물을 붓고 불로 끓여 밥을 지어 내는 것이지.

물론 이런 것들도 원래는 모두 자연 상태의 것들이었어. 집돼지는 야생 돼지였고, 종이는 나무였고, 못은 철광석이었고, 유리는 규사였지. 사람들이 이런 자연물들을 가공하여 바꾼 거야. 사람들은 자연물들을 이용해 의식주를 해결하고, 생활을 하며, 사회를 유지하잖니? 이렇게 자연으로부터 사람들 삶에 필요한 여러 가지 것들을 생산하는 활동을 노동이라고 하고 말이야.

'밥'은 자연에 원래 있었던 것이 아니라 사람들이 머리를 써서 만들어 낸 것이기는 하지만, 그렇다고 우리가 밥 생각을 한다고 저절로 배가 부르는 건 아니잖니? 말하자면, 밥도 어디까지나 사람 의식 밖에 존재하는 물질적인 것이라는 얘기야. 바로 이렇게 사람 사회에서 만들어진 물질적인 것들을 **사회적 존재**라고 해.

앞에서 개인의 의식이 아닌 그 사회에 형성되어 있는 의식을 가리켜 '사회적 의식'이라고 한다고 말했지? 그래, 사회에도 의식적인 측면과 물질적인 측면이 함께 존재하는데, 사회의 의식적인 측면과 물질적인 측면을 일컬어, 각각 **사회적 의식**과 **사회적 존재**라고 해. '의식과 물질'을 사회에 적용하면 '사회적 의식과 사회적 존재'가 된다고 생각하면 좋을 거야. 때문에 '사회적 의식과 사회적 존재'는

'의식과 물질'의 경우처럼 반드시 서로 짝을 이뤄서만 써야 해.

사회적 존재에는 밥, 옷, 집, 책, 망치 같은 사회적으로 생산된 물질적 재화들뿐 아니라, 그 사회의 지리, 기후, 토양, 천연자원, 인구밀도 같은 여러 물질적 조건들, 또는 물질적 재화의 생산·소비·분배를 둘러싼 관계들까지 다 포함돼.

그리고 사회적 의식에는 관습, 통념, 도덕, 규범, 신앙, 사상, 정책, 문화 같은 그 사회의 의식적인 측면들이 다 포함되지.

용어가 좀 어렵니? 하지만 용어보다는 이 둘이 어떤 관계에 있는지를 아는 게 더 중요한 일이니까, 대충 개념만 짚고 넘어가렴.

이를테면 밥에 대해 다시 생각해 보자. 동양 사람들은 오랜 옛날부터 밥을 먹어 왔지만, 서양 사람들은 주로 빵을 먹어 왔잖니? 말하자면 음식 문화가 달랐던 거지. 그런데 왜 이렇게 음식 문화가 달라진 걸까? 동서양의 왕들이 어느 날 갑자기 "오늘부터 동양에서는 밥을 먹기로 하겠소!" "서양에서는 빵을 먹기로 하겠소!" 하고 선포한 걸까?

그렇지 않았겠지? 동양에서는 쌀이 잘 자라는 자연환경이었고, 또 한곳에 정착해 농사를 지었기 때문에 천천히 밥을 지어 먹어도 됐단 말이야. 반면에 서양에서는 밀이 잘 자라는 자연환경이었고, 또 유목을 하느라 자주 이동을 하니까 들고 다니며 먹기 편한 빵

같은 음식 문화가 발달한 것이겠지.

　이처럼 자연환경이나 산업 같은 사회적 존재에 따라 음식 문화 같은 사회적 의식이 나왔다, 이렇게만 이해해 두렴. 다음 토막에서 이 관계에 대해 좀 더 자세히 이야기해 볼게.

규정되는 의식, 능동적인 의식

깡통에 대한 의식

일상생활에서 '깡통'이란 말을 참 많이 쓰지? 어리석은 사람을 머릿속이 텅 비었다고 해서 "깡통 같다."며 놀리기도 하고, 실속 없이 말만 거창한 사람을 "빈 깡통이 요란하다."며 비웃기도 하지. 또 "깡통처럼 차 버렸다."는 말도 쓰고, 쫄딱 망하면 "깡통 차게 생겼다."고도 하잖아? 그 밖에 더 찾아보면 깡통에 대한 속어나 은어는 아주 많을 거야.

오늘날 너희에게는 깡통이 아주 흔하고 익숙한 것이 되었지만, 사실 깡통의 역사는 그리 긴 편은 못 돼. 해방 직후 미군이 들어오면서 미군 군수품으로 깡통이 들어오기 시작했거든.

그 전에 거지들은 밥을 얻으러 다닐 때 주로 쪽박을 들었으므로 "쪽박 차게 생겼다."는 말은 있어도 "깡통 차게 생겼다."는 말은 없었어. 그러니 한국 거지가 깡통을 찬 것도, "깡통 차게 생겼다."는 말이 생긴 것도 미군 때문인 셈이지. 깡통이란 말부터가 영어의 Can에 '통'을 붙여 만들어 낸 말이거든.

이렇게 깡통이 있어서 깡통에 대한 말들이 생겼듯이, 모든 의식들은 물질을 반영하여 생긴 것이야. 고양이에 대한 의식은 고양이를, 사과에 대한 의식은 사과를 반영하여 생긴 것이지.

물론 모든 의식이 물질을 '직접적으로만' 반영하여 생기는 것은 아니야. 사람의 두뇌는 세계로부터 얻은 경험과 지식을 총동원하여 유추, 비교, 연상을 통해 반영하기도 해.

예를 들어 사람은 ET와 같이 괴상하게 생겨 먹은 외계인도 상상해 낼 수 있잖아? 하지만 이것 역시 전혀 근거 없이 상상해 낸 것은 아니야. ET의 신체는 사람과 아주 닮았잖니? 눈도 있고, 코도 있고, 입도 있고, 손에는 손가락도 달렸지. ET는 사람의 모습을 바탕으로 해서, 손가락 한 개를 길쭉하게 한다든지 엉덩이를 몽땅하게 한다든지 해서 바꾸어 놓은 것이지.

사람의 의식은 직접적으로든 간접적으로든, 과거에 본 것이든 지금 눈앞에 보이는 것이든, 연상을 하든 유추를 하든, 어떠한 형태로든 외부 세계를 반영한 것이기 마련이야.

의식이 외부 세계를 반영한 것인 까닭에 '맹모삼천지교孟母三遷

之教'의 일화와 같은 일도 흔히 일어나지. 즉, 어린 맹자가 묘지 근처에 살 때에는 장례식 하는 흉내를 내며 놀고, 시장 근처에 살 때에는 장사를 하는 흉내를 내며 놀더니, 서당 근처에 살자 책을 읽으며 논다는 식이야.

이렇게 맹자의 의식이 외부 환경에 따라 달라지는 까닭은, 바로 의식이 물질을 반영한 것이기 때문이야. 그래서 반영되는 물질적인 것에 따라 의식이 달라지는 것이지.

미군이 들어오기 전에 "쪽박 차게 생겼다."가, 미군이 들어오고부터는 "깡통 차게 생겼다."로 바뀌는 것도 마찬가지 이치지. 이렇게 의식은 언제나 물질을 반영하여 생기는데, 이를 일컬어 '물질이 의식을 규정한다'고도 해.

이때 '규정'이란 '일정한 내용을 갖도록 정한다'는 뜻이야. 하지만 규정이 도장을 찍는 것처럼 곧이곧대로 복사하는 식은 아니고, 일정한 방향으로 이끄는 식이야. 따라서 '물질이 의식을 규정한다'는 '물질이 의식을 일정한 내용을 갖게끔 이끈다'는 의미지.

맹자 어머니와 치맛바람

'물질이 의식을 규정한다'는 사실은, 그저 물질과 의식의 관계가 그렇다는 뜻이지 '물질이 의식보다 중요하다'는 뜻은 아니야. 중요성으로 따지자면 똑같이 중요하지. 사람의 모든 삶에 있어서 물질과 의식은 분리될 수 없는 관계에 있어.

또한 사람의 의식은 물질에 의해 일방적으로 규정당하지는 않아. 사람의 의식은 창조적이고 능동적이야.

'맹모삼천지교'의 경우만 해도 그렇잖아? 묘지나 시장이라는 외부 환경이 어린 맹자의 의식을 규정하는 것은 사실이야. 실제 현실에서도 이런 경우는 자주 일어나잖니?

하지만 사람의 의식은 외부 환경에 일방적으로 규정당하지는 않아. 만일 그렇다면 묘지나 시장 근처에 사는 아이들은 나중에 죄다 장의사나 가게를 차려야 하겠지만, 실제로는 그렇지 않잖아? 아이들이 장례식이나 장사 광경 따위에 영향을 많이 받기는 해도, 자라면서 능동적으로 자신의 장래를 선택하기도 하는 거야.

그래서 사실상 '맹모삼천지교'는 외부 환경에 의식이 일방적으로 규정당한 꼴만 보여 주는 거야. 맹자 같은 훌륭한 성현의 의식이 이렇게 외부 환경에 질질 끌려 다녔대서야 꼴이 우습잖니? 극성

학부모들은 흔히 '맹모삼천지교'를 들먹이며 강남으로 전학을 시킨다, 명문 학원들이 있는 동네로 이사를 간다 하며 치맛바람을 휘날리지만, 그건 결국 자녀의 능동적 의식 능력을 무시하는 태도인 거야. 너희 의식은 마치 꿀단지에 담으면 꿀이 되고 요강에 담으면 오줌이 되는 식으로 외부 환경에 따라서 일방적으로 규정되는 게 아니잖니?

사람의 의식은 물질에 규정당하지만, 한편으론 그런 관계를 파악하여 물질적 조건들을 변화·개선하며 주체적인 삶을 살아가는 거야. 바로 이 점이 사람 의식의 위대한 점이지.

너희는 아마 가정 형편이 어려운 친구가 기죽어 지내거나, 부유한 환경을 가진 친구의 성격이 오만 방자해지는 경우를 많이 보았을 거야. 이런 경우도 물질이 의식을 규정한 것이라고 말할 수 있어. 하지만 이것은 '일방적으로 규정당한' 수동적 태도일 뿐이야.

빈부 격차가 심한 사회 현실은 모든 사람의 의식을 왜곡시키기 쉬워. 바로 그렇기 때문에 이런 사회 현실은 미래의 주인인 너희가 의식적 노력으로 극복해야 할 과제 가운데 하나인 거야.

사회적 의식과 사회적 존재의 관계

다음은 사회적 의식과 사회적 존재는 어떠한 관계를 가지고 있는지 살펴보자.

앞에서도 잠깐 말했지만, 이때도 마찬가지로 사회적 존재가 사회적 의식을 규정하는 관계로 나타나. 너희는 이미 이런 관계에 익숙해 있을 거야.

예를 들어 너희는 '유목민족의 문화'니 '농경민족의 문화'니 하는 말들을 흔히 사용하잖니? 여기에서 '유목'은 양이나 소 따위의 목축을, '농경'은 곡식이나 열매 농사를 주된 사회적 생산으로 한다는 뜻이겠지. 그러니 유목민족의 문화니 농경민족의 문화니 하는 말 속에는 이미 사회의 물질적 재화 생산(사회적 존재)에 따라 문화(사회적 의식)가 규정된다는 뜻이 담겨 있는 셈이잖아?

앞에서 예로 든 밥과 빵 같은 음식 문화도 그렇지만, '가옥 양식' 같은 주거 문화도 마찬가지야. 몽고족이나 인디언 같은 유목민족들의 가옥 양식은 주로 이동하기 편한 천막 형태의 집이야. 하지만 우리나라와 같은 농경민족들의 가옥 양식은 주로 농토를 끼고 앉은 안정된 형태의 집이지.

이것은 누가 "우리 오늘부터 천막에서 삽시다!" 하고 갑자기 결정한 게 아니라, 그런 가옥 양식이 자신들의 생산 활동에 적합했기 때문에 자연스럽게 그렇게 된 거야.

이 밖에도 너희는 '사회적 존재가 사회적 의식을 규정한다'는 사실에 대한 많은 예들을 알고 있을 거야.

이를테면 너희가 즐겨 쓰는 '세대 차이'라는 말도 그래. 이건 결국 세대에 따른 '의식'의 차이를 뜻하는 것이잖아? 이처럼 너희는 '어떤 세대의 의식'이 '그 세대가 살았던 시대 현실'에서 비롯된다는 사실을 잘 알고 있지. 이 경우에도 '그 세대의 현실'이라는 사회적 존재가 '그 세대의 의식'이라는 사회적 의식을 규정한 셈이야. 이처럼 너희는 사회적 존재가 사회적 의식을 규정한다는 사실을 일상 경험을 통해 잘 알고 있어. 왜냐하면 그것은 객관적인 사실이기 때문이지.

그럼에도 불구하고 사람들은 종종 역사를 발전시켜 온 동력이 어떤 이념이나 어느 개인의 탁월한 사상이라는 그릇된 역사관에 빠지기도 해. 물론 어떤 이념이나 어느 개인의 탁월한 사상이 역사의 중요한 동력인 것도 사실이야. 하지만 아무리 뛰어난 이념이나 사상도 결국 그 사회의 물질적 조건들을 반영한 것이지.

이를테면 사회적 존재가 사회적 의식을 규정한다는 사실을 '미국 남북전쟁'이라는 역사적 사례에 적용시켜 보자꾸나.

너희는 위인전이나 영화 따위를 보고 남북전쟁은 에이브러햄 링컨의 남다른 '인권 의식'이나 미국인들의 '만민 평등사상'으로 인해 일어난 것이라고 믿기 쉬울 거야. 즉, 남북전쟁은 남북의 이념 차이 때문에 일어난 '이념 전쟁'이라는 생각이지. 이런 생각에 따르면 이념 때문에 전쟁이 일어났으니 사회적 의식이 사회적 존재를 규정한 셈이잖아? 그런데 이렇게 생각하면 좀 이상한 점이 생기게 돼. 링컨 이전의 조지 워싱턴, 토머스 제퍼슨 같은 대통령들은 링컨만한 인권 의식이 없는 포악한 독재자들이었을까? '만민 평등사상'은 미국의 '독립선언문'에서도 나타나는데, 그 당시에도 노예가 있었으니 이건 또 어찌 된 영문일까?

남북전쟁을 올바로 이해하려면, 남부와 북부가 서로 다른 이념을 갖게 된 물질적 배경부터 파악해야 해.

당시 미국 남부는 비옥한 토지와 따뜻한 기후를 바탕으로 목화 산업이 크게 발달했어. 목화 같은 농산물 생산은 단순노동으로도 충분해. 목화송이를 따는 데 특별한 기술이 필요한 건 아니니까. 또 농장에서는 토지에서 일정한 양을 수확하기 때문에 노동력이 많다고 수확이 더 늘어나는 법은 거의 없지. 일손이 두 배로 늘어난다고 나무에서 목화송이가 두 배로 달릴 리는 없잖니? 따라서 목화 산업에는 강제로 일정한 양만큼 단순노동을 시킬 수 있는 '노예'가 필요했어. 이것이 미국 남부의 물질적 조건이었지.

반면에 미국 북부에서는 공업이 크게 발달했어. 공장에선 많이 일할수록 생산물도 많아지지. 그런데 이런 공장 노동엔 노예들이 알맞지가 않아. 노예들은 노동에 의욕이 없기 때문에 생산량을 늘릴 수가 없고, 또 노예들한테 기계 조작을 시켰다가는 오히려 비싼 기계를 망가뜨릴 위험마저 있지. 노예들이 기계를 망가뜨리면 공장주는 노예를 패 죽일 수는 있지만, 보상을 받을 수는 없잖니? 자기 재산인 노예를 패 죽여 봐야 도리어 자기만 손해지, 뭐. 때문에 공장 노동에 알맞은 노동자는 어느 정도 자유로운 신분을 가지고 있는 임금노동자들이야. 그런데 북부는 공업이 발달할수록 백인 노동자들만으로는 일손이 딸리게 되었어. 그래서 흑인 노예들을 해방시켜 임금노동자로 만들 필요가 있었던 거야. 이것이 미국 북부의 물질적 조건이었지.

이렇게 다른 남북의 물질적 조건은 노예해방에 대해서도 다른 의식을 낳게 되었고, 결국 전쟁까지 벌어진 거야. 또 북군이 승리한 것도 꼭 북군의 이념이 옳았기 때문이 아니라, 물질적 조건의 유리함에 따른 당연한 결과였어. 북군은 발전한 공업을 바탕으로 무기와 물자를 쉽게 생산할 수 있었지만, 남군은 목화를 팔아 외국에서 무기와 물자를 사 와야 하는 번거로움이 있었지. 때문에 전쟁 초기에는 남군이 이기지만, 전쟁 끝 무렵에는 북군이 막강한 전투함을 생산해 남부의 바다를 봉쇄해 버리자 무기 공급이 막힌 남군이 더 못 견디고 항복하게 된 거야.

이처럼 어떤 역사에서도 '사회적 존재가 사회적 의식을 규정'하는 관계로 나타나지 그 반대는 아니야. 어떤 사상도 '그 시대 사회 현실을 반영한 사상'이지 느닷없이 하늘에서 떨어진 사상은 아니거든.

물론 그렇다고 해서 사회적 의식이 아무런 역할도 하지 않는다고 생각하면 안 돼. 사회적 의식은 사회적 존재에 의해 규정되지만, 사회적 존재에 영향을 주고 사회적 존재를 바꾸어 나가는 거야. 그건 의식이 물질에 대해 수동적이지 않고 능동적인 것과 마찬가지 이치야.

사회적 존재가 사회적 의식을 규정한다는 관점에서 보면 여러 역사적, 시사적 문제들의 본질을 올바로 꿰뚫어 보는 데 큰 도움이 될 거야. 이런 관점을 다른 여러 역사적 사실들에 응용해서 적용해 보렴.

콩은 없어도 메주는 무한히 쑬 수 있다?

지금까지 우리는 '물질이 의식을 규정'하는 관계에 대해 살펴보았어. 그런데 이것을 거꾸로 생각하는 사람들도 아주 많아. 즉, '의식이 물질을 규정한다'는 것이지.

이를테면 이렇게 말하는 사람이 있어.

"세상은 모두 마음먹기 나름이야. 가난해도 부유하다고 생각하고, 고통도 즐겁다고 생각하면 돼. 마음먹기에 따라 세상이 달라지는 거야."

'마음먹기에 따라 세상이 달라진다'면 의식이 물질을 규정하는 셈인데, 과연 그럴까? 물론 우리는 생활이 좀 가난하다고 해서 마음마저 궁상스럽게 하고 살 필요는 없어. 또 아프다고 해서 마음마저 어둡게 하고 있으면 나을 병도 낫지 않을 테지.

하지만 세상은 사람 의식 밖에 객관적으로 존재하기 때문에, 아무리 마음을 부유하게 가져도 가난한 현실이 달라지는 법은 없어. 반면에 가난한 현실 때문에 사람의 마음은 얼마든지 달라질 수 있지. 마음이 비뚤어지는 친구도 있고, 오히려 더 열심히 살아 봐야겠다고 긴장하는 친구도 있고, 아주 비굴해지는 친구도 있어. 그보다 '가난해도 마음만은 부유하게'라는 생각부터가 빈부 격차가 심한 현실에서 나온 것이잖니?

마음먹기에 따라 달라지는 것은 '마음'일 뿐 '세상'은 아니야. 너희는 이것을 혼동하면 안 돼.

마약중독자들은 마약을 하면 세상이 달라져 보인다고 말하더구

나. 그래서 날개가 돋았다는 환각에 사로잡혀 건물 옥상에서 뛰어 내려 죽는 마약중독자도 있대. 이때 '날개가 돋았다'는 것은 정신 속에서 일어나는 환각 작용일 뿐, 실제로 그런 것은 아니잖니? 마 약은 이처럼 정신과 객관적 현실의 구분을 없애 버리기 십상이지. 마약은 바로 그래서 위험한 거야.

어떠한 경우든 마음만으로 세상은 달라지지 않아. 세상을 달라 지게 해야겠다는 마음을 실천할 때만이 세상이 달라지는 법이야. 때문에 무작정 '마음먹기에 따라 세상이 달라진다'고 믿기보다는 세상을 달라지게 할 마음을 먹는 것이 더 올바른 태도일 테지.

그런데 '의식이 물질을 규정한다'는 믿음은 뜻밖에 흔해. 어떤 저 명한 철학 교수님이 쓴 수필집을 읽어 보니 이런 구절이 있더구나.

인간을 좌우하는 것은 무엇이냐? 그것은 인간의 정신이다. ……물 질의 힘은 위대하다. 그러나 물질의 힘보다 더 위대한 것이 정신의 힘 이다. …… 아무리 훌륭한 무기와 탄약을 가져도 전투 의지를 상실한 군인은 결코 승리자가 될 수 없다. 자본과 시설이 다소 부족하더라도 성공의 자신과 고난을 이겨 내는 투지력과 공고한 단결력과 끝까지 참고 견디는 지구력을 지닐 때, 그는 어떤 역경도 승리와 성공으로 이 끈다. 물질력은 유한하지만, 정신력은 무한하다.

썩 그럴듯한 말처럼 들리지만, 이것은 실제 사실과도 어긋날 뿐 아니라 사회와 역사를 왜곡시킬 위험마저 있는 발상이야. 옛날 일본이 우리나라를 침략했을 때도 일본 사람들이 이와 비슷한 말들을 퍼뜨리고 다녔어.

"너희가 우리 지배를 받은 것은 정신 상태가 글러 먹었기 때문이야. 너희는 단결력이 없이 서로 헐뜯는 못된 습성이 있어. 그러니 우리한테 지배당해도 싸!"

과연 그럴까? 천만에! 우리나라가 일본의 침략을 받은 것은 '전투 의지'가 없어서가 아니라 그 전투 의지를 뒷받침해 줄 만한 '훌륭한 무기와 탄약'이 없었기 때문이야. 일제강점기에 눈치나 살살 살폈던 정말 '전투 의지가 없던 사람들'만이 "정신력이 약하기 때문이다." "전투 의지가 없기 때문이다." 하며 떠벌리고 있었지. 하지만 그건 스스로에게 하는 넋두리일 뿐 항일 투쟁에 실천적으로 나섰던 사람들은 이런 생각을 하지 않았어.

다음과 같은 시를 읽어 보렴.

너무나 무정한 탄환이여
발목을 상하여 더 나아갈 수 없도다
차라리 심장에 맞았더라면

욕보지 않고 요경搖京에 갈 것을.

– 의병 대장 이강년

이 의병 대장은 정신력은 아주 강했지만 총알에 맞았으니 어쩔 도리가 없었던 거야.

그래서 앞의 철학 교수님 말은 본래 뜻과는 달리 결국 모든 강자強者들을 합리화시켜 주는 논리가 되기 쉬워. 우리나라가 일본의 식민지가 된 것이 우리 민족의 정신 상태가 글러 먹었기 때문일까? 우리나라 사람들이 미국의 온갖 압박에 굽실거리는 까닭이 미국 사람들보다 정신력이 약하기 때문일까? 천만에! 그건 다 '훌륭한 무기와 탄약' '자본과 시설'이 부족한 탓이야.

사람의 정신이 위대한 것은 더 말할 나위도 없어. 하지만 정신은 그저 위대한 것이 아니라, 물질적 조건을 정확히 이해하고 그에 대한 실천을 올바로 이끌어 주기 때문에 위대한 것이야.

물질과 정신의 관계를 무시한 채 "물질력은 유한하지만, 정신력은 무한하다." 식의 결론을 끌어내는 것은 전혀 철학 교수님답지 않은 사고방식이야. 만일 정말 이 철학 교수님 말대로 '물질력이 유한하여' 어느 순간에 끝장나 버린다면 정신력 혼자만 고고하게 무한한 상태로 남아 있을 수 있겠어? 이것은 마치 '콩은 없어져도 메주는 무한히 쏠 수 있다'는 말처럼 우스꽝스러운 말이지.

정신력이 무한하려면 당연히 물질력 또한 무한하다는 전제가 있어야만 해. 따라서 철학 교수님의 말은 "물질은 무한하므로, 이를 인식하는 정신도 무한하다."로 고쳐 써야 할 거야.

[1] 가난에 시달리다 미쳐 버린 정신병자가 있었어. 그는 부자가 된 환상에 빠져 행복하게 지냈어. 이때 만일 그를 치료해 주면, 그는 정상인이 되지만 대신에 행복을 잃게 되겠지. 하지만 만일 그를 치료해 주지 않으면, 그는 행복한 상태로 있겠지만 대신에 영영 병자로 남아 있게 되잖니? 그래서 이 환자의 담당 의사는 갈등에 빠졌어. 치료를 해 줘야 하는가, 말아야 하는가?

자, 너희가 의사라면 어떤 결정을 하겠니? 그 선택의 근거를 대고, 또 참된 행복이란 어떠해야 하는가도 함께 생각해 보렴.

➡ 도움말 340~341쪽

[2] 너희 가운데는 《갈매기의 꿈》을 읽어 본 친구가 있을 거야. 이 작품은 조나단 리빙스턴이라는 갈매기를 통해 '자유'의 문제에 대해 말하고 있더구나. 그런데 이 작품에 이런 구절이 나와. "대부분의 갈매기들에게 문제는 나는 것이 아니라, 먹는 것이다. 그러나 조나단에게 문제는 먹는 것이 아니라, 나는 것이었다."

자, 그렇다면 '자유'와 '먹이'의 관계는 어떤 것일까? 물론 이 문제를 '어느 쪽이 더 중요하다'는 식으로 생각하지는 말았으면 해. 거듭 강조하지만 이런 식의 사고는 '바른 사고의 적'이거든.

➡ 도움말 341~343쪽

이번 이야기에서는 '존재'라는 말이 자주 쓰이고 있는데, 그 정확한 뜻이 뭐야?

일상에서 '존재'는 '있음'이라는 뜻으로 쓰잖니? '존재한다' 역시 '있다'는 뜻이겠지. 철학에서 쓰는 '존재'도 이런 뜻에서 크게 벗어나지는 않아.

다만 철학에서는 존재를 관념·의식·정신 따위와 구분하여 '객관적인 실재'를 가리키는 개념으로 많이 써 왔어. 그런데 존재는 이런 객관적 실재의 '실체'를 밝혀 주는 개념은 못 되고, '있음' 그 자체를 나타낼 뿐이야. 때문에 '존재하는 것'과 '그에 대한 의식'의 관계를 설명할 때, 존재라는 개념이 때때로 모호해지는 경우도 생기지.

이를테면 '빵'도 존재하지만, '빵에 대한 생각'도 존재한다고 할 수 있잖니? 그러면 너희는 이런 의문을 던질 수 있을 거야. '빵이 존재함'과 '빵에 대한 생각이 존재함'의 차이는 뭔가?

그래서 철학자들은 '존재'를 주로 의식·관념(예컨대 '빵에 대한 생각')과는 구분되는 객관적인 실재(예컨대 '빵')만을 가리키는 개념으로 쓰다가, 나중에는 '존재하는 것의 실체'를 가리키는 '물질'이라는 개념으로 발전시킨 거야.

존재와 물질은 비슷하지만 같지는 않아. 물질은 의식과 상대되는 개념이며, 존재하는 것의 실체를 더 뚜렷하게 나타내는 개념이야.

참고로 말하면, 어떤 개념은 고정불변하는 것이 아니라 역사가 발전함에 따라 함께 발전하기 마련이야. 예를 들어 '불'이라는 개념을 생각해 보렴. 옛날 사람들은 나무나 기름 따위가 타는 현상들만을 불이라 했지만, 오늘날 사람은 '전깃불' 같은 현상도 불이라고 하잖니? 과학이 발전함에 따라 불이라는 개념이 발전한 것이지. 때문에 어떤 개념은 '당대적인 의미'를 가지고 있다고 할 수 있어.

'존재' '물질' 같은 개념도 마찬가지야. 때문에 고대 철학자가 말한 '존재'와 현대 철학자가 말하는 '존재'는 서로 다른 개념일 수도 있어. '먹는 배'와 '타는 배' 식으로 완전히 다른 건 아니고, 앞 시대에서 사용했던 개념을 바탕으로 내용을 더욱 풍부하고 정확하게 발전시켜 가는 식이야. 앞 시대에 사용했던 개념이 정 부적절한 때 새로운 개념을 만들게 되지.

그러면 '사물'이라는 개념은 또 뭐야? '사물'과 '물체' '물질'은 어떻게 다르지?

사물事物 개념과 가장 가까운 우리말을 찾자면 '것'이라는 말쯤

될까? '이것' '저것' '어떤 것' 식으로 어떤 대상을 가리킬 때 쓰는 '것' 말이야.

정확하게 정의한다면, 사물은 '그 자체로 비교적 안정된 성질을 갖고 있는 물질적이거나 관념적인 체계'라고 할 수 있어. 말이 좀 어렵지?

예를 들어 보자. 우리 속담에 "똥인지 된장인지 구분 못 한다."라는 말이 있어. 그만큼 분별력이 없다는 뜻이야. 이때 똥은 똥대로 된장은 된장대로 나름의 안정된 성질을 가지고 있으며, 똥과 된장은 서로 다른 사물이라고 할 수 있어. 이처럼 비교적 나름의 안정된 성질을 가지고 있는 대상을 사물이라고 하는 거야.

지저분한 예를 계속 들어 미안하지만 이를테면 '된똥' '묽은 똥' '곱사 똥' 식으로 구분한다면 이것 역시 저마다 다른 사물들이라 하겠지.

사물은 보통 '대상' '객체'와 거의 같은 뜻으로 쓰여. 이를테면 '어떤 사물'이란 '어떤 대상' 또는 '어떤 객체'라고 생각하면 돼. 사물은 주로 똥이나 된장처럼 물질적인 대상만을 가리키지만, 때로 '선' '악' 같은 관념적인 대상들도 사물이라 지칭하는 경우도 있어. 이것은 선이나 악 따위가 사람의 의식으로부터 독립하여 객관적으로 실재한다고 믿는 철학적 입장에서 나온 태도야.(이 책에서는 사물을 물질적인 사물만을 가리키는 개념으로 썼어.)

한편 '사물'과 '물질'은 다른 개념이야. 사물(물질적 사물의 경우)

은 물질적인 것 가운데 하나의 안정된 성질로 이루어진 개체만을 뜻하지. 그러나 물질은 사람 의식으로부터 독립해서 존재하는 객관적 실재를 가리키는 개념이지, 어떤 개체를 가리키는 개념은 아니야. 그래서 '사물들'이라는 말은 쓸 수 있지만, '물질들'이라는 말은 쓸 수 없어. 이때는 '물질적인 것들'이라고 써야겠지.

또 '사물'과 '물체'도 달라. 물체는 물질적인 사물 가운데 일정한 부피나 형체를 지니고 일정한 공간을 차지하고 존재하는 사물만을 뜻해. 똥이나 된장도 물체들이지.

그래서 모든 물체는 물질적인 사물이지만, 반대로 물질적인 사물들이 모두 물체이지는 않아. 이를테면 '전파'와 같은 경우는 물질적인 사물이지만 물체라고는 할 수 없잖아?

철학 개념을 익히는 일은 좀 까다롭지만 잘 익혀 두면 바른 사고에 적잖은 보탬이 될 거야.

세계의 통일적 연관을 파악한다

어마어마한 연관 속의 밥 한 그릇

어떤 사람이 타임머신을 타고 수백만 년 전 과거 세계로 여행을 떠나게 되었어. 떠나기 전에 과학자들은 그에게 과거 세계의 어떤 물체도 건드려서는 안 된다고 주의를 줬지. 하지만 그는 돌아오는 길에 그만 나비 한 마리를 밟아 죽이고 말았어. 이 때문에 그가 되돌아간 세계는 완전히 뒤바뀌어 버렸지.

이것은 어느 공상과학소설에 나오는 이야기야.

자, 어떻게 이런 결과가 나타날 수 있는 것일까? 그 나비는 원래 많은 꽃들의 꽃가루를 옮겨 씨나 열매를 맺게 했을 거야. 그래서 많은 초식동물들이 그 식물들의 열매나 잎사귀를 먹고 살았을 것이고, 많은 육식동물들이 그 초식동물들을 잡아먹고 살았을 거야. 그런데 그 나비가 죽음으로써 이런 일들에 영향을 주게 되었고, 이것이 수백만 년의 세월 뒤에는 엄청나게 다른 결과를 빚은 것이지.

이건 소설가가 지어낸 얘기지만 자연계가 그만큼 서로 광범하게 연관되어 있다는 사실을 잘 보여 주고 있어.

비단 자연계만 그럴까? 너희가 아침에 먹은 밥 한 그릇은 어머니 혼자 만든 것이 아니잖니? 벼를 재배하는 농부, 벼를 찧어 쌀로 만드는 정미소 노동자, 그 쌀을 싣고 오는 트럭 운전사, 밥을 안칠 연료를 생산하는 노동자……. 또 그 앞의 과정을 생각하면 더욱 엄청나지. 농부가 사용할 농기구를 만드는 노동자, 농기구 만들 쇠를 생산하는 광부, 광부의 연장을 만드는 노동자……. 이렇게 따져 보면 너희는 어마어마한 연관 속의 밥 한 그릇을 먹고 있는 셈이야.

이처럼 세계의 모든 사물들은 저 홀로 존재하지 않고 다른 사물들과 연관 속에서만 존재하는 거야. 너희는 일상생활에서 여러 사물들이 서로 연관되어 있음을 잘 알고 있을 거야. 하지만 그 연관은 시험 볼 때 짝짓기 하는 식의 '일대일 연관'은 아니야. 너희는 워낙 객관식 시험에 찌들다 보니 '일대일 짝짓기 식 사고'에 길들어 있을 거야. 이를테면 너희는 이런 시험문제에 익숙해 있을 거야.

[문제] 다음 중 김소월과 관계가 없는 것은?
①진달래꽃　②한의 정서　③요절 시인　④위기철

이런 문제가 나오면 너희는 잽싸게 ④번을 찍겠지만, 김소월과 위기철이 관계가 없다는 근거가 뭐니? 같은 한국 사람으로서 동포 관계일 수도 있고, 시인과 애독자의 관계일 수도 있잖아?

세계의 모든 사물은 관계가 없는 것이 하나도 없어. 다만 '어떠한 관계인가'가 다를 뿐이지. 그래서 객관세계 사물들은 단순한 일대일의 짝짓기 식 연관을 맺고 있는 게 아니라 통일적 연관을 맺고 있는 거야. 아마 너희는 현실 문제를 고민할 때 이런 **통일적 연관**을 실감나게 느낄 수 있을지 몰라.

예를 들어 '인신매매'에 대해 생각해 본다고 하자. 인신매매는 단순히 파렴치한 몇몇 악당들에 의해 저질러지므로 그들만 잡아 처벌하면 해결되는 문제일까? 너희는 그렇지 않음을 금방 깨달을 거야. 여기에는 매매춘으로 돈을 버는 윤락업자들이 연관되어 있고, 윤락업소를 드나드는 수많은 짐승(?)들이 연관되어 있어. 또 성욕을 공공연히 부추기는 영화, 잡지, 소설, 성인 만화, 스포츠 신문, 광고, 인터넷 성인 사이트 따위도 연관되어 있고, 더 나아가 이런 성욕 부추기기와 매매춘 풍토를 수수방관하는 국민 모두가 연관되어 있지. 그래서 이런 문제를 생각하다 보면 다른 문제들과 너무 복잡하게 얽히고설켜 있어 어디서부터 손을 대야 좋을지 몰라 막연해지기 십상이지.

어떤 문제든 단순한 '일대일 연관'이 아니라 '통일적 연관' 속에서 존재하기 마련이야. 그래서 인신매매 문제도 性마저 돈벌이 수단으로 만든 '자본주의 사회구조'라는 통일적 연관 속에서 봐야 제대로 볼 수 있지.

이것은 무시한 채 입시 교육에서 잘 길들여진 '일대일 짝짓기 식 사고'로 '인신매매 = 인신매매범' 식으로 단순하게 파악해 버리면 문제를 궁극적으로 해결하기 어렵게 되지. 몇몇 인신매매범을 처벌해도 또 다른 인신매매범이 자꾸 튀어나오는 게 현실이잖아?

이런 통일적 연관을 다른 말로 **유기적 연관**이라고도 해. 이것은 '유기체'인 생물에 빗댄 말이야. 이를테면 사람 몸의 각 부분들은 서로 따로 놀지 않고 긴밀한 연관 속에서 통일적으로 조직되어 움직이잖니? 이가 아픈데 머리가 지끈거린다거나, 배가 고픈데 눈이 침침해진다거나 하는 일도 바로 그런 까닭이지. 그래서 노련한 의사는 감기약 처방을 하면서 설사약도 함께 주는 식으로 신체의 유기적 연관을 세심하게 고려하는 법이야.

사람 몸의 각 부분들이 이렇게 유기적으로 연관되어 있듯이 세계의 모든 사물들은 유기적으로 연관되어 있어. 사람 사회도 마찬가지야. 영국의 시인 윌리엄 블레이크는 사회의 통일적 연관을 잘 파악하고 다음과 같이 멋들어진 시를 썼더구나.

정의로운 작은 새 한 마리가 철창 속에 갇혀도

모든 천국은 지옥으로 뒤바뀌며,

주인집 문 앞에 굶주려 쓰러진 개 한 마리가

한 나라의 멸망을 예고한다.

……

이 거리 저 거리에서 들려오는 창녀의 흐느낌이

늙은 조국의 수의壽衣를 짤 것이다.

－〈순수함의 낌새〉에서

영국이 '신사의 나라'였던 것만은 아니었나 봐. 당시 영국 사회
에는 많은 민중들이 굶주리고, 부랑아가 되고, 부당한 현실에 저
항하다 감옥에 갔대. '거리에서 들려오는 창녀의 흐느낌' 속에서
조국의 도덕적 멸망을 예견하는 시인의 탁월한 통찰력은 문제를
통일적 연관 속에서 보는 생생한 사고가 아니고는 불가능할 거야.

통일적 연관 속에서의 독립

세계의 모든 사물들이 통일적으로 연관되어 있다고 해서 각 사

물의 독립성을 무시해서는 곤란해. 그러면 다음의 옛날이야기처럼 아주 우스꽝스러운 발상에 빠지기 쉬워.

옛날에 어떤 사내가 결혼을 해서 처갓집에 가게 되었대. 그런데 음식을 꺼내러 광에 들어간 색시와 장모가 영 나오질 않는 거야. 사내가 이상해서 광에 가 보니 장모와 색시가 서로 껴안고 엉엉 울고 있는 게 아니겠어? 사내가 우는 까닭을 물어보니, 색시는 이렇게 말하는 거야.

"저기 천장에 매달린 커다란 방망이가 보이지요? 우리는 아이를 낳게 될 것이고, 그 아이가 자라 외할머니 댁에 놀러 오게 되겠지요. 그때 아이가 이 광에 들어오면, 당신은 아이를 찾기 위해 광으로 들어갈 거예요. 그 순간 저 커다란 방망이가 갑자기 떨어진다면, 당신은 방망이에 맞아 죽게 되겠지요. 그러면 저는 아이를 혼자 키우며 평생 과부로 살아야 해요. 우리는 지금 그게 너무 슬퍼서 울고 있어요."

이것은 외국 동화에 나오는 어리석은 색시 이야기야. 이 색시는 무엇을 어떻게 잘못 생각했을까? 모든 일이 통일적으로 연관되어 있으니, 색시가 걱정하는 일이 정말 생길지도 몰라.

하지만 색시는 통일적 연관만 생각했지 그런 사건들이 저마다 나름대로 독립해서 존재한다는 사실은 무시한 거야. 이를테면 '광에 들어간다'는 사건은 '방망이에 맞는다'는 사건과 연관될 수도 있지만 '방망이에 맞지 않는다'는 사건과 연관될 수도 있잖아?

모든 사물들은 통일적 연관을 갖고 있지만, 연관된 가운데 저마다 독립해서 존재하기 때문에 사물들끼리 이런 연관을 맺을 수도 있고 저런 연관을 맺을 수도 있지. 그래서 '어떤 연관인가'를 잘 따져 보지 않고 무작정 연관만 지어 생각하다 보면 어리석은 색시처럼 엉뚱한 상상에 빠질 수도 있지.

인신매매 문제도 마찬가지야. 인신매매 문제에 있어서 '인신매매범' '윤락업자' '윤락업소를 드나드는 사람들' '성욕 부추기기에 골몰하는 대중매체들' '무관심한 국민들'은 죄다 연관되어 있어. 그렇다고 해서 인신매매범과 한 사람의 국민인 너희 부모님을 똑같이 취급할 수는 없는 노릇이잖아? 그건 너희 부모님이 인신매매 문제에 연관되어 있지 않기 때문이 아니라, 인신매매범과는 엄연히 다른 형태로 연관되어 있기 때문이야.

이처럼 세계의 모든 사물들은 통일적인 연관 속에 존재하지만, 나름대로 독립하여 연관을 맺고 있는 까닭에 연관의 형태와 성격은 저마다 달라. 세계에는 여러 형태와 성격을 지닌 연관이 뒤섞여 있기 때문에 이것을 구분하는 일은 쉬운 일이 아니야.

바로 '어떠한 연관인가'를 올바로 파악하는 것이, 철학의 중요한

임무 가운데 하나지. 이런 연관의 여러 형태들은 네 번째 이야기에서 더 자세하게 살펴보도록 하자꾸나.

연관과 독립의 관계

사물들 사이의 **연관은 절대적**˙이지만, 각 사물들의 **독립은 상대적**˙이야.

세계에 존재하는 사물들은 모두 이런저런 연관을 맺고 있다고 했지? 그러니 사물들의 연관이 절대적이라는 말은 쉽게 이해하겠지? 그럼, 독립이 상대적이라는 말은 무슨 뜻일까? 각 사물들은 연

잠깐!

절대적이란 '무조건적인' '어떤 제약도 받지 않는' '어떤 경우에라도 해당하는'이라는 뜻이야. 반면에 상대적이란 '다른 것과의 관계 속에서 비교할 때에만 존재하고 의미를 갖는'이라는 뜻이야.

너희도 일상에서 "개똥이가 절대적으로 옳아!" "개똥이가 상대적으로 옳아!" 하는 말을 쓰잖니? 절대적으로 옳다는 건 어떤 경우에라도 무조건 개똥이가 옳다는 뜻이고, 상대적으로 옳다는 건 다른 사람들과 비교해서 개똥이가 기중 옳다는 뜻일 테지.

관을 맺고 있기는 하되, 이렇게도 연관될 수 있고 저렇게도 연관될 수 있다는 뜻이야.

판소리 〈흥부가〉를 보니까, 흥부네 자식이 아들만 스물다섯이래. 흥부 유전자를 이어받았고 성장 배경도 똑같으니까 스물다섯이 죄다 똑같을까? 설마 그렇기야 하겠냐. 혈연관계야 다르지 않겠지만 흥철이, 흥식이, 흥돌이, 흥달이, 흥석이…… 저마다 다 독립된 존재들이란 말이야. 흥부 부부의 유전자가 이렇게 결합되어 흥철이가 태어나고, 저렇게 결합되어 흥식이로 태어나고 했겠지.

〈흥부가〉에는 흥부 아내가 쌍둥이도 여럿 낳았다고 되어 있더라만, 그래도 마찬가지야. 자라면서 흥돌이는 밥 한술 더 먹어 통통해지고, 흥달이는 밥 한술 덜 먹어 삐쩍 마르게 될 수도 있잖니? 그래서 흥부네 스물다섯 형제는 같은 핏줄이라도 죄다 다르기 마련이지.

이런 일이 일어나는 까닭은 연관이 어마어마하게 다양하기 때문이야. 하나의 생물을 만들기 위해 필요한 최소의 유전자 세트를 '게놈'이라고 하는데, 인간 게놈 속에는 약 30억 개의 염기쌍으로 이루어진 10만여 개의 유전자가 있대. 그러니 이것들이 각각 연관될 수 있는 경우의 수를 한번 상상해 보렴.

그뿐이니? 사람이 태어나려면 난자와 정자가 결합해야 하는데, 이

때 남자 정액 속에 들어 있는 정자 수는 적으면 6,000만, 많으면 3억이 넘는대. 이 가운데 어떤 정자가 난자와 결합하느냐에 따라 전혀 다른 모습으로 태어나겠지. 이것 또한 어마어마한 연관 아니겠어?

사람은 누구나 유전자 결합, 난자와 정자의 결합 등의 연관 속에서 태어나지만, 그것이 어떤 연관인가에 따라 저마다 다른 존재로 태어나는 것이지. 그래서 연관은 절대적이지만, 독립은 상대적이라고 말하는 거야.

그건 태어날 때뿐 아니라 살아가면서도 마찬가지야. 너희가 아무리 "세상만사가 싫어! 혼자 조용히 살고 싶어!" 하고 외쳐도, 너희를 둘러싼 세계와 어떤 연관도 없이 절대적으로 독립해서 존재할 수는 없어. 그게 가능하다고 믿는다면 그저 착각일 뿐이지.

물론 너희는 누구와도 다른 독립된 삶을 살아가는 존재야. 하지만 자연이나 사회와의 연관 속에서 상대적으로 독립된 존재이지 절대적으로 독립된 존재는 아니야.

그럼에도 불구하고 사람들은 종종 절대적 독립이 가능하다고 믿기도 해. 프랑스 작가 오노레 드 발자크가 쓴 《고리오 영감》이라는 소설을 보니 어떤 귀족 부인이 이렇게 말하더구나.

"세상은 진흙투성이니, 우리는 좀 더 높은 곳에 머물러 있도록 해요!"

이 귀족 부인은 가엾게도 절대적인 독립이 가능하다고 믿고 있어. 하지만 만일 세상이 정말 진흙투성이라면, 그 세상과 연관 속에서 세상의 일부로서 살아가는 사람 역시 진흙투성이일 뿐이야.

좀 더 높은 곳에 머물러 있으면 깨끗해지리라는 것은 야무진 착각이야. 그러니 만일 진흙투성이의 삶을 살고 싶지 않다면, 세상을 깨끗하게 청소하는 도리밖에는 없는 거야.

절대적 독립이 가능하리라고 파악하는 태도도 곤란하지만, 상대적인 독립마저 깡그리 무시하는 태도는 더더욱 곤란해. 그 대표적인 경우가 독일의 나치즘이나 이탈리아의 파시즘 같은 '전체주의'야. 전체주의란 국가·민족·사회 따위의 전체적인 연관만을 강조하여 개개인은 오직 전체의 이익을 위해서 일하고 행동해야 한다는 주장이야. 그들은 걸핏하면 '국민을 위해' '국익을 위해' '국가 위기 상황 때문에'를 내세우며, '개개인의 희생은 어쩔 수 없다'고 주장하지.

앞에서 잠깐 말한 〈국민교육헌장〉의 "우리는 민족중흥의 역사적 사명을 띠고 이 땅에 태어났다."라는 발상도 마찬가지야. 우리가 같은 민족으로 태어난 것은 분명해도, 똑같은 사명을 띠고 살아갈 필요는 없어. 그건 그저 독재자의 야무진 꿈일 뿐이고, 우리는 저마다 다른 목표를 갖고 즐겁게 세상을 살아갈 수 있는 거야.

개개인은 국가·민족·사회와 연관 속에서 존재할 수밖에 없지만, 그 속에서 상대적으로 독립된 존재들이야. 그래서 사회 없는 개개인도 있을 수 없지만, 개개인 없는 사회도 있을 수 없는 노릇이야.

발전하는 세계를 생생하게 파악한다

세계는 변화한다

객관세계의 사물들은 공간적인 연관뿐 아니라 시간적인 연관도 가지고 있어. 이를테면 '어릴 적의 나'와 '지금의 나'와 '미래의 나'는 연관되어 있잖니?

객관세계의 모든 사물들은 시간적 연관 속에서 끊임없이 변화하고 있어. 너희가 얼핏 생각하기에는 도무지 변화하지 않을 듯한 사물들도 사실은 변화하고 있지. "산맥처럼 끄떡없다."는 말을 쓰지만 사실은 산맥도 끊임없이 지각변동을 하잖니? 원래 산맥은 평지가 치솟거나 깎여서 된 것이지. 또 산맥은 풍화되거나 가라앉아 다시 평지가 되기도 해. 물론 이런 변화들은 오랜 세월에 걸쳐 일어나기 때문에 눈에 잘 띄지는 않지만, 어쨌든 변화하는 것만은 사실이야.

자연만 변화하는 게 아니라 사람도 변화하지. 너희는 가족이나 날마다 보는 친구들이 변화한다는 느낌은 별로 들지 않을 거야. 하지만 사실 분명 변화하고 있잖니? 그래서 아주 오랜만에 친구를 만났을 때 달라진 모습에 깜짝 놀라기도 하는 거야.

또 사회도 마찬가지야. 아직 사회 경험이 적은 너희는 사회의 변화가 그다지 실감 나지 않을 거야. 하지만 옛날 영화에 나오는 장면들을 보면, 사회 분위기뿐만 아니라 사람들의 옷차림이나 머리 모양, 심지어는 배우들의 생김새까지 요즘과는 다르다는 느낌을 받게 될지도 몰라. 미남 미녀의 기준조차 달라졌을 테니까.

"10년이면 강산도 변한다."라는 속담처럼 세계에 변화하지 않는 것은 단 하나도 없어. 스스로 운동하고 변화함은 세계의 기본적인 속성이야. 세계가 어떻게 운동·변화하는가는 뒤에서 더 자세히 살펴보도록 하고, 여기서는 모든 사물은 운동하고 변화한다는 사실만 확인하고 넘어가기로 하자꾸나.

배에다 표시하여 잃어버린 칼을 찾는다?

어떤 사람이 배를 타고 가다가 호수에 칼을 빠뜨렸어. 그는 수영을 잘하는 사람을 데려와 칼을 찾아야겠다고 생각하고 배 옆구리에다 칼을 빠뜨린 위치를 표시해 두었지. 배가 그 자리를 떠나자, 그는 칼을 어디에 빠뜨렸는지 도무지 알 수 없게 되어 버렸어.

이 이야기에서 '각주구검刻舟求劍'이라는 고사성어가 나왔어. '배에다 표시를 새겨 잃어버린 검을 찾는다.'라는 뜻이지. 그 어리석은 사람은 배의 위치가 변한다는 생각을 못 했기 때문에 칼을 찾을 수 없게 된 거야.

너희가 세계를 인식하는 데에 있어서도 마찬가지야. 객관세계의 사물들은 끊임없이 변화하기 때문에, 변화를 무시하고는 사물을 올바로 파악할 수 없어.

'각주구검'처럼 변화를 무시하는 사고방식은 아주 흔해. 학생들과 학교 사이에 마찰이 생겨 실랑이가 벌어지면, 어른들은 대뜸 "군사부일체." 어쩌구 하며 학생들을 비난하곤 하더구나. 어느 쪽이 잘못이냐를 떠나서, 이 시대에 '군사부일체'라는 말을 들먹인다는 것부터가 꼴불견이야.

'군사부일체'의 '군'은 왕이라는 뜻이잖아? 왕은 불평등한 신분 사회에서나 절대 권력자로 군림할 수 있는 것이지, 오늘날 같은 민주 사회에서 왕이 무슨 의미가 있겠니? 영국이나 일본처럼 왕이 있는 국가도 더러 있지만, 그저 상징적인 존재일 뿐이지. 군주 국가 같은 절대 권력자가 군림하는 시대도 아닌데 '군사부일체'가 무슨 가당치 않은 말이냐? 물론 선생님이나 부모님한테 지켜야 할 예절은 엄연히 있지만, 그것도 이 시대의 예절이어야 하지 옛날의 예절이어서는 곤란하겠지.

객관세계는 엄연히 변화하고 있기 때문에 누구도 변화를 무시하지는 않아. 그 대신 '변화하는 것도 있고, 변화하지 않는 것도 있다'는 식의 착각은 아주 흔해. 이를테면 사람들은 '변함없는 우정' '변함없는 사랑' '변함없는 믿음' 따위의 말을 많이 쓰잖니? 하지만 우정도 변하고, 사랑도 변하고, 믿음도 변하기 마련이야. 따라서 이때는 '변함없는'을 고집하기보다 '변하되 어떻게 변하는가'를 따지는 것이 더 현명한 태도일 거야. 이를테면 '변함없는 우정'보다 '발전하는 우정'이 더 타당하고 가치 있는 것이지.

객관세계에 변화하지 않는 것은 없으며, 있다면 '변화하지 않는 것은 없다'는 사실만이 변화하지 않는다고나 할까.

초침만으로는 시간을 알 수 없다

그렇다면 모든 사물은 고정되거나 정지되어 있을 수 없고 오직 변화만 할 뿐일까? '변함없는 우정' 같은 말은 단지 착각일 뿐일까?

그렇지는 않아. 어떠한 우정도 변하기 마련이지만, 그래도 비교적 느리게 변하는 우정도 있어. 너희는 아마 이런 우정을 '변함없는 우정'이라 말할 테지.

객관세계의 변화는 절대적이지만, 그렇다고 해서 늘 정신 차릴 틈도 없이 휙휙 뒤바뀌지만은 않아. 한동안은 크게 변하지 않거나 정지해 있기도 하지. 하지만 이런 정지는 변화 가운데 존재하는 **상대적 정지**야.

이를테면 너희는 자동차가 달리다가 멈추면 "자동차가 정지했다."라고 말하잖니? 하지만 엄밀하게 따지면 자동차는 정지하지 않았어. 자동차가 얹혀 있는 지구는 빠른 속도로 자전하고 있으며, 또 매초 29.76km의 빠른 속도로 태양을 중심으로 공전하고 있어. 더욱이 태양계 전체는 은하계를 중심으로 매초 250km의 속도로 돌고 있어. 따라서 은하계 바깥에서 본다면 브레이크를 밟은 자동차도 매초 250km 이상의 빠른 운동을 하고 있는 셈이야.

하지만 그렇다고 해서 엄연히 정지해 있는 자동차를 "달리고 있다."라고 해서는 안 되겠지? 다만 이런 정지는 지구 표면을 기준으로 본 상대적 정지야.

또 다른 예로, 너희는 아마 날마다 만나는 친구에게선 별다른 변화를 찾기 어려울 거야. 하지만 그 친구를 10년쯤 헤어졌다 다시 만난다면 많은 변화를 느낄 거야. 결국 너희가 날마다 만나는 친구들한테 변화를 느끼지 못하는 까닭은, 오랜 기간에 비해 '상대적으로' 덜 변화하기 때문일 테지.

이와 같이 현실에서는 정지도 존재하지만, 그건 변화하는 가운데 존재하는 상대적인 정지야. 하지만 상대적 정지라도 정지는 정지이므로 이를 무시해서는 곤란해.

모든 것이 변화한다고 해서 "어차피 사람은 언젠가 죽기 마련이니까." 하고 아무렇게나 산다면 어리석은 일이지. 물론 사람은 세월이 흐르면 당연히 죽기 마련이지. 하지만 죽기 전까지는 '아무개'라는 존재로 상대적으로 정지한 가운데 살아 있는 것이잖아?

객관세계가 변화한다는 사실을 분명히 인식하는 것도 중요하지만, 상대적 정지도 존재한다는 사실을 인식하는 것도 중요한 일이야.

상대적 정지는 **변화의 일정한 결과물**이며, **다음 변화를 지속시키기 위한 계기**가 돼. 때문에 상대적 정지가 있어야만 너희는 객관세계의 변화도 정확히 파악할 수 있어.

예를 들어 여기 초침만 있고 분침과 시침은 없는 시계가 있다 해보자. 초침은 계속 운동을 하지만 너희는 도무지 시간을 파악할 수가 없을 거야. 너희가 시간을 파악하려면 초침이 한 바퀴 도는 동안 분침은 '1분간'이라는 상태로 정지해 있어야만 하지. 분침의 경

우도 마찬가지야. 분침이 한 바퀴 도는 동안 시침은 '1시간'이라는 상태로 정지해 있어야만 해.

이때 분침은 초침에 대해서, 시침은 분침에 대해서 상대적 정지를 하고 있는 셈이지. 분침과 시침의 이런 상대적 정지 없이, 초침만 있는 시계로는 시간의 변화를 제대로 알 수 없는 노릇이야.

너희 일상생활에 있어서도 마찬가지야.

너희는 아마 '아이고 지겨워, 빨리 어른이 되었으면.' 하는 심정에서 가발 뒤집어쓰고 술집에도 갈지 모르고, 몰래 담배도 피워 볼지 모르지만, 빨리 어른이 된다고 해서 좋은 일 하나 없어. 너희도 언젠가는 어른이 될 것이며, 겉늙지 않기 위해서라도 '청소년 시절'이라는 상대적 정지 기간을 충분히 음미할 필요가 있어. 그러니 서투르게 어른 흉내 내려다 공연히 몸 버리지 말고, 청소년 시절에 할 일 다 하고, 앓을 고민 다 앓으며 차근차근 자라서 어른이 되는 게 좋을 거야.

변화는 절대적이고 정지는 상대적이지만, 상대적 정지를 무시하는 태도는 옳지 않아.

현실과 사고 사이의 거리 좁히기

하늘 아래 새로운 것은 없다?

우리나라의 어떤 시인은 이렇게 노래하더구나.

하늘 아래 새로운 것이 어디 있으랴.

……

어제는 오늘의 원인이고

오늘은 어제의 결과이며

오늘은 내일의 원인이며

내일은 오늘의 결과임에 틀림없다.

……

그리고 하늘 아래 새로운 것은 없다.

이 시는 세계의 연관성을 아주 잘 지적하고 있어. 이 시에 나타난 것처럼 어제·오늘·내일은 밀접한 연관을 맺고 있지. 어제 없이 오늘이 있을 수 없으며, 오늘 없이 내일이 있을 수 없잖아? 이것은 당연한 일이지. 그런데 이 시인은 사물의 연관성에 대해서는 잘 파악했지만, 그런 연관이 단지 끝없이 되풀이되기만 하는 것처럼 파악하고 있어. 그래서 "하늘 아래 새로운 것은 없다."라고 속단하고 만 것이지.

얼핏 생각하면, 이 시처럼 "어제는 오늘의 원인이고, 오늘은 어제의 결과이며, 오늘은 내일의 원인이며, 내일은 오늘의 결과"라는 식으로 언제까지나 똑같은 어제 ➡ 오늘 ➡ 내일이 반복되는 듯이 보이지.

그렇다면 실제로도 어제·오늘·내일은 계속 반복되기만 할 뿐, 새로운 것은 하나도 없을까?

그렇지 않아. 새로움 없이 반복되는 것은 단지 어제·오늘·내일이라는 '말'일 뿐, 실제의 어제·오늘·내일이 반복되는 것은 아니야.

복잡하게 생각할 것 없이 너희 생활을 따져 봐. 너희는 어제 아침에 밥을 먹었다면, 오늘 아침에는 빵을 먹을 수도 있어. 오늘 아침에도 밥을 먹었다 해도 어제 먹은 밥과는 분명 다르잖니?

그럼에도 불구하고 이 시인은 어째서 어제·오늘·내일이 계속 반복된다고 하며, "하늘 아래 새로운 것은 없다."라고 단언했을까? 그건 '어제·오늘·내일'이라는 개념만 놓고 봤기 때문이야.

너희는 종종 어떤 사고의 틀에 현실을 짜 맞추는 발상을 하기 쉬워. 하지만 앞에서도 말했듯, 의식은 물질을 반영한 거야. 때문에 사고를 현실에 맞추어야지 현실을 사고에 맞출 수는 없어. 그건 마치 너희 몸을 옷에 맞춰 늘이거나 줄이려는 발상과 마찬가지야.

개념이 반복되는가, 현실이 반복되는가

인류는 까마득한 옛날부터 현실과 사고를 일치시키려고 노력해 왔어. 그래서 어떤 사물에 해당하는 개념이나 명제를 만들기도 하고 논리를 세우기도 했어. 개념·명제·논리 등은 객관세계의 사물들을 의식 속에 담기 위한 일종의 '사고 형식'이야.

하지만 개념·명제·논리 같은 사고 형식이 객관세계 자체일 수 없음은 물론이야.

비유하자면, 너희가 꾀꼬리의 생김새를 알기 위해 사진을 본다고 해 봐. 그 사진은 아마 꾀꼬리의 모습과 가장 가까운 것일 테지. 하지만 사진은 사진일 뿐 꾀꼬리 자체는 아니야. 그래서 꾀꼬리 사진에만 집착해서 실제 꾀꼬리를 보고도 "저것은 꾀꼬리가 아니다!" 하면 곤란한 거야.

너희가 객관세계를 정확하게 파악하기 위해 개념·명제·논리 같은 사고 형식을 이용함도 이와 마찬가지 이치야.

이를테면 '돼지'라는 개념을 생각해 보자. '돼지'라는 개념은 현실에 존재하는 돼지를 가장 정확하게 표현한 거야. 너희는 "돼지!" 하면 곧바로 현실에 존재하는 돼지를 떠올릴 수 있지.

하지만 '돼지'라는 개념은 분명 현실에 존재하는 돼지 자체는 아니야. '돼지'라는 개념은 현실에 존재하는 돼지들의 여러 가지 특징과 성격을 함축한 것일 따름이지.

선禪 불교에서는 현실과 사고의 이런 불일치를 잘 간파하고, 그 거리 좁히기에 정진하기도 해. 선 불교에서는 '불립문자不立文字'라는 표현을 쓰는데, 그건 '언어나 문자에 얽매이지 말라'는 뜻이지. 그래서 진리의 깨달음을 직관에 의존하기도 해.

하지만 모든 사고 형식을 포기하는 것만이 능사는 아니야. 개념·명제·논리 같은 사고 형식을 빌리지 않으면, 객관세계를 제대로 사고하기가 힘들어져. 그러면 우선 당장 대화가 불가능해지겠지. 이 책만 하더라도 수많은 개념과 명제와 논리들이 담겨 있잖니?

이를테면 앞서 인용한 시에 나오는 '어제·오늘·내일'이라는 개념들에 대해 생각해 보자. '어제·오늘·내일'은 사람들이 시간의 흐름을 편리하게 따져 볼 수 있게 24시간을 기준으로 해서 구분해 놓은 개념이야.

'어제·오늘·내일'은 개념으로는 구분되지만, 그것이 실제로도 구분될까? 아니야. 실제의 시간 흐름은 연속적으로 이어지며 구분이 없어. 그건 어제·오늘·내일이 교차하는 순간을 생각해 보면 잘 알 수 있어. 시계의 시침, 분침, 초침이 밤 12시에 딱 맞춰지는 바로 그 순간은 오늘일까, 내일일까, 어제일까? 너희는 '어제·오늘·내일'이라는 개념 구분만 가지고는 이에 답할 수 없을 거야.

이렇게 실제의 시간은 연속적으로 진행되지만, 사람들이 시간의 흐름을 구분하려고 '어제·오늘·내일'이라는 개념들을 만들어 낸 거야.

그래서 앞의 시인처럼 개념상으로 언제까지나 어제 ➡ 오늘 ➡ 내일이 반복하는 듯이 보인다고 해서 실제로도 그렇다고 착각해서는 안 돼. 반복하는 것은 단지 '어제·오늘·내일'이라는 개념들일 뿐이고, 시간은 그저 쭉 이어진 채로 흐르고 있는 거야.

'원인'과 '결과'라는 개념도 마찬가지야.

콩 심으면 콩 나고, 그 콩을 심으면 또 콩이 나고…… 하는 식으로 언제까지나 같은 원인이 같은 결과로 되풀이되는 듯 보이지만,

실제로 '앞의 콩'과 '뒤의 콩'은 엄연히 다르잖아? 같은 것은 '콩'이라는 개념일 뿐이지.

"콩 심으면 콩 나고……."를 "아브라함이 이삭을 낳고, 이삭이 야곱을 낳고, 야곱이 유다와 그의 형제를 낳고……." 하는 성서 구절로 바꿔 놓고 보면 이해하기 쉬울 거야. 이 성서 구절도 일종의 원인과 결과를 보여 주지만 그건 단순한 반복이 아니잖니? 이것을 '원인'과 '결과'라는 개념에만 얽매여 생각한다면 '아브라함과 예수는 똑같다.'는 괴상한 결론에 다다르고 말겠지.

헤라클레이토스의 강물, 아리스토텔레스의 강물

세계의 사물들은 끊임없이 변화·발전하기 때문에, 세계를 생생하게 파악하기 위해서는 매우 유연한 사고가 필요해.

고대 그리스의 철학자 헤라클레이토스는 "어떤 사람도 같은 강물에 두 번 발을 담글 수 없다."라는 명언을 남겼어. 이것은 일리 있는 말이야. 강물은 새로운 물이 상류에서 하류로 계속 흘러가고 있잖니? 강물은 끊임없이 변화하므로 처음 발을 담근 물과 두 번째 발을 담근 물이 똑같은 물일 수는 없겠지.

그런데 같은 고대 그리스의 철학자 아리스토텔레스는 헤라클레이토스의 말은 그릇된 궤변일 뿐이라고 주장했어. 이를테면 어떤 사람이 조금 전에 강물에 들어갔다 나와서 다시 들어갔다면, 너희는 엄연히 그 사람이 "강물에 두 번 들어갔다."라고 말하잖니?

어느 쪽이 옳은 것일까? 어느 쪽이 옳다 그르다 따질 필요는 없어. 왜냐하면 헤라클레이토스와 아리스토텔레스는 서로 다른 '강물'을 보고 있기 때문이야. 헤라클레이토스가 변화하며 흐르는 실제 강물을 중심으로 보았다면, 아리스토텔레스는 '강물'이라는 개념을 중심으로 본 것이지.

실제의 강물이라면, 객관세계에서는 완전히 동일한 변화가 두 번 일어날 수는 없으니 헤라클레이토스의 주장이 옳아. 하지만 '강물'이라는 개념을 놓고 보면, 아리스토텔레스의 주장이 옳아. 한 시간 전의 강물이나 한 시간 뒤의 강물이나 개념상으로는 똑같은 '강물'일 뿐이니까.

너희는 이 두 주장을 모두 수긍해야만 세계를 정확하고 생생하게 사고할 수 있어.

거듭 말하지만, 세계의 모든 사물은 서로 연관되어 끊임없이 새롭게 변화·발전하는 거야. 그건 세계의 있는 그대로의 모습이야. 때문에 너희는 발전하는 세계의 속성을 인정해야만 세계를 생생하게 파악할 수 있어.

하지만 그렇다고 해서 너희는 세계의 변화·발전 과정 자체에 해당하는 개념을 만들어 낼 필요는 없어. 물론 필요하다면 만들어야 하겠지만, 세계가 변화·발전하는 모습은 너무나도 다양하고 변화무쌍해서 그 과정에 일일이 개념을 만들어 낸다면 너무 번거롭고 불필요한 일이 될 거야.

이를테면 헤라클레이토스처럼 사고한다고 해서, "나는 8시 10분 21초에 통과하는 강물에 발을 담갔고, 다음에는 8시 15분 9초에 통과하는 강물에 발을 담갔다." 하는 식으로 표현해 봐야, 그것이 완벽한 것도 아니며 오히려 혼란스럽기만 할 뿐이야. 이때에는 그냥 "강물에 두 번 발을 담갔다." 하는 편이 오히려 사고에 도움을 주겠지.

너희는 세계의 발전을 생생하게 이해하되 그에 대한 사고는 일정한 개념·명제·논리 같은 형식에 도움을 받을 필요가 있어. 하지만 어느 쪽을 더 중심으로 삼아 사고해야 하는가는 분명히 해 두어야만 해.

그건 당연히 사고의 형식보다 실제 객관세계를 더 중심으로 삼아야만 해. 왜냐하면 사고는 결국 객관세계를 반영한 것이며, 객관세계를 정확히 파악하기 위해 만든 것이기 때문이지. 몸에 옷을 맞춰야지, 옷에 몸을 맞출 수는 없는 노릇이잖아?

이와 마찬가지로 너희는 통일적 연관 속에 발전하는 객관세계에 사고 형식을 맞추려 해야지, 거꾸로 사고 형식에 객관세계를 뜯어 맞추려 하면 곤란한 거야.

프로크루스테스의 침대

사고에 객관세계를 뜯어 맞추려 할 때 사고는 경직되거나 왜곡되기 십상이야.

그리스신화에 나오는 테세우스는 모험을 하며 여러 악당과 괴물들을 물리치는데, 그중 하나가 프로크루스테스라는 악당이야. 이 악당은 지나가는 나그네들을 붙잡아 쇠 침대에 눕히고는 침대보다 몸이 짧으면 몸을 잡아당겨 늘이고 침대보다 몸이 길면 다리를 잘라 버렸대. 그래서 침대에 사람을 맞추는 식으로 제 주장에 현실을 억지로 뜯어 맞추려는 태도를 비꼬아 '프로크루스테스의 침대'라고 말하기도 해.

너희는 이 신화 이야기를 들으면 이 악당이 터무니없는 짓을 하고 있음을 금세 깨달을 거야. 그런데 세상에는 이런 터무니없는 짓들이 뜻밖에 흔하더구나. 이를테면 '프로크루스테스의 침대'를 '프로크루스테스의 경전'이라고 바꿔 놓고 보면 어떨까? 옛 성현들이 쓴 경전을 들이대며 '이건 경전 말씀에 안 맞으니 잘라 버려야지!' '이건 경전 말씀에 맞게 뜯어고쳐야지!' 이런 식으로 생각하는 사람들도 꽤 많잖니?

옛 성현들 말씀 가운데 귀담아 듣고 배워야 할 점은 많지만, 그렇다고 해서 거기에 현실을 억지로 뜯어 맞출 필요는 없어. 성현들 말씀은 어디까지나 그 시대의 현실에서 나온 말씀이고, 그 현실 또한 끊임없이 변화하기 마련이야. 아무리 좋은 약도 자기 체질에 안 맞으면 소용없듯이, 아무리 좋은 말씀도 현실에 맞지 않으면 소용없는 거야. 변화하는 현실의 다양한 모습들을 먼저 보고 거기에 맞춰 옛 성현들의 말씀을 받아들이는 게 바른 순서지.

또 일간신문을 보면 "당론을 따르겠다!" 하고 아주 태연하게 말하는 국회의원들 기사가 가끔 실리더구나. 당론을 따르겠다니? 국회의원은 국민의 의견을 대변하라고 뽑아 놓은 사람 아니냐? 그런데 국민의 의견이 아니라 당의 의견을 따르겠다니, 이게 무슨 희한한 소리냐?

국회의원 본분 문제를 떠나 말 자체만 놓고 따져 봐도 그 말은 결국 "나는 그저 당이 시키는 대로 하겠다."라는 소리나 마찬가지 아니니? 어린 꼬마가 "나는 선생님 말씀을 잘 따르겠어요!" 하면 '착한 어린이' 소리라도 들을 수 있지, 국회의원이 '참 잘했어요!' 딱지 모을 일 있냐? 이것 또한 '프로크루스테스의 당론'이라고 이름 붙여도 되지 않을까? 이 국회의원은 당론에 안 맞는 국민의 의견은 죄다 잘라 버릴 테니까 말이야.

자, 한심한 국회의원 얘기보다 너희 생활에서 이런 '쇠 침대'들을 찾아보자.

이를테면 너희가 어디선가 "사람은 어차피 홀로 살아가기 마련이다."라는 말을 들었다고 해 봐. 사람에게는 분명 그런 면이 없지는 않고, 또 요즘과 같은 세태에서는 이런 말이 꽤 실감 나기도 하잖니? 그래서 너희는 이 말을 거듭거듭 되씹게 되고, 급기야는 현실의 모든 일들을 "사람은 어차피 홀로 살아가기 마련이다."라는 말에 뜯어 맞추기에 이를 테지. 이를테면 친구가 도움을 주려고 해도 "그만둬! 넌 나를 이해 못 해. 사람은 어차피 홀로 살아가기 마련이야." 하고 단정해 버릴지 몰라. 사람에게는 홀로 살아가는 측면만 있지는 않은데 '사람은 어차피 홀로 살아가기 마련이다.'라는 사고에 너무 집착한 나머지 모든 일을 여기에 뜯어 맞추려 하는 것이지.

그 밖에 너희가 일상에서 '프로크루스테스의 침대' 식의 발상을 하는 예가 또 뭐가 있는지, 자주 점검해 보렴.

괴테는 《파우스트》에서 이런 말을 했지.

"모든 이론은 회색이고, 오직 영원한 것은 저 푸른 생명의 나무다."

그래, 객관세계는 그저 우두커니 존재할 뿐이야. 단지 사람들이 그걸 인식하고, 개념을 만들고, 이론을 만드는 것이지. 이 관계를 분명히 해야 현실과 사고의 거리도 좁혀지고, 생생하게 생각하기도 가능해지는 거야.

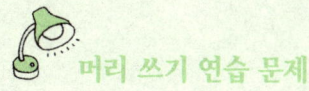

[1] 이런 논리가 있다고 해 보자.

   – 사람의 평균 수명은 80년이다.

   – 사회는 사람의 사회다.

   – 그러므로 사회의 평균 수명은 80년이다.

   자, 이 논리는 어디가 어떻게 잘못된 것일까?

   ➡ 도움말 343~344쪽

[2] 여기에 사과 다섯 알이 있어. 그중에는 좋은 사과도 있고, 나쁜 사과도 있어. 이때 너희는 좋은 사과부터 먹어 나갈 수도, 나쁜 사과부터 먹어 나갈 수도 있어.

좋은 사과부터 먹어 나가면, 사과들 가운데 늘 가장 좋은 사과만을 먹게 되는 셈이지. 반대로 나쁜 사과부터 먹어 나가면, 사과들 가운데 늘 가장 나쁜 사과만을 먹게 되는 셈이잖아?

그런데 좋은 사과부터 먹어 나가면 '다음 사과는 지금 먹는 사과보다는 나쁘겠구나.' 하는 불안감을 느낄 수 있겠지. 하지만 반대로 나쁜 사과부터 먹어 나가면 '다음 사과는 지금 먹은 사과보다는 좋겠지.' 하는 흐뭇함을 느낄 수 있잖니?

자, 너희라면 사과 다섯 알을 어떻게 먹겠니?

   ➡ 도움말 344~346쪽

어떤 문제를 정확히 파악하려면 그 문제가 다른 문제들과 맺고 있는 연관들을 죄다 파악해야 해? 그건 너무 골치 아픈 일이 아닐까?

물론 최대한 파악하는 것이 좋아. 하지만 지나치게 먼 연관까지 파악할 필요는 없어. 이를테면 인신매매 문제에 단군 할아버지까지 연관시킬 필요는 없겠지.

너희가 어떤 문제를 고민할 때에는 뭔가 이유가 있으니까 고민하는 거 아니겠어? 이를테면, 인신매매 문제도 그 해결책이 뭘까 하고 고민하는 것이지, 그저 심심풀이 삼아 고민하지는 않잖아?

어떤 문제를 파악할 때, 왜 그 문제를 고민하는지에 따라 일정한 체계를 정하고, 그 체계를 중심으로 파악해 나가면 불필요한 연관을 크게 줄일 수 있을 거야. 다만 이때 그 체계를 너무 좁게 정하면 정확하지 못하게 되고, 너무 크게 정하면 황당해지는 경우가 생기니 주의해야 해.

이를테면 인신매매 문제도 너희는 '범죄 조직'이라는 체계 속에서 파악할 수도 있고, '자본주의사회'라는 체계 속에서 파악할 수도 있고, '인류 사회'라는 체계 속에서 파악할 수도 있겠지. 하지만 인신매매 문제를 '범죄 조직'이라는 체계 속에서 파악한다면 너무 편협한 인식에 빠지기 쉽고, '인류 사회'라는 체계 속에서 파악한다면 '인신매매는 인간 본능이다'는 식의 황당한 결론에 이를 수도 있겠지.

비유컨대, 너희가 생일잔치에 어떤 친구를 초대할까 고민하고 있다 해 보자. 너희는 아마 친분 관계를 중심으로 일정한 범위를 정할 거야.

그 친분 관계를 너무 크게 잡아 교장 선생님까지 초대하면 황당한 일이 될 것이며, 너무 좁게 잡아 단짝 친구를 빼놓으면 섭섭해할 테지.(물론 이것은 비유일 뿐, 어떤 문제의 연관 체계를 잡는 일이 '생일 초대'처럼 단순할 수는 없어.)

실천적 필요에 따라 적합한 연관 체계를 잡고 문제를 파악하면, 연관을 파악하는 일이 그렇게 골치 아픈 일만은 아닐 거야.

이번 이야기에서는 '변화'라는 말도 나오고 '발전'이라는 말도 나오는데, 그건 같은 말이야?

아니야. '변화'는 끊임없이 움직이고 바뀌고 달라지는 사물들의 운동을 나타내는 개념이야. 일상생활에서 쓰는 말과 크게 다르지 않지.

그런데 '발전'은 일상생활에서 쓰는 말과는 조금 달라. 발전이라면 흔히 경제 발전이나 기술 발전처럼 뭔가 사람들에게 이익을 주는 변화를 떠올리기 쉽지만, 철학에서 말하는 발전은 사물들이 '새로운 질로 바뀌는 변화 과정'을 뜻해. 사물들은 낮은 질에서 높은 질로, 단순한 형태에서 복잡한 형태로 발전하지. 그래서 단순한 양의 변화는 '변화'지만, '발전'은 아닌 거야.

여기서는 이쯤만 이해하고, 다섯 번째 이야기에서 다시 변화와 발전에 대해 자세히 살펴보자꾸나.

네 번째 이야기 **연관의 여러 형태들**

개별과 보편

어린 왕자의 장미꽃

"너희는 누구니?"

"우리는 장미꽃이야."

"아, 그래?"

어린 왕자는 자신이 아주 불행하게 생각되었다. 그의 꽃은 이 세상
에 저 같은 꽃은 하나도 없다고 말했었는데, 지금 이 정원 하나에만
해도 똑같은 장미꽃이 5,000송이나 있지 않은가!

《어린 왕자》에 나오는 구절이야. 자신의 작은 별에서 장미꽃과
헤어지고 지구에 온 어린 왕자가 어느 정원에서 수많은 장미꽃들
을 발견했어. 어린 왕자는 자신의 소중한 장미꽃이 흔하디흔한 장
미꽃들 가운데 하나에 지나지 않는다는 사실을 깨닫고 크게 실망

했지. 그때 여우가 나타나서 이런 조언을 해 줬어.

"다시 장미꽃들에게 가 봐. 네 장미꽃 같은 것이 세상에 둘도 없
다는 것을 알게 될 거야."

물론이야. 세상에는 수많은 장미꽃들이 있지만, 여우의 말대로
어린 왕자의 장미꽃은 세상에 둘도 없는 거야.

이것은 사람도 마찬가지야. 세상에는 77억 명쯤 되는 사람들이
살고 있지만 너희 친구 개똥이는 딱 한 명밖에 없어. 개똥이도 똑
같은 사람이기는 하지만, 다른 사람들과 구별되는 점들을 가지고
있기 때문이지.

어린 왕자의 장미꽃이나 개똥이처럼 **다른 것과 구별되는 개개**를
개별이라고 해.

그런데 우리는 어린 왕자의 장미꽃도 '장미꽃'이라 하며, 개똥이
도 '사람'이라고 하잖니? 개똥이는 이런저런 개별적인 특징을 가지
고 있지만, 다른 사람들과 많은 공통점도 지니고 있기 때문이야.

이처럼 **모든 개별들에게 공통적으로 적용됨**을 가리켜 **보편**이라
고 해. 보편이란 '모든 것에 두루 미침.'이라는 뜻이지. '사람'은 개
똥이, 갑돌이, 갑순이, 세종대왕, 소크라테스 할 것 없이 모두에게
미치며, 이런 개별적인 개개인들에게 공통적으로 적용되는 것이지.
그래서 '사람'은 개별적인 개개인들에 비하여 보편적인 것이야. 보

편은 다른 말로 **일반**이라고도 해.

어린 왕자가 정원에서 본 것은 장미꽃 보편(일반)이야. 그래서 자신의 장미꽃이 흔해 빠진 장미꽃들 가운데 하나라는 생각만 하게 된 것이지. 하지만 어린 왕자의 장미꽃은 다른 장미꽃과는 구별되는 개별적인 장미꽃이야. 여우는 바로 어린 왕자에게 장미꽃이 보편성뿐만 아니라 개별성도 지니고 있다는 사실을 일깨워 준 것이지.

자, 우리 주변에 개별적인 것과 보편적인 것은 또 어떤 것이 있는가 생각해 보자.

백두산, 한라산, 에베레스트 따위는 모두 개별 산들이며, '산'은 이 개별 산들을 포괄하는 보편적인 것이지. 한국, 중국, 일본, 우간다, 멕시코 따위는 개별 나라들이며, '나라'는 이 개별 나라들을 포괄하는 보편적인 것이야.

또 고추 농사를 짓는 갑돌이네가 고추 파동 때문에 쫄딱 망하게 되었다고 하자. '갑돌이네가 망한 것'은 개별적인 문제지만 '고추 파동'은 고추 농사를 지은 전체 농민들에게 두루 미치는 보편적인 문제지.

개별적인 것은 매우 구체적이고 풍부하며, 보편적인 것은 추상적이고 포괄적이라는 특징을 가지고 있어.

예를 들어 너희가 친구 개똥이에 대해 설명을 한다고 해 보자.

개똥이의 사진을 보여 주고, 개똥이의 일기장을 보여 준다 해도 너희는 개똥이의 모든 것을 다 설명했다 할 수는 없잖니? 개똥이의 사진과 일기장은 빙산의 한 조각에 지나지 않아. 개별은 그만큼 구체적이고 풍부한 여러 특징들을 지니고 있는 거야.

그래서 너희는 개똥이에 대해 몸무게는 60kg, 키는 174cm, 얼굴은 약간 각이 졌고, 코는 오똑하고, 말투는 빠르고, 목소리는 굵은 편이고, 전라남도의 억양이 약간 섞였고, 입술을 깨무는 습관이 있고…… 하는 식으로 설명하잖아? 이것은 개똥이를 추상적이고 포괄적으로 설명하는 것이지.

몸무게나 키, 얼굴이나 코의 모양, 말투나 목소리, 억양이나 습관 따위는 어떤 사람이나 보편적으로 가지고 있는 특성이므로, 그런 보편적 특성에 견주어 '개똥이는 어떠어떠하다'고 설명하는 것이지. 이처럼 보편은 추상적이고 포괄적이야.

개별과 보편의 연관

개별과 보편은 구분되는 것이지만 떼어 놓을 수 없는 연관을 가지고 있어. 개별을 떠나서 보편은 있을 수 없어. 개똥이, 갑돌이,

갑순이, 세종대왕, 소크라테스 따위의 개개인이 없이 어떻게 '사람'이라는 보편이 존재하겠니? 그건 있을 수 없는 일이야.

또 보편과 어떤 공통점도 지니지 않은 개별도 있을 수 없어. 개똥이가 사람인 이상 개똥이는 사람으로서 많은 공통점을 가지고 있기 마련이지.

세계의 모든 사물들은 다른 사물들과 최소한 한 가지 이상의 공통점은 지니고 있고, 또 최소한 한 가지 이상의 구별되는 점은 가지고 있기 마련이야. 때문에 **개별적인 것은 반드시 보편성을 지니고, 보편적인 것은 반드시 개별성을 지닌다**고 말할 수 있는 것이지.

바로 이런 관계 때문에, 항상 개별적이거나 항상 보편적이기만 한 사물은 있을 수 없어. 개별과 보편은 '어떤 대상에 비교하는가'에 따라 상대적으로 뒤바뀔 수도 있어. 즉, 개별적인 것이 보편적인 것이 될 수도 있고, 보편적인 것이 개별적인 것이 될 수도 있지.

예를 들어 '사람'은 개똥이, 갑돌이, 갑순이 등등 개별 사람들의 공통점을 나타내는 보편적인 개념이야. 그런데 사람은 고양이, 코끼리, 벼룩, 꽁치 등등 다른 동물들과는 구별되는 점을 지니고 있으므로 동물 보편과 비교해서는 개별적이지.

이처럼 '사람'은 개별 사람들과 비교하면 보편적이지만, 동물 보편과 비교하면 개별적이야. 이와 같이 개별과 보편은 비교되는 대상에 따라서 상대적으로 뒤바뀌는 거야.

특수는 개별보다는 보편적이고, 보편보다는 개별적인 것을 뜻해. 하지만 특수는 개별에 대해서는 쓰지 않고, 보편에 대해서만 써. 이를테면 "개똥이 개별에 대해 사람은 특수하다."라고 쓰지는 않고, "동물 보편에 대해 사람은 특수하다."라고 쓰는 거야.

일상에서도 "개똥이는 특수한 사람이다." "사람은 특수한 동물이다." 하는 식으로 말하잖니? 그건 개똥이는 사람 가운데서 남다른 부류에 속한다, 사람은 동물 가운데서 남다른 부류에 속한다는 뜻일 테지.

개별과 보편은 객관세계가 발전함에 따라 서로 뒤바뀌기도 해.

예를 들어 옛날에는 결혼한 남자들이 상투를 매는 게 보편적인 일이었고, 상투를 매지 않는 건 개별적인 사건이었어. 하지만 오늘날에는 결혼한 남자가 상투를 매는 게 오히려 개별적인 사건이 되고, 안 매는 게 보편적인 일이 되었잖니?

이처럼 객관세계가 발전함에 따라 개별적인 것이 보편적인 것으로, 보편적인 것이 개별적인 것으로 뒤바뀌기도 하는 거야.

그런데 사람들은 개별과 보편의 연관을 무시하고 어느 한쪽에만 치우쳐 생각하는 경우가 많더구나.

먼저 보편을 무시하고 개별만을 강조하는 태도를 생각해 보자.

너희는 주위에서 "나만 좋으면 그만이지." "내 것 챙기기도 바쁜데 남 걱정할 새가 어디 있어?" "나 하나쯤이야" 하는 식의 말들을 종종 들을지 몰라. 그리고 실제로 이런 태도로 세상을 살아가는 사람들이 아주 많아.

이것은 '나'라는 개별만 앞세우고 자기가 속해 있는 보편을 무시하는 태도들이야. 하지만 '나'라는 개별은 '사회'라는 보편과 결코 무관할 수는 없으며, 그것이 가능하리라 믿는 건 그저 야무진 꿈일 뿐이지.

예를 들면 선거철에 관광이나 보내 주고 잔칫상이나 잘 차려 주는 후보에게 표를 찍는 경우도 그래. 내가 찍는 표야 개별적인 한 표겠지만, 그 결과 부패한 정권이 들어서면 너 나 할 것 없이 보편적으로 불행해지잖아?

또 환경문제 같은 경우는 어떨까? 사람들은 '나만' 편하자고 환경문제를 도외시하기 일쑤지만, 세상이 오염되니까 결국에는 '나도' 불편해지잖니?

반대로 개별을 무시한 채 보편만을 강조하는 태도도 문제가 있어.

보편만을 강조하는 태도 가운데 대표적인 예가 **전체주의**야. 개인은 국가, 민족, 사회의 보편적인 이익을 위해서 존재할 뿐이라고 주장하는 사상이지. 독일의 나치즘, 이탈리아의 파시즘 같은 것이 바로 전체주의야.

일상에서도 가끔 "지역 발전을 위해 개개인의 희생은 어쩔 수 없다." 식의 얘기를 듣게 되잖니? 이런 것도 전체주의적 발상이야. 개개인이 사는 곳이 바로 지역인데, 지역 발전을 위해 개개인을 희생시킨다는 게 무슨 괴상한 소리냐? 말은 거창하게 해도 잘 따져 보면 결국 "내 이익을 위해 너는 희생해라." 하는 얘기일 뿐이지.

보편만을 강조하는 태도 가운데 **교조주의**라는 것도 있어. 어떤 보편적인 원칙을 세워 놓고 모든 개별적인 것들을 거기에 뜯어 맞추는 태도지.

우리 주변에서도 무조건 원리 원칙만 따지려 드는 사람들을 흔히 보잖니? 너희는 이런 사람들을 가리켜 "앞뒤가 꽉 막혔다." "융통성이 없다." 하고 말하더구나. 원칙을 지키는 것은 좋지만 "개별적인 사건도 있을 수 있다." 하고 늘 개방된 사고를 갖고 원칙을 지키는 게 더 좋겠지?

인식 과정에서의 개별과 보편

우리가 사물을 인식하는 과정에서도 개별과 보편은 통일되어 작용해.

예를 들어 어린아이는 처음에는 사발시계, 손목시계, 벽시계 따위를 저마다 다른 것으로 인식하지만, 좀 더 자라면 이것들의 공통점을 깨닫고 모두 시간을 나타내는 '시계'임을 알게 되잖니? 말하자면 개별적인 것에 대한 인식을 통해 보편적인 것에 대한 인식으로 발전하는 것이지.

한편 보편적인 것에 대한 인식은 개별적인 것에 대한 인식으로 다시 발전하기도 해. 그래서 '시계'가 무엇인지를 알게 된 어린아이는 서울역의 커다란 벽시계를 처음 보고도 "저건 시계야!" 할 수 있는 것이지.

어린아이뿐만 아니라 어른들의 인식 과정에 있어서도 마찬가지야.

예를 들어 의사가 환자를 치료할 때 먼저 개별적인 증세부터 살펴보잖니? 열이 나고, 기침이 심하고, 몸이 으슬으슬 떨리고 따위의 개별 증세들을 보고 '이런 증세를 나타내는 질병은 몸살이다.' 식으로 그 증세의 보편성을 판단하는 거야. 그런 다음, 다시 체질이나 면역성 등등 그 환자의 개별적인 조건에 맞추어 처방을 하는 것이지.

사람 인식이 개별에서 보편으로, 보편에서 다시 개별로 발전하는 과정을 응용하면, 너희는 여러 문제들을 체계적으로 고민할 수 있을 거야.

이를테면 어떤 문제를 고민할 때 너희는 먼저 그 문제의 개별적인 현상들을 구체적으로 검토해야 해. 그리고 그 개별 현상들이 지닌 보편성을 파악하고, 다음에 그 보편성을 통해 개별적인 문제 해결 방법을 찾는 게 바른 순서지. 현실적인 고민을 놓고 한번 응용해 보렴.

현상과 본질

청의동자와 황의동자

옛날 어느 마을에 늙은 농사꾼 부부가 살았어.

부부는 늘그막에야 딸을 하나 갖게 되었는데, 그 딸이 얼굴 곱고 머리 좋고 마음씨 착하며 어른에겐 공손하고 아이에겐 싹싹하고 집안일은 시원시원 잘하고 농사일도 화끈화끈 잘하고…… 한마디로 결점 하나 찾아볼 수 없는 완벽의 표본이었더라, 그런 말이지.

딸아이가 혼기에 이르자 삼천리 방방곡곡 골골샅샅 면면촌촌에 신랑감이란 신랑감은 죄다 혼사를 청해 오니, 노부부는 신랑감 면접 보는 일로 행복한 나날을 보냈대.

그러던 어느 날, 파란 옷을 입은 청의동자가 백마를 타고 나타나 딸아이에게 청혼을 하더래. 이목구비는 또렷하고 풍채는 늠름하며 키는 늘씬한, 요즘 말로 '얼짱'에 '몸짱'인 젊은이가 나타나 딸아이에게 청혼을 하니, 노부부는 얼떨결에 승낙을 하고 "아무 날 아무 시에 와라." 했다지 뭐냐.

그런데 청의동자가 가자마자 이번엔 누런 옷을 입은 황의동자가 커다란 황소를 타고 나타나 청혼을 하는 것이 아니겠니? 금실 은실 수를 놓은 비단옷, 청옥 홍옥 박아 넣은 가죽신, 프랑스제 스카프, 독일제 혁대, 스위스제 시계, 은은히 풍기는 고급 향수…… 요즘 말로 '짝퉁' 하나 없는 '명품족' 젊은이가 나타나 청혼을 하니, 노부부는 눈이 휘둥그레져 "아무 날 아무 시에 와라." 하고 덜컥 승낙을 했지 뭐냐.

두 젊은이와 한꺼번에 혼례 약속을 해 놓고 보니, 노부부는 은근히 걱정이 되었지. 그래서 딸아이한테 일이 이만저만하게 되었노라 털어놓고는 "이 일을 어쩌면 좋겠냐?" 물어보았지. 그런데 딸아이는 별 걱정도 않고 두 젊은이를 직접 만나 보고 결정하겠노라고 하는 거야.

마침내 약속한 날이 되자, 먼저 청의동자가 백마를 타고 나타났어. 그때 딸아이는 느닷없이 개를 풀어놓았어. 그러자 이게 웬일이니? 개가 와락 달려들어 멱살을 물고 늘어지니, 청의동자는 새하얀 백여우가 되어 축 늘어져 버리는 거야.

곧이어 황의동자가 황소를 타고 나타났어. 딸아이는 이번에는 수탉을 풀어놓았대. 그런데 수탉이 달려들어 마구 쪼아 대니, 황의동자는 그만 시꺼먼 지네가 되어 축 늘어져 버리지 뭐냐. 마을 사람들은 그 꼴을 보고 큰일 날 뻔했다고 혀를 끌끌 찼지.

그때 하얀 옷을 입은 백의동자가 쟁기를 얹은 지게를 메고 노부부 집으로 쑥 들어왔대. '얼짱' '몸짱'도 아니고, 명품으로 떡칠한 부잣집 도령도 아닌, 그저 수더분한 농촌 총각이었지. 그런데 딸아이는 부모에게 "저 총각과 결혼하겠어요." 하는 게 아니겠니? 노부부는 물론 찬성했고, 혼례를 치른 딸아이와 백의동자는 부모도 잘 모시고 이웃에 좋은 일도 많이 하며 행복하게 잘 먹고 잘 살았대. 끝~!

어때, 재미있지? 이 얘기는 우리나라 전래 민담이야.

자, 여기서 우리 철학적 교훈을 생각해 보자. 과연 청의동자와 황의동자는 노부부가 본 것처럼 정말 훌륭한 신랑감이었을까? 아니야. 그들은 겉모습은 뻔드르르해도 실체는 백여우와 지네가 둔갑한 것에 지나지 않았잖아? 반면에 백의동자는 겉모습은 별 볼일 없어도 실체는 진짜 훌륭한 신랑감이었지.

이처럼 우리 눈에 드러나 보이는 모습은 그 내부에 숨어 있는 실체와는 전혀 다를 수도 있어. 철학적으로 말하자면, **겉으로 드러나 보이는 모습을 현상**이라고 하며, **내부에 숨어 있는 실체를 본질**이라고 해. 청의동자와 황의동자의 뻔드르르한 외모가 겉으로 드러난 '현상'이라면, 백여우와 지네라는 실체는 내부에 숨어 있는 '본질'이라 할 수 있겠지.

또 다른 예를 들어 보자꾸나. 일제강점기에 일본 침략자들은 처음에는 일본 헌병과 군인들을 동원해 우리 민족의 군사적·정치적, 문화적 활동들을 모두 금지하고 탄압했어.

그런데 이런 무력 탄압은 한반도에 식민지 체제를 정착시키는 데에는 성공했지만, 우리 민족의 거센 저항을 억누를 수는 없었어. 이런 저항운동은 결국 3·1운동과 같은 전국적인 독립운동으로 폭발했지. 3·1운동에 놀란 일제는 무력만으로 우리 민족을 지배하기는 어렵다고 판단하여 살살 구슬리는 회유정책을 쓰기 시작했지. 헌병을 보통 경찰로 대치하고 신문의 발간을 허락하기도 했어.

그런데 이런 정책이 실시되자 그동안 민족주의자임을 내세우며 독립운동을 했던 일부의 사람들은 기회주의적으로 변신하기 시작했어. "조선인도 일본인과 동등하게 대접해 달라." 하며 일제 통치를 인정하는가 하면, 독립운동은 문화 운동처럼 온건한 방식으로 해야 한다고 주장하기도 했던 거야.

사실 일제가 회유정책을 쓰며 노린 것이 바로 이런 독립운동 진영의 분열과 친일파의 양성이었지.

일제의 정책은 겉보기에는 억압정책에서 회유정책으로 바뀌었지만, 그 속셈은 우리나라를 식민지로 지배하려는 것이잖니? 이 경우 억압정책이나 회유정책 따위는 겉으로 드러난 현상이고, 식민지 지배라는 속셈은 본질이라고 할 수 있는 거야. 이런 본질을 무시한 채 오직 현상만을 본 사람들은 대부분 친일파로 전락하고 말았지.

드러나는 현상, 숨겨진 본질

이제 너희는 현상은 겉으로 드러나 보이는 모습이며, 본질은 내부에 숨겨진 실체라는 사실을 알게 되었을 거야.

그렇다면 현상과 본질은 어떠한 특징들을 가지고 있을까?

첫째, 밖으로 드러나 있는 **현상은 보고 만지고 듣는 따위의 감각으로 직접 지각**할 수 있지만, 현상의 내면에 깊이 숨어 있는 **본질은 이성적 사고로 파악**할 수밖에 없어.

예를 들어 사과가 땅에 떨어지고, 물이 높은 곳에서 낮은 곳으로 흐르고, 달이 지구 주변을 도는 따위의 현상에는 모두 중력이 작용하고 있잖니? 즉 이런 현상들의 본질은 중력이라고 할 수 있지.

그런데 너희는 사과가 떨어지거나, 물이 낮은 곳으로 흐른다거나, 달이 지구 주변을 도는 현상들은 볼 수 있지만, 그 본질인 중력은 볼 수가 없을 거야. 그렇다면 눈으로 볼 수도 만질 수도 없는 중력이나 인력이 작용한다는 사실은 어떻게 알 수 있을까?

그건 뉴턴을 비롯한 여러 과학자들이 비슷한 현상들을 종합하여 이성적 사고로 추리해 낸 것이지. 이렇게 본질은 직접 지각할 수는 없지만, 사고의 힘을 통해 파악할 수 있는 거야.

둘째, **현상은 개별적이고, 쉽게 변하고, 다양하고 풍부하게 나타나지만 본질은 보편적이고, 쉽게 변하지 않고, 안정적이야.**

예를 들어 생각해 보자. 너희는 일상생활에서 선풍기, 냉장고, 오디오, 텔레비전, 전등, 다리미, 컴퓨터, 전기난로 따위의 전기 제품들을 많이 쓰잖니? 너희가 전기 콘센트에 어떤 전기 제품 플러그를 꽂느냐에 따라 선풍기는 바람을 일으키고, 냉장고는 얼음을 얼리고, 오디오는 음악을 들려주겠지. 이처럼 전기가 일으키는 현상은 개별적이고 쉽게 변하며 매우 다양하고 풍부하지.

반면에 이런 여러 현상들을 일으키는 전기 자체는 어떨까? 전기는 여러 전기 제품들에 보편적으로 작용하고, 또 쉽게 변하지 않으며 안정적이야. 오디오를 끄면 음악이 중단되지만, 그렇다고 너희가 전기의 성질을 바꾼 것은 아니잖아?

현상과 본질은 이런 특성을 지닌 까닭에 본질이 바뀌면 현상도

바뀌지만, 현상이 바뀐다고 해서 본질이 바뀌는 것은 아니야.

이를테면 전기가 갑자기 교류에서 직류로 바뀐다면 전기 제품들은 멈추거나 망가져 버릴 거야. 하지만 반대로 전기 제품이 망가졌다고 해서 전기가 교류에서 직류로 바뀔 리는 없겠지.

또 일제의 정책이 현상적으로 바뀐다고 해서 식민 통치라는 본질이 바뀌는 것은 아니야. 하지만 식민 통치라는 본질이 바뀐다면 우리 민족이 해방되는 식으로 현상이 바뀌게 되는 것이지.

현상과 본질의 연관

그렇다면 현상과 본질은 어떤 연관을 가지고 있을까?

현상은 본질의 구체적인 표현이고 본질은 **어떤 현상들을 나타나게 하는 바탕**이라고 할 수 있어. 때문에 모든 현상의 바탕에는 반드시 본질이 있고, 모든 본질은 반드시 현상을 통해서만 나타나는 거야.

그렇다면 현상과 본질은 완전히 같은 것일까?

그렇지는 않아. 만일 현상과 본질이 완전히 같다면 너희는 현상만 보고도 곧바로 본질을 알아차릴 수 있어야 할 거야. 개똥이가 빵을 사 준 게 진짜 우정에서인지 뭔가 다른 꿍꿍이가 있어서인지

금세 눈치챌 수 있고, 국회의원 선거 포스터만 봐도 어떤 속셈을 갖고 출마한 사람인지 금방 알 수 있어야 하지. 그렇다면 얼마나 신나겠니? 하지만 불행하게도 그건 단지 희망 사항일 따름이지.

현상과 본질은 다르기 때문에 조국을 위해 일생을 바친 애국자인 양 침을 튀기며 떠들어 대는 자들도 본질은 친일파거나 독재 정권의 하수인인 경우도 생기고, 또 언론에서 천하에 둘도 없는 역적처럼 몰아붙이는 사람도 본질은 애국자인 경우도 생기는 것이지.

그렇다면 현상과 본질은 아주 다르기만 한 것일까?

그렇지는 않아. 앞서도 말했듯 본질은 반드시 현상을 통해서만 나타나며, 본질을 나타내지 않는 어떤 현상도 있을 수가 없어.

예를 들어 어떤 사람이 친일파라고 해 보자. 그런데 이 사람은 아무리 살펴봐도 일제에 도움을 준 어떤 행적도 없고, 오히려 독립운동을 열심히 한 행적만 보일 뿐이야. 그렇다면 너희는 그 사람을 친일파라고 부를 아무 이유도 없지 않겠니? 하지만 진짜 친일파들은 아무리 감쪽같이 숨기려 해도 친일 행적이 번연히 드러나기 마련이지. 그래서 그들을 친일파라고 부를 수 있는 거야.

이처럼 현상과 본질은 서로 다르지만 뗄 수 없는 연관을 갖고 있어. 때문에 너희는 현상에만 치우치거나, 본질에만 치우쳐 사고해서는 안 돼.

현상에만 치우쳐 문제를 바라본다면 어떤 우스운 꼴이 생길까?

옛날 유럽의 어떤 과학자는 땀이 묻은 옷으로 꽉 막아 놓은 밀가루 독 안에 쥐가 몇 마리 들어 있는 것을 보았대. 이웃 사람들한테 물어보니 그들도 그런 경험이 있다고 말했지.

그래서 이 과학자는 '땀＋밀가루＝쥐'라는 발견을 했다고 대대적인 발표까지 했다는 거야. 그런데 나중에 알고 보니, 그건 밀봉한 틈을 뚫고 쥐가 들어간 데 지나지 않았다지 뭐냐? 현상만 보고 판단을 하니 이런 우스운 일도 생기는 거야.

반면에 구체적인 현상을 무시하고 본질에 치우쳐 생각하는 것도 어리석은 태도야.

"너는 본질적으로 나빠!" 하며 남을 몰아붙이는 사람들이 더러 있더구나. 태어나면서부터 악한 사람이 어디 있겠니? 인간의 본질은 선하지도 않고 악하지도 않아. 그러니 어떤 구체적인 행위(현상)에 있어서 나쁘다고는 할 수 있지만, 본질적으로 나쁘다고 하면 그냥 죽으라는 소리밖에 더 되겠어?

"흑인은 근본적으로 게으르다!" "조선 사람들은 씨알부터 글러먹었어!" "여자들은 천성적으로 말이 많아!" 하는 말들도 다 마찬가지야. 이건 비난은 해야겠는데 논리가 달려 아무렇게나 내뱉은 말일 뿐이야. 그러니 너희는 이런 식의 말을 들으면 '아, 저 사람은 머리가 모자라나 보다.' 여기고 동정을 해 주면 될 테지.

　현상은 너희에게 직접 본질을 알려 주지는 않지만, 너희는 오직 현상을 통해서만 본질을 찾을 수 있기 마련이야. 따라서 너희가 과학을 탐구하고 철학을 학습하여 세계의 본질을 파악하려면 반드시 구체적인 현상을 토대로 출발하지 않으면 안 돼. 아무 근거도 없이 오직 사색으로만 세계의 본질을 파악하려는 것은 과학도 철학도 아닌 '뜬구름 잡는 짓'에 지나지 않아.

　그렇다고 해서 눈에 띄는 현상들에만 집착해서는 본질을 찾을 수 없어. 현상은 마치 신기루처럼 엉뚱한 모습을 보여 줄 수도 있기 때문이야. 다양한 현상들을 풍부하게 수집하고, 그런 현상들 가운데 쓸모없는 것은 버리고 중요한 것만 골라 면밀한 검토와 분석을 통해 본질에 다가가야 하는 것이지.

내용과 형식

쌀, 강아지, 돼지고기, 참기름

옛날 어느 마을에 바보 아들을 둔 어머니가 살았어. 어느 날 아들은 이웃 동네 부잣집에 일을 해 주러 갔대. 아들이 워낙 바보여서 어머니는 아들이 떠나기 전에 미리 당부를 해 두었지.

"품삯을 주거든 자루에 넣고 꽁꽁 묶어서 어깨에 지고 와라."

어머니는 그 집에서 품삯으로 쌀을 주리라 생각했던 거야. 그런데 하필이면 그날 아들이 받은 품삯은 쌀이 아니라 작은 강아지였어. 아들은 어머니가 일러 준 대로 강아지를 자루에 넣고 꽁꽁 묶어서 어깨에 지고 집에 왔지. 어머니가 자루를 열어 보니 강아지는 숨이 막혀 죽어 있었어. 그걸 본 어머니는 아들을 꾸짖었어.

"애야, 강아지는 줄로 목을 묶어서 끌고 와야지!"

그런데 다음 날 아들이 받은 품삯은 돼지고기였어. 아들은 어머니가 시킨 대로 돼지고기를 줄에 매달고 질질 끌고 왔어. 땅에 끌린 고기가 못 쓰게 된 것은 당연한 일이었지.

어머니는 화가 나서 다시 꾸짖었어.

"이 바보야, 돼지고기는 종이에 싸서 손에 들고 와야지!"

다음 날 아들이 받은 품삯은 불행하게도 참기름이었어.

그런데도 아들은 어머니가 시킨 대로 참기름을 종이에다 부어 정성껏 싸더라는 거야.

이 이야기에서 바보 아들은 무엇을 잘못했을까? 아들이 품삯으로 받게 된 물건들은 저마다 다른 만큼, 그것을 운반하는 방법도 저마다 달라야 했을 테지. 그런데 바보 아들은 그것을 무시한 채 어머니가 시킨 방법만 고집했으니 애써 일하고 번 품삯을 몽땅 잃어버린 거야.

너희는 바보가 아니니까 쌀과 강아지와 돼지고기와 참기름을 혼동하는 일은 없을 거야. 그렇다면 너희는 도대체 이런 것들을 어떻게 쉽게 구분할 수 있는 것일까? 우선 겉모습부터가 다르기 때문일 거야. 쌀은 쌀대로, 강아지는 강아지대로 외적인 여러 특징을 가지고 있기 때문에, 쌀과 강아지를 혼동할 염려는 없어.

그렇다면 쌀을 모아 강아지 모양으로 정교하게 빚어 놓는다 해도 쌀과 강아지를 구분할 수 있을까?

물론이야. 쌀과 강아지는 외형뿐 아니라 내적인 특성도 다르기 때문에, 쌀로 빚은 강아지인지 진짜 강아지인지 쉽게 구분할 수 있지.

이처럼 쌀과 강아지는 이런저런 외적인 특성과 내적인 특성을 가지고 있기 마련이어서 너희는 결코 쌀과 강아지를 혼동하는 법이 없는 거야.

어떤 사물이 가지고 있는 내적인 특성들을 **내용**이라고 하고, 외적인 특성들을 **형식**이라고 해. 좀 더 정확히 표현하면, 내용은 **어떤 사물을 이루는 내적인 요소들 전체**이며, 형식은 그런 **내용들의 짜임새나 외형들 전체**를 뜻해. 때때로 내용은 '내적인 것' '요소 전체', 형식은 '외적인 것' '구조'라 부르기도 해.

좀 어렵게 말했지만, 내용과 형식은 일상에서 쓰는 말과 크게 다르지 않아.

예를 들어 어떤 영화를 본 친구에게 "그 영화 어땠니?" 하고 물었더니, 그 친구가 "응, 내용이 아주 좋아." 하거나 "내용이 아주 엉망이야." 하고 대답했다고 하자. 이때 내용은 사건이나 주제, 그 영화가 주는 의미 따위의 영화의 내적인 요소 모두를 가리키는 말이겠지?

반면에 "형식이 아주 세련되더라." 하든가 "형식이 엉성해." 하고 말할 수도 있을 거야. 이때 형식은 사건의 짜임새, 전개 방식, 영상처리, 촬영 기법 따위의 영화의 외적인 구조들을 가리키는 말이겠지.

또 다른 예로 너희가 친구에게 돈을 꾸어 달라는 말을 한다고 해 보자. 이때 돈을 빌리자는 것이 대화의 내용이야. 그런데 너희는 "가진 돈 좀 있니?" 하고 물어본다거나, "내가 지금 지갑을 두고 왔는데……." 하며 말문을 열 것이고, "미안하지만" 또는 "금방 갚을게." 따위의 토를 달지도 몰라. 이것은 일종의 대화 형식들이지.

비단 이런 영화나 대화뿐 아니라, 모든 사물들에는 내용과 형식이 있어. 달걀은 달걀 나름의, 꽃은 꽃 나름의 내용과 형식이 있지. 공기나 바람은 아무런 형식도 없을 것 같지만, 단지 다른 고체나 액체처럼 눈에 띄는 형체가 없을 뿐이지 공기는 공기대로, 바람은 바람대로 형식이 있는 거야.

내용과 형식은 구분되지만 실제 사물들의 내용과 형식은 꽉 맞물려 있어 결코 나눌 수는 없어.

우리 속담에 "까마귀는 '까옥' 하고, 고양이는 '야옹' 한다."라는 말이 있어. 속된 말로 '제 꼬락서니대로 논다.'는 뜻이지. 내용이 까마귀니 형식도 까마귀답게 "까옥" 하는 것이고, 내용이 고양이니 형식도 고양이답게 "야옹" 하는 것은 아주 당연한 일이지.

이처럼 **형식은 바로 그 내용에서 나오는 것**이고, **내용은 그에 알**

맞은 **형식으로 표현되는 것이야.**

　내용과 형식을 관계없는 것으로 취급하다가는 엉터리 결론을 내리기 쉬워. 앞의 바보 아들도 내용과 걸맞지 않은 형식으로 물건들을 가져오려 했기 때문에, 애써 일하고 번 품삯을 다 날려 버린 꼴이 되었잖아?

쓰레기통이냐, 예술품이냐

　"형식이 그 내용에서 나온다."는 말은 내용이 형식을 규정하는 것이지, 반대로 형식이 내용을 규정하는 것은 아니라는 의미야.

　우스운 예를 들어 볼까?

　좀 오래전 일인데, 독일의 어떤 전위 미술가가 우리나라에서 전시회를 연 적이 있었어. 그 미술가는 쓰레기통을 갖다 놓고 대단한 예술품인 양 전시했지. 그런데 마침 미술관을 청소하던 청소부 아저씨가 그것이 도무지 예술품이라는 생각이 들지 않았던지 거기에 쓰레기를 쏟아부었대. 그 미술가는 자신의 예술을 모독했다고 노발대발하며 청소부 아저씨를 명예훼손죄로 고소까지 했다더구나.

　자, 이 전위 미술가처럼 쓰레기통을 갖다 놓고 '이것은 예술이

다.'라고 의미를 붙인다면 과연 쓰레기통이 갑자기 예술품으로 둔갑할 수 있는 것일까? 이것은 순 억지 주장이야.

쓰레기통의 형식과 내용, 예술품의 형식과 내용은 서로 다르기 마련이야. 그러니 그가 쓰레기통에 뭔가 예술적 내용을 부여하고 싶었다면 쓰레기통을 그에 알맞은 형식으로 바꿔야 했을 테지. 그러지 않으면 쓰레기통은 그저 쓰레기통일 뿐이고, 청소부 아저씨는 지극히 정당한 행동을 한 거야.

내용이 형식을 규정하는 것이기 때문에, 내용이 바뀌면 형식도 당연히 바뀌기 마련이야.

예를 들어 6·25전쟁이 끝난 뒤에 농부들은 군인들이 쓰는 철모를 주워 거름을 푸는 똥바가지로 썼어. 이 경우 '철모'라는 형식은 바뀌지 않고 '똥바가지'로 내용만 바뀐 게 아닐까? 그렇지 않아. 내용이 바뀐 만큼 형식도 바뀌지.

철모에 구멍을 뚫고 긴 막대기를 박은 큰 숟가락 모양의 형식을 갖게 되는 거야. 철모가 똥바가지로 바뀌는 식으로 내용이 바뀌면 형식도 따라서 바뀌기 마련이야.

하지만 내용이 형식을 규정한다고 해서 형식은 그저 내용에 종속해 있을 뿐이라고 생각해서는 곤란해.

형식은 내용을 규정하지는 않지만, 내용을 강화시켜 주기 마련

이거든.

예를 들어 보자. 어떤 사기꾼이 잡혔다는 기사를 보고 한 아주 머니가 이렇게 중얼거리더구나.

"쯧쯧, 겉은 멀쩡하게 생긴 게 무슨 할 짓이 없어서……."

물론 겉모습이 멀쩡하다고 해서 사기꾼이 아니라는 법은 없어. 형식이 내용을 규정할 수는 없으니까.

하지만 '멀쩡한 겉모습'이라는 형식이 사기꾼 짓을 강화할 수는 있어. 만일 겉모습이 사납고 험상궂었다면, 사기 치기가 무척 힘들 었을 테지. 그래서 그는 겉모습이 멀쩡해지도록 밤낮으로 닦고 발 랐을 거야. 아마 그는 이런 겉모습 덕분에 사기 치기에 훨씬 유리했 을 거야. 이건 형식이 내용을 강화시켜 준 셈이지.

너희가 어떤 일의 계획을 세울 때에도 내용과 형식의 관계를 잘 파악해야만 해. 어떤 친구는 계획만 그럴싸하게 짜 놓고 실행을 못 해서 쩔쩔매기도 하더구나. 이것은 형식을 내용에 걸맞지 않게 세 운 탓이지.

반면에 아무 계획 없이 우왕좌왕하는 친구도 있어. 이것은 형식 이 내용을 강화시켜 준다는 사실을 무시하는 태도야. 내용과 형식 의 관계를 정확히 파악하는 친구라면, 일의 내용에 맞게 형식을 짜 고 일의 내용이 발전해 감에 따라 형식 또한 발전시키려 할 테지.

필연과 우연

감나무 밑에서 입 벌리고 누워 있기

우리 속담에 "감나무 밑에서 입 벌리고 누워 있다."라는 말이 있어. 이 속담은 게으른 주제에 요행만 바라는 태도를 비판할 때 쓰지만, 여기서는 이 속담에 담긴 필연과 우연의 관계에 대해 생각해 보자꾸나.

중력이 작용하는 한, 감은 반드시 밑으로 떨어지게 되어 있어. 그러니 감나무 밑에서 입을 벌리고 누워 있다 보면 하나쯤 정확히 입안으로 떨어질지도 몰라. 하지만 '반드시 그러하다.'고 믿는다면 바보일 테지.

여기서 감이 밑으로 떨어지는 일처럼 **주어진 조건 속에서 반드시 나타나는 것**을 **필연**이라고 해. 반면에 감이 누워 있는 사람의 입안으로 어쩌다 하나쯤 떨어지는 일처럼 **반드시는 아니지만 나타**

날 수도 있고 그렇지 않을 수도 있는 것을 우연이라고 해.

필연은 사물 발전의 보편적인 추세야. 꽃이 피면 지고, 달이 차면 기울고, 사람이 죽는 것은 모두 필연이지. 이런 필연은 주어진 조건 속에서는 반드시 나타나고, 또 늘 예정된 결과만을 나타내지.

반면에 우연은 필연의 과정에서 나타나지만, 나타날 수도 있고 나타나지 않을 수도 있어. 이런 우연은 일시적으로 나타나고, 또 예정되지 않은 결과를 나타내.

때문에 필연은 '필연적 추세'라는 식으로 많이 쓰이며, 우연은 '우연한 현상'이라는 식으로 많이 쓰이지.

그렇다고 해서 우연을 전혀 예측할 수 없는 것은 아니야. 어떤 조건에서 **우연이 일어날 수 있는 가능성**이 얼마나 많은가를 예측할 수 있는데, 이것을 **확률**이라고 해. 확률이 높은 우연은 어느 정도 예측할 수 있어.

예를 들어 빨간 구슬 아홉 개와 흰 구슬 한 개가 들어 있는 주머니에서 구슬 한 개를 꺼낸다고 해 보자. 이때는 아무래도 빨간 구슬을 꺼내기가 쉽겠지? 이런 우연은 확률이 높은 까닭에 결과를 어느 정도는 예측할 수 있는 거야.

하지만 이것은 '빨간 구슬을 꺼낼 우연'의 확률이 높은 것이지, 필연은 아니야. 너희는 이것을 잘 구분해야 해. 설사 99.9%의 확률을 지녔다 해도 그건 우연일 뿐 필연은 아니야. 100%의 확률만이 필연이지.

설사 빨간 구슬 1만 개에 구슬 한 개가 들어 있는 주머니일지라도, 너희는 "반드시 빨간 구슬이 나올 것이다." 하고 장담할 수는 없어. 비록 가능성이 아주 낮기는 해도 흰 구슬이 잡히는 경우도 있지 않겠어? 하지만 만일 "다음에 꺼낼 구슬은 빨간 구슬이거나 흰 구슬일 것이다."라고 한다면 이건 필연이겠지. 그건 100% 확률이잖니?

현실에서 나타나는 연관들 가운데에는 반드시 맺어질 수밖에 없는 필연적 연관도 있고, 맺어질 확률이 높은 우연적 연관도 있고, 매우 낮은 우연적 연관도 있어. 때문에 너희는 이를 잘 구분해야 해.

이를테면 "죽음 앞에 장사 없다." "밤이 가면 새벽이 온다." 따위의 속담은 반드시 맺어질 수밖에 없는 필연적 연관을 나타내고 있어.

또 "꼬리가 길면 밟힌다." "모난 돌이 정 맞는다." 따위의 속담은 필연은 아니지만 그럴 확률이 비교적 높은 우연적 연관을 담고 있지.

반면에 "까마귀 날자 배 떨어진다." "소 발에 쥐 밟힌다." 따위의 속담은 그럴 확률이 매우 낮은 우연적 연관을 뜻하고 있어. "감나무 밑에서 입 벌리고 누워 있다."도 마찬가지일 테지.

죽지 않는 사람도 없고, 핑계 없는 무덤도 없다

필연과 우연은 이렇게 구분되지만 뗄 수 없는 연관을 맺고 있어.

우연은 필연 속에서 일어나며, 필연은 여러 우연들을 통해서 실현되는 거야.

예를 들어 생각해 보자. '사람은 죽는다'는 사실은 필연이야. 하지만 "핑계 없는 무덤 없다."라는 속담 그대로 사람들이 죽는 이유는 가지각색이지. 아무개는 늙어 죽고, 아무개는 병들어 죽고, 아무개는 맞아 죽고, 또 아무개는 굶어 죽기도 하지. 왜 아무개는 하필이면 늙어 죽고, 왜 아무개는 하필이면 굶어 죽었을까? 이것은 모두 우연한 죽음들이야. 이처럼 '사람은 누구나 죽는다'는 필연은 '언제 어떻게 죽느냐'는 우연을 통해서만 실현되기 마련이야.

또한 이것을 뒤집어 말하면 **우연은 필연 속에서만 일어난다**고 할 수 있어. 아무개가 교통사고로 죽었다면 이것은 우연한 사건이겠지. 하지만 이것은 '사람은 죽는다'는 필연 속에서 일어난 사건이야. 이런 필연도 없는데 '아무개가 교통사고로 죽었다'는 일은 있을 수 없는 일이잖니?

필연과 우연의 관계를 무시하면 현실을 크게 왜곡하게 될 뿐 아니라, 어떤 사건에 대한 아무런 대책도 세우지 못하게 돼.

이를테면 필연을 무시하는 사고방식의 예를 들어 보자꾸나.

학생들이 입시 공부에 시달리다 못해 자살하는 사건들이 종종 일어나더구나. 있어서는 안 될 정말 끔찍한 일이야. 그런데 어떤 사람들은 이런 사건들은 아무 필연성도 없는 단지 우연한 일일 뿐이라고 주장하더구나. 대다수 학생들은 별 탈이 없는데, 유독 성격 결함이 있는 몇몇 학생들만이 자살을 한다는 거야. 이런 사람들은 학생들의 자살이 오직 우연이라고만 믿으니까, 현재의 교육제도에 아무 문제점도 없다며 고칠 생각을 안 하는 거야.

물론 아무개라는 학생이 자살을 하는 것은 우연한 사건이야. 하지만 이런 우연은 '경쟁적 입시 제도는 학생들을 병들게 한다'는 필연의 한 표현일 따름인 거야. 그래서 이런 사건을 보며 "왜 하필 그 학생만……" 하고 따지는 것은 무지하고도 비인간적인 태도야. 이 우연한 사건을 나타나게 한 필연을 밝혀내고 그에 대한 대책을 세워야 해. 그러지 않는다면 자살 사건은 꼬리를 물고 자꾸 일어나게 될 테지.(이 책을 읽는 너희는 자살 따위 아예 꿈도 꾸지 마! 앞에서 거듭 말했듯, 사람은 능동적으로 세상을 살아가는 자기 삶의 주인이야. 그래서 문제가 있으면 세상을 바꿔야지 자기 삶을 포기할 이유가 없어. 어떠한 이유에서든 자살 따위를 생각하면 너희는 내 친구도 아니야! 알겠어?)

또 우연을 부정하고 필연만 강조하는 것도 그릇된 태도야.

너희는 종종 "팔자소관이다." "운명이다." "신의 뜻이다." 하는 말들을 듣게 될 거야. 이런 것들 모두 필연만을 강조하는 태도야. 이런 식으로 따지면 세상에 우연은 하나도 없는 셈이야. 길 가다가 깡패를 만나도 안 만나도, 시험 성적이 좋아도 나빠도, 취직을 해도 못 해도…… 모두 팔자, 운명, 신 등등에 의해 예정되어 있는 필연적인 것이니까. 그럼 사람이 할 수 있는 일은 아무것도 없는 셈이잖니?

우연과 필연은 너희가 어떻게 생각하는가와 상관없이 존재하는 객관적인 연관이야. 그래서 반드시 일어날 일은 반드시 일어나고, 우연히 일어날 일은 우연히 일어날 뿐이야. 너희가 시험 전날 벼락치기 공부를 했는데, 글쎄 하필 공부한 부분만 쏙쏙 골라서 문제가 나왔지 뭐냐. 기분 되게 좋겠지? 하지만 그건 운명의 여신이 너희를 유별나게 예뻐해서가 아니라, 그저 우연히 그렇게 된 일일 뿐이야.

"운명의 여신이 나를 돕는다!"라며 오만 방자하게 믿고 계속 벼락치기로 밀고 나간다? 그럼, 너희 앞에 어떤 필연이 기다리고 있을지 말 안 해도 알겠지?

가능성과 현실성

임진왜란은 일어날 것인가?

조선 선조 때 얘기야. 도요토미 히데요시는 일본을 통일하고 남은 힘을 몰아 조선과 명나라를 침략할 속셈을 품고 있었어. 그래서 조선에 명나라로 진격할 길을 내 달라고 요청해 왔지. 이에 조선 조정은 일본의 정세를 알아 오라고 통신사를 파견했어.

그런데 얼마 뒤 돌아온 통신사들의 보고는 서로 딴판이었어. 서인西人에 속한 황윤길은 일본이 침략할 가능성이 크다고 보고했고, 동인東人에 속한 김성일은 침략할 가능성이 없다고 보고했던 거야. 조정은 이 상반된 보고를 둘러싸고 파벌 싸움만 계속했지.

그런데 얼마 뒤 일본은 조선을 침략하고 말았지. 바로 임진왜란이야.

이 예는 어떤 일이 현실화될 가능성을 올바로 예측하는 것이 얼마나 중요한가를 잘 보여 주고 있어.

'일본이 조선을 침략할 것이냐, 그러지 않을 것이냐'의 문제처럼 너희는 종종 앞날을 예측하여 그에 따른 대응을 해야 할 경우가 생길 거야.

물론 너희는 "황윤길의 예측이 맞고, 김성일의 예측은 틀렸다." 고 말할 수 있을 거야. 하지만 그건 너희가 이미 임진왜란이 일어 났다는 사실을 알고 있기 때문이고, 만일 결과를 모르는 상태에서 이런 문제를 예측한다고 생각해 보렴. 그건 결코 쉬운 문제는 아닐 거야. 때문에 너희는 앞으로 객관세계의 발전이 어떤 방향으로 진행될 것인가에 대한 사고의 틀을 마련할 필요가 있어.

앞에서도 말했듯, 객관세계는 시간적 연관 속에서 끊임없이 발전하고 있어. 이 발전 과정에는 '이미 일어난 일'도 있고 '앞으로 일어날 일'도 있겠지. **이미 일어난 일을 현실, 앞으로 일어날 일을 가능**이라고 해.

그런데 이미 일어난 일이야 정해졌지만, 앞으로 일어날 일은 무수히 많이 존재하지 않겠니?

예를 들어 너희가 바둑을 둔다고 해 보자. 상대방이 다음 바둑 돌을 놓을 수 있는 자리는 남은 바둑 칸 수만큼 있을 테니, 너희는 다음 수를 예측하기가 어려울 거야. 이때 '상대방의 다음 한 수'는 단지 '가능'으로만 존재하고, 그 수많은 가능은 상대방이 바둑돌을 내려놓았을 때에야 비로소 '현실'이 되는 것이지.

하지만 우리가 상대방이 다음 한 수를 어디에다 둘 것인가를 전혀 예측할 수 없는 것은 아니야. 바둑의 흐름상 반드시 둘 수밖에 없는 '수'도 있어. 바둑 애호가들은 이런 수를 '절대수'라고 하더라만, 이건 똑같은 가능이어도 실현될 확률이 높은 가능일 테지.

실현은 되지 않았으나 **앞으로 실현될 수 있는 모든 가능들을 가능성**이라 하며, **현실로 실현된 가능을 현실성**이라고 해.

가능성에도 여러 종류가 있어.

우선 어떤 조건 속에서도 도저히 현실이 될 수 없는 가능성도 있어. 이것을 **불가능**이라고 해.

예를 들면 '각이 없는 네모 만들기'는 불가능이야. 이것은 논리에 어긋나기 때문이지. 네모란 이미 각이 네 개가 있다고 정의한 말이잖니? 그러니 '각이 없는 네모'는 논리에 어긋나고, 이런 도형을 만드는 일은 불가능해.

이렇게 논리에 어긋나는 것 말고도 자연법칙에 어긋나는 것도 불가능이야. 이를테면 영구기관(스스로의 힘으로 영구히 움직이는 기관) 같은 게 그렇잖니? 영구기관이 가능하려면 에너지의 소모가 없어야 하는데, 기관이 작동한다는 자체가 에너지를 소모하는 일이지.

영구기관은 에너지보존법칙에 어긋나므로 과학이 아무리 발달해도 불가능한 일이야.

또한 아주 불가능한 것은 아니지만 '현재의 조건에서는' 불가능한 일도 있어. 이것을 **추상적 가능성**이라고 해.

예를 들어 우리 속담에 "말로야 상감마마 불알을 못 따랴."라는 말이 있는데, 이것은 추상적 가능성을 적나라하게 표현한 말이야. 이런 일도 물론 조건만 갖추어지면 못할 법도 없겠지. 하지만 현실적인 조건에서는 거의 불가능한 일이어서 그야말로 '말로만' 가능한 일이지.

가능성이 현실화될 조건이 갖춰져 나가면서 추상적 가능성은 점점 **실재적 가능성**으로 바뀌게 돼. 너희가 친구 집에 놀러 갈 수 있다거나, 씨앗을 뿌려 곡식을 거둘 수 있다거나 하는 따위는 현재의 조건 속에서 언제든지 실현시킬 수 있는 '실재적 가능성'들이지.

그리고 실재적 가능성이 실현된 상태에 이른 것을 바로 **현실성**이라고 하는 거야.

가능이 현실로 바뀌기까지

가능성과 현실성은 우리 의식 밖에 존재하는 객관적인 연관이야. 어떤 부모들은 점쟁이를 찾아가 "우리 애가 ○○대학에 붙을 가능성이 있나요, 없나요?" 하고 묻기도 하더라만, 복채 아무리 많이 준다고 떨어질 애가 붙고, 붙을 애가 떨어지기야 하겠냐? 그저 답답한 심정이나 풀고 올 뿐이지.

하지만 그렇다고 '어차피 합격할 사람은 정해져 있다.'며 손 놓고 앉아 있을 필요는 없어. 가능을 현실로 바꾸는 것은 점쟁이가 부적 써서 하는 일이 아니라, 바로 너희 스스로가 하는 일이지.

가능은 반드시 일정한 조건 속에서만 현실로 바뀌기 때문에, 그 조건을 바꿈으로써 어떤 가능을 현실화시킬지 사람 뜻대로 통제할 수가 있어. 예를 들어 사람들은 강물의 흐름을 막아 댐을 만들 수도 있고, 또 댐을 건설하는 일이 생태계를 파괴한다 싶으면 계획을 포기할 수도 있어. 이처럼 가능은 조건에 따라 다르게 현실화되지만, 사람들은 그 조건을 판단하여 어떤 가능을 현실화시킬지를 결정할 수 있는 거야.

가능이 현실로 바뀌는 조건 가운데는 **객관적인 조건**도 있고 **주체적인 조건**도 있어.

예를 들어 부모님이 너희를 이렇게 꾸짖었다고 해 보자. "조용한 공부방 있지, 좋은 과외 선생님 있지, 뭐가 부족해서 그렇게 공부를 못하니?" 이런 것들이 객관적인 조건이라고 할 수 있겠지. 하지만 이런 조건들이 다 갖춰지면 뭐 하겠냐? 정작 너희 마음이 콩밭에 가 있으면 아무 소용없는 일이잖아? 공부하려는 의지나 노력 같은 것들이 바로 주체적인 조건이라고 할 수 있겠지.

하지만 반대의 경우도 있을 거야. 정말 공부를 열심히 했는데도 노력한 만큼 결과가 안 나와 주는 경우도 있잖니? 그럴 땐 "아아, 나는 정말 머리가 나쁜가 봐!" 하고 한탄만 할 게 아니라, 뭔가 분위기를 확 바꿔 줄 필요가 있어. 벽에 붙인 연예인 사진들을 몽땅 쓰레기통에 처박아 버린다든가, 컴퓨터와 핸드폰을 없애 버린다든가……. 너무 가혹한 방법인가? 아무튼 늘 똑같이 하면서 다른 결과를 바란다는 게 도리어 이상한 일 아니냐?

너희가 어떤 일을 할 때에는 먼저 그 일이 불가능한 일인가, 추상적으로 가능한 일인가, 실재적으로 가능한 일인가 따위를 판단해야 해. 이런 판단을 하려면 그 일이 실현될 수 있는 조건에 대해서 면밀히 관찰을 해야겠지. 그래서 있는 조건은 활용하고, 모자라는 조건은 채워 넣고, 나쁜 조건은 고치고, 없는 조건은 만들어야 할 테지.

원인과 결과

아니 땐 굴뚝에 연기 나랴

"아니 땐 굴뚝에 연기 나랴?" "윗물이 맑아야 아랫물도 맑다." "여물 많이 먹은 소는 똥 눌 때 알아본다." "콩 심은 데 콩 난다." 이런 속담을 늘어놓지 않아도 과학이 발달한 오늘날 너희는 원인과 결과 관계에 매우 익숙해져 있을 거야.

너희가 한참 게임에 열중해 있는 판에 갑자기 정전이 되었다 하자. 너희는 왜 정전이 되었는지 알아보려고 두꺼비집도 살펴보고, 이웃집에는 불이 들어오나 창문도 열어 볼 거야. 이것은 정전된 데에는 어떤 원인이 있을 것이라 생각하기 때문일 테지.

이처럼 너희는 결과에는 반드시 어떤 원인이 있고, 또 원인은 반드시 어떤 결과를 일으킨다는 사실을 일상 경험으로 잘 알고 있을 거야. 그래서 오히려 원인과 결과가 어떤 관계에 있는지 깊이 생각해 보지 않았을지도 몰라.

원인은 어떤 결과를 일으키는 것을 뜻하고, **결과는 어떤 원인으로 일어나는 것**을 뜻해. '빵집 옆에 책방, 책방 옆에 빵집' 식으로 정의하는 것 같지만, 그만큼 원인과 결과는 서로 단단히 결합해 있으니 차라리 이런 정의가 알기 쉬울 거야. 대신 원인과 결과의 특징을 살펴보자.

이를테면 "콩 심은 데 콩 난다."라고 했을 때 '콩 심은 것'은 원인이고, '콩 난 것'은 결과라 할 수 있지. 하지만 현실에서는 "콩 심은 데 콩 난다."처럼 금세 파악할 수 있는 인과관계만 있는 것은 아니야. 객관 사물들의 연관은 매우 다양하기 때문에 꼼꼼하게 살펴보지 않으면 어떤 것이 인과관계에 있는가를 파악하기 어려운 경우도 많아.

인과관계에는 두 가지의 뚜렷한 특징이 있어.

첫째로 인과관계는 선-후 관계여야 하며, **둘째로 필연적인 관계**여야만 해. 이런 두 가지를 모두 갖추고 있어야만 인과관계라 할 수 있어.

어떤 두 현상이 선-후 관계라 해서 모두 인과관계인 것은 아니야. 우리 속담에 "까마귀 날자 배 떨어진다."라는 말이 있지만, 이게 선-후 관계라고 해서 이것을 인과관계라 할 수는 없잖니? 여기에는 필연성이 없기 때문이야.

또 필연적인 관계라고 해서 모두 인과관계라 할 수도 없어.

이를테면 원의 지름과 넓이의 관계가 그렇지. 원의 지름이 커지면 반드시 넓이도 커지기 마련이니 원의 지름과 넓이는 필연적인 관계에 있다 할 수 있어. 하지만 원의 지름과 넓이는 선-후 관계라고 할 수는 없으므로 이것도 인과관계가 아니야. 자석의 북극-남극, 전기의 양극-음극도 모두 필연적인 관계이기는 하지만, 어느 쪽이 다른 쪽을 일으키는 선-후 관계가 아니므로 인과관계라 할 수 없어.

인과관계는 다른 연관들과 마찬가지로 객관적인 연관이야. 그저 우긴다고 인과관계가 되는 건 아니고 실제로 그래야만 인과관계인 거야. 당연한 얘기를 새삼스럽게 하는 까닭은 그만큼 인과관계를 잘못 생각하는 예들이 많기 때문이야.

이를테면 사람들은 종종 '아침에 거울을 깨뜨렸더니 하루 종일 재수가 없다'거나 '까치가 울더니 좋은 소식이 왔다'거나 하는 연관이 인과관계라고 생각하는 경우가 있잖니? 또 "개똥이 때문에 되는 일이 없어." 하고 말하는 경우도 그렇지. 일마다 다 나름의 원인이 있기 마련인데, 아무리 미운털이 박혔기로서니 모든 일이 다 개똥이 탓이라니? 개똥이가 만물의 근원이라도 된단 말인가? 이런 것들은 모두 객관적이지 못하고 주관적으로 생각하는 인과관계일 따름이야. 미신이나 편견들에 이런 태도가 종종 나타나니 주의해야 해.

인과관계의 다양한 형태들

인과관계는 반드시 하나의 원인에 대해 하나의 결과만을 낳는 것은 아니야. 하나의 원인으로 여러 가지 결과가 나타나기도 해.

예를 들어 국민들이 선거에서 부패한 정치인을 대통령으로 뽑았다고 해 보자. 그 결과로 뇌물 비리, 특혜 비리, 인사 비리, 인권 탄압 따위의 온갖 문제가 일어나지 않겠니?

또 반대로 수많은 원인들이 모여 하나의 결과를 빚기도 해.

이를테면 겨울밤 길거리에서 가난한 모녀가 얼어 죽었다고 해 보자. 이 죽음에는 여러 가지 원인이 작용했을 테지. 추운 겨울 날씨, 빈부 격차가 심한 사회구조, 복지 정책의 부재, 남의 불행을 아랑곳 않는 사람들의 무관심……. 이런 수많은 원인들이 모여 '가난한 모녀의 죽음'이라는 하나의 결과를 빚어낸 거야.

객관세계의 연관이 어마어마하게 다양한 만큼 인과관계 또한 어마어마하게 복잡하고 다양해. 아마 '나비효과'라는 말을 들어 본 친구도 있을 거야. 중국 북경에서 나비가 날갯짓을 하면, 그 미미한 영향으로도 다음 달 미국 뉴욕에서 폭풍이 불 수도 있다는 이론이야. 이걸 '카오스이론', 또는 '혼돈 이론'이라고도 해.

이처럼 인과관계는 너무 다양하고 복잡해서 우리가 원인과 결과를 정확히 예측해 내기란 거의 불가능해 보일지도 몰라. 이를테면 주식시장에서 어떤 주식이 언제 오를지 정확히 예측해 낼 수만 있다면 아주 쉽게 벼락부자가 되겠지? 주식시세에 영향을 주는 원인들은 너무 다양하고 복잡해서 아무리 노련한 투자가라도 주가의 변동을 정확히 예측해 낼 수는 없다더구나. 하지만 아주 정밀하게까지는 아니어도 대체적인 추세를 파악할 수 있으니까 증권회사나 투자 전문가들이 존재하는 것 아니겠어? 만일 주식시세가 복권처럼 순전히 우연에만 좌우된다면 누가 증권회사에 돈을 맡기겠니? 그냥 아무 주식이나 사고 말겠지.

사실 카오스이론만 해도 그저 '예측 불가능하다'는 이론이 아니라, 혼돈 속에서 나름의 질서를 파악해 보려는 이론이거든. 이 이론에 관심 있는 친구들은 나중에 따로 공부해 보고, 여기서는 그냥 '인과관계는 일대일 식의 연관이 아니라 매우 다양하고 복합적인 연관이다'라는 사실만 알아 두렴. 그리고 원인들의 종류와 성격에 대해 좀 더 알아보자꾸나.

울고 싶던 참에 뺨 맞다

너희가 속상한 일이 있지만 차마 울지는 못하고 꾹 참고 있던 참에, 지나가던 아줌마가 갑자기 "너 우리 집에 돌 던졌지?" 하고 느닷없이 뺨을 찰싹 후려갈기지 뭐냐? 그 바람에 꾹 참고 있던 눈물이 왈칵 쏟아진 거야. 이럴 때 쓰는 속담이 바로 "울고 싶던 참에 뺨 맞았다."야.

너희가 운 원인은 아줌마한테 억울하게 뺨을 맞은 탓도 있지만, 그 전에 속상한 일이 있었기 때문일 테지. 이때 속상한 일을 **내적 원인**이라 하고, 뺨 맞은 일을 **외적 원인**이라고 할 수 있겠지.

말 그대로 **내적 원인은 내부에 존재하는 원인**이며, **외적 원인은 외부에서 영향을 주는 원인**이야. 조금 어렵게 말하면, 내적 원인은 사물의 운동·변화·발전을 일으키는 원동력이 되고, 외적 원인은 그런 발전에 영향을 끼치는 원인이야. 물론 이 둘은 동시에 작용해야만 어떤 결과를 나타내지.

자, 너희가 종을 친다고 해 보자. '종소리'라는 결과를 나타나게 하려면 무엇보다 종 자체가 종소리를 낼 만한 원인을 가지고 있어야만 해. 돌멩이를 아무리 두드려도 종소리가 나지 않잖니? 종소리가 나려면 소리의 진동이 일어날 수 있게끔 얇은 철판으로 된 껍데기를 가져야 하고, 또 소리의 진동이 맑게 걸러져 나타날 수 있게 끔 안쪽이 텅 비어 있어야 할 테지. 이런 종의 구조가 바로 종소리를 나게끔 하는 '내적 원인'이야.

하지만 종소리를 내려면 종에다가 뭔가 충격을 줘야 하겠지. 가만있는데 종에서 소리가 날 까닭이 없잖니? 바로 이런 충격이 '외적 원인'이야.

이 관계를 생각해 보면, '종의 구조'라는 내적 원인에 '충격'이라는 외적 원인이 작용하여 종소리가 난다는 사실을 알 수 있을 거야. 이처럼 내적 원인은 외적 원인의 바탕이 되기 때문에, 어떤 결과를 나타내는 데에 있어서 **내적 원인**은 **일차적**이고 **외적 원인**은 **이차적**이라 할 수 있어. 그러나 관계가 그렇다는 뜻이지, 이것 또한 어느 쪽이 더 중요하다는 뜻으로 받아들이면 안 돼. 중요하기로 따지면 다 중요하지, 뭐.

다만 내적 원인이 있는 한 결과는 언제든 일어날 수 있지만, 외적 원인만으로는 결과가 일어나지 않는다고 이해해 두렴. 종이 있으면 누가 언제 두드려도 소리가 나기 마련이지만, 종도 없는데 허공을 아무리 두드려 봐야 종소리가 날 턱이 없잖니?

새끼줄 도둑

옛사람들이 쓰던 농담 가운데 '새끼줄 도둑'이라는 말이 있어. 어떤 사람이 도둑질을 해서 사또 앞에 끌려왔는데, 사또가 "너는 대체 뭘 훔쳤기에 끌려왔느냐?" 물으니 그 사람 하는 말이 "저는 그저 길에서 새끼줄 하나 주웠을 뿐입니다." 하며 억울해하더라는 거야.

물론 그 새끼줄 끝에는 소가 묶여 있었겠지. 그래서 '새끼줄 도둑'이란 '소도둑'을 뜻하고, '누구나 자기가 지은 죄는 억울하게 여기기 마련'이라는 뜻으로 쓰이기도 해.

어떤 결과를 빚는 여러 원인들 가운데는 주요 원인도 있고, 부차적인 원인도 있어. 새끼줄 도둑이 죄를 지었다면, 새끼줄을 훔친 것은 부차적인 원인이고, 소를 훔친 것이 주요 원인일 테지.

말 그대로 **주요 원인**은 결과를 빚는 데 주요하게 작용한 원인이고, **부차적인 원인**은 부차적으로 작용한 원인이야. 부차적인 원인도 하나의 원인이기는 하지만 주요 원인에 의존해야만 결과를 나타내는 원인이야. 그러니 주요 원인과 부차적인 원인을 잘 구분해야 어떤 문제를 일으킨 진짜 원인이 뭔지 파악할 수 있어.

이를테면 추운 겨울날 지하도에서 자던 노숙자가 얼어 죽었다고 해 보자. 신문 기사 같은 데서는 "갑자기 추워진 날씨로" 하고 원인을 대기도 하더라만, 그건 부차적인 원인일 뿐이야. 날씨가 갑자기 추워졌다고 사람들이 죄다 얼어 죽지는 않으니까. 하지만 추운 날씨에 지하도 말고는 달리 잘 곳이 없는 사람이라면 누구라도 얼어 죽을 만하지 않겠어? 그렇기 때문에 그 사람에게 달리 잠잘 곳이 없었다는 사실이 주요 원인인 셈이야.

그러니 이런 문제를 막으려면 노숙자들한테 잠자리를 제공해 주는 복지 정책이 있어야 할 테고, 그보다 앞서 노숙자가 생기지 않도록 실업 문제나 빈곤 문제를 해결해야 할 테지.

원인, 조건, 동기

사람들은 종종 원인과 조건을 혼동하는 경우가 많은데, 원인과 조건은 엄연히 다르니 구분해야 해.

예를 들어 운동선수가 외국에 원정 경기를 가서 지고 왔는데, 패인이 뭐냐고 묻자 "조건이 불리했기 때문이다."라고 말하는 경우 있지? 이런 말은 무심히 흘려듣기 쉽지만, 사실 이건 "나는 패인을 제대로 파악하지 못하고 있다."라는 말과 다름없어. 기후나 음식이 안 맞고, 심판의 편파적인 판정도 있고, 관중들이 자기 나라 선수만 응원하는 따위는 외국 원정 경기의 조건이야. 하지만 이 선수의 패인을 이런 조건들이라고 말할 수는 없어.

원인은 조건과는 달라. **조건은 원인을 작용하게 하는 상태를 뜻해.**

아마 이 선수도 원정 경기를 갈 때 여러 가지 불리한 조건들을 예상했을 거야. 이런 조건 속에서 그동안 훈련을 게을리했다든가, 작전을 잘못 짰다든가, 상대방의 실력이 월등히 뛰어났다든가 하는 원인이 작용하여 패배를 가져온 것이지. 만일 이 선수가 정말 원정 경기의 조건을 예상하지 못했다면, 바로 그게 패인일 테지.

조건에 따라서 결과가 달라질 수도 있지만, 그렇다고 조건이 곧 원인은 아니야.

예를 들어 비가 갠 뒤 무지개가 뜰 때가 있잖니? 비 갠 날씨는 무지개가 뜨는 조건 가운데 하나지만, 비가 갰다고 무조건 무지개가 뜨지는 않잖아? 조건은 원인을 작용하게 할 뿐, 조건이 곧 원인은 아닌 거야.

또 원인과 동기도 구분을 해야 해.

예를 들어 뉴욕에서 9·11테러가 일어나자, 부시 대통령은 '테러와의 전쟁'을 선포하면서 느닷없이 이라크를 침략했잖니? 화학무기를 숨겨 두었네, 이라크 국민의 인권을 보호하겠네 하면서 말이야. 결국 화학무기는 찾지도 못했고, 인권을 보호하기는커녕 비인간적인 포로 학대만 했을 뿐이지. 이때 9·11테러는 미국이 이라크를 침략한 원인이 아니라 동기일 뿐이야.

어떤 사람들은 "그런 테러를 당하면 우리라도 가만있겠냐?" 식으로 이라크 전쟁의 원인이 9·11테러인 것처럼 말하더라만, 테러를 당했으면 테러범을 잡아야지 왜 남의 나라를 침략하니? 미국은 테러가 일어나기 전에도 이라크를 공격하지 못해 안달복달하고 있었고, 때마침 9·11테러가 일어나 전쟁을 앞당겼을 뿐이야. "울고 싶던 참에 뺨 맞았다."라는 속담은 바로 이럴 때 쓰는 것이지.

동기와 원인을 혼동해서 동기 때문에 결과가 일어난다고 믿는 것은 틀린 생각이야. **동기도 하나의 원인이기는 하지만, 결과를 더 빨리 일어나게 하는 우연적인 원인일 뿐이야.** 이라크 전쟁에서 '9·11테러'나, "울고 싶던 참에 뺨 맞았다."에서 '뺨 맞은 일' 같은 것이 바로 동기지.

원인과 결과의 뒤바뀜

인과관계에 있어서 어떤 것은 늘 원인이기만 하고, 또 어떤 것은 늘 결과이기만 한 것은 아니야. 구름이 무거워져 비가 된다고 했을 때, 구름은 원인이고 비는 결과잖니? 하지만 빗물이 모여 강이 된다고 했을 때에는, 비가 원인이고 강물이 결과가 될 테지. 또 강물이 증발하여 구름이 된다고 했을 때에는, 강물은 원인이고 구름은 결과가 될 테지. 이처럼 어떤 관계에서는 결과였던 것이 다른 관계에서는 원인이 되기도 하는 거야.

또 인과관계에 있는 어떤 두 현상도, 어느 한쪽은 늘 원인이기만 하고 다른 한쪽은 늘 결과이기만 한 것은 아니야.

예를 들어 너희가 선생님한테 좋은 가르침을 받고 많은 것을 배우게 되었다고 하자. 이 경우 선생님의 가르침은 원인이고 너희의 배움은 결과야. 하지만 선생님은 너희한테 단지 가르치기만 하는 것은 아니야. 너희가 배우는 모습을 보고 선생님도 많은 것을 깨닫게 될 것이고, 그것을 다시 가르침에 반영하게 될 테지. 또 너희가 발전하는 모습을 보면서 선생님의 가르침은 더욱 활기를 띠게 될 거야. 이 경우 너희의 배움은 원인이고 선생님의 더 좋은 가르침은 결과가 되는 셈이지.

"가르치며 배운다."라는 말도 있지만, 배움과 가르침이 서로 인과관계를 이룸으로써 함께 상승·발전하는 교육이야말로 참교육이 아닐까? 선생님은 오직 가르치기만(원인이기만) 하고, 너희는 오직 배우기만(결과이기만) 하는 일방통행식의 교육은 죽은 교육이며 발

전이 없는 교육일 거야.

객관세계에는 늘 원인이기만 하거나 늘 결과이기만 한 것은 없어. 종교에서는 항상 원인이기만 한 존재로 조물주를 말하기도 하지만, 이것은 종교적인 믿음의 문제일 뿐이지.

인과관계는 서로 뒤바뀌며, 원인은 다른 것의 결과가 되고, 결과는 다른 것의 원인이 되기도 하는 거야. 이렇게 서로 바뀌는 과정 속에서 사물들은 발전을 하게 되지.

콩 심은 데 콩 나고, 그 콩 심으면 또 콩 나고…… 이런 과정을 보면 원인과 결과가 그저 끝없이 반복되는 것처럼 보이지만, 사실 '심은 콩'과 '난 콩'은 다른 거야. 그런 과정 속에서 생물은 진화하는 것이지.

세 번째 이야기에서 얘기했듯, 반복되는 것은 그저 개념일 뿐이야. 어제는 오늘의 원인이고, 오늘은 어제의 결과이며, 오늘은 내일의 원인이며…… 이런 식으로 하루하루가 늘 똑같이 반복되는 것처럼 느껴질지 몰라도, 실제로 그 하루하루는 모두 다른 거야.

이 얘기는 다음 이야기에서 좀 더 자세히 해 볼게.

[1] 우산 잊고 간 날에는 비가 오고, 우산 들고 간 날에는 비가 안 온
다. 시험문제는 공부 안 한 부분에서만 출제되고, 그나마 찍은 답
은 정답을 절묘하게 피해 간다. 이런 식으로 '안 풀리는 일은 어
떻게 하든 안 풀린다'는 법칙을 일컬어 '머피의 법칙'이라고 하더
구나. 자, 이 머피의 법칙에는 어떤 우연과 필연이 작용하고 있는
지 생각해 보렴.

➡ 도움말 347~348쪽

[2] "남들과 똑같은 조건인데 어째서 너만 지지리도 공부를 못하
니?"
더러 이렇게 꾸지람을 하는 부모들도 있더구나. 이건 올바른 방식
의 질문일까? 이 꾸지람의 허점은 뭘까?

➡ 도움말 348~349쪽

🐱 **내용과 본질은 어떻게 다르지? 얼핏 생각하기에는 비슷한 것 같은데.**

🐶 그래, 내용과 본질은 둘 다 사물의 내부적인 면을 이루고 있다는 점에서 비슷해 보이지. 하지만 똑같지는 않아.

내용은 어떤 사물을 이루고 있는 내부적인 요소들 전체를 뜻하지만, 본질은 어떤 사물의 내부적인 면들 가운데 가장 기본적이고 핵심적인 면을 뜻하는 거야.

이를테면 '민주주의 사회'의 내용을 말하라면 민民이 주인이고, 인권이 지켜지고, 신분 차별이 없고 따위를 모두 열거할 수 있겠지. 하지만 '민주주의 사회'의 본질을 말하라면, '주된 권력이 민에게 있는 사회'라고 말할 수 있어.

또 내용과 본질이라는 개념을 쓸 때에는 외따로 쓸 수는 없어. 반드시 내용은 형식을, 본질은 현상을 전제하고 쓰는 것이지. 철학에는 이렇게 짝을 이뤄 쓰는 개념들이 많다는 얘긴 앞에서도 했지?

🐱 **'추상적 가능성'이라고 했을 때, '추상적'이라는 말은 무슨 뜻이지?**

🐶 정확히 정의하면, '객관적 실재와의 연관을 벗어난' '관념이나 이론에 머무는'이라는 뜻이야. 상대되는 개념은 '구체적' 또는 '실

재적'이야.

이를테면 미술에서 '추상화'는 작가의 관념대로 그린 그림을 뜻하잖니? '추상적인 가능성'도 아직 현실성과 어떤 연관도 맺지 못한 채, 관념이나 이론 상태로 머물러 있는 가능성이라는 뜻이야.

추상적이라는 말이 나온 김에 '추상적인 것'과 '구체적인 것'의 연관에 대해 알아 두고 넘어가자.

'추상적인 것-구체적인 것'은 '개별-보편' '본질-현상' '내용-형식' 따위의 연관들처럼 객관세계의 연관이 아니라, 우리 사고에서만 존재하는 연관이야.

너희는 어떤 사물을 처음부터 실제 모습 그대로 완벽하게 인식할 수는 없잖니? 그래서 어떤 사물의 대체적인 특징을 먼저 인식하게 되지. 이것이 추상적인 인식이야. 이런 추상적 인식은 그 사물의 다른 여러 면들을 인식해 나감에 따라 좀 더 구체적인 인식으로 발전하게 되는 거야.

쉬운 비유를 들자면, 갑돌이가 버스 정류장에서 갑순이를 처음 보자 '아, 천사가 나타났다!'라고 생각했거든. 처음 본 주제에 갑순이가 천사인지, 악마인지 알게 뭐냐? 갑돌이는 갑순이의 생김새나 행동거지 따위를 보고 그러리라 생각했을 테지. 이건 갑순이에 대한 갑돌이의 추상적 인식이야.

그런데 갑돌이는 열심히 노력한 끝에 갑순이에 대해 점점 많은 정보를 수집할 수 있었지. 어느 학교에 다니고, 집은 어디고, 취미는 뭐고, 어떤 음식을 좋아하고 등등 갑돌이의 인식은 점점 갑순이를 실제 모습에 가깝게 인식해 나가는데, 바로 이것이 구체적 인식이라 할 수 있어.

갑돌이의 예처럼 사람의 인식은 추상적인 것에서 구체적인 것으로 발전해 나가는 거야. 즉, 사물의 여러 측면들, 요소들, 속성들을 통일시켜 그 사물의 실재에 다가가는 식이지.

다섯 번째 이야기 **세계의 변화를 사람 뜻대로 이끈다**

세상에 변하지 않는 건 아무것도 없다고? 그럼 난 변화를 내 의지대로 이끌어 갈 거야.

변화는 왜 일어날까

"냅 둬! 이렇게 살다 죽을래!"

사람은 누구나 자기 삶에 변화를 갖고 싶어 하기 마련이야.

"아이고, 냅 둬! 이렇게 살다 죽을래."

이렇게 말하는 사람도 사실은 내심 변화하고 싶어 하지. 아니, 원하든 원하지 않든 사람은 변할 수밖에 없어. 세계 자체가 변하고 있는데, 사람이라고 어떻게 변하지 않을 수 있겠니? 문제는 '어떻게 변하느냐'일 뿐이지. 너희는 사회에 공해 문제가 심각해지면 환자로 변하고, 범죄 문제가 심각해지면 피해자로 변하고, 전쟁이 일어나면 강제로 전쟁터에 끌려가 군인으로 변할지도 몰라.

그러니 "냅 둬! 이렇게 살다 죽을래." 하고 말하는 사람은 세상의 변화에 따라 그럭저럭 맞춰 살다 죽겠다는 뜻이야. 세상이 까맣게 바뀌면 까마귀가 되고, 하얗게 바뀌면 염소가 되고, 얼룩덜룩하게 바뀌면 얼룩소가 되는 식으로 말이야.

까마귀로 변하든, 염소로 변하든, 얼룩소로 변하든, 사람의 삶이 변화하는 것만은 틀림없어. 다만 수동적으로 변하느냐, 능동적으로 변하느냐의 차이가 있을 따름이지.

사람은 능동적인 존재야. 다른 동물들은 자연의 변화에 자기 삶을 맞추지만, 사람은 자기 삶에 맞춰 자연을 변화시키는 거야. 황무지를 기름지게 바꾸기도 하고, 겨울에도 채소가 자라게끔 온실을 만들기도 하고, 물의 흐름을 막아 저수지를 만들기도 하잖니?

사람은 자연만 변화시키는 게 아니라 사회도 변화시켜. 독재 사회를 민주 사회로 바꾸려 하고, 자연이 파괴되면 환경 운동을 하고, 범죄가 심해지면 법과 제도를 바꾸기도 하지. 또 사람은 객관 세계뿐 아니라 자기 자신도 변화시키지. 몸이 약하면 건강해지려고 운동도 하고, 나쁜 습관을 뜯어고치려 하고, 모르면 알려고 노력하기도 하잖니?

이렇게 사람은 능동적으로 변화를 추구하고, 이런 변화 의지는 삶에 활력을 주기 마련이야. 러시아 시인 알렉산데르 푸슈킨은 "삶이 그대를 속일지라도 슬퍼하거나 노여워 마라. 마음은 내일에 사는 것."이라고 노래했어. 달라진 내일을 기대하며 산다는 것은 언제나 흥미진진한 일이잖아?

"냅 둬! 이렇게 살다 죽을래." 하며 현실이 변화하는 대로 그럭저럭 따라 사는 태도나, 약삭빠른 처세술로 현실 변화에 편승하려는 태도나, 다같이 어리석고 위험한 태도야. 만일 현실 변화가 늘 사람에게 유용하게만 일어난다면 이렇게 살아도 별 무리는 없을 거야.

하지만 현실의 변화는 꼭 그렇게만 일어나지는 않아. 자연을 무분별하게 개발하여 환경이 파괴되기도 하고, 느닷없이 쿠데타가 일어나 독재 정권이 들어서는가 하면, 사회가 범죄 소굴이 되어 버리기도 하고, 물가가 폭등해 먹고살기조차 힘들어지기도 하지. 어떤 약삭빠른 사람이 오만 가지 처세술책을 다 읽었다고 치자. "이제 좀 써먹어야겠구나." 하고 있는 판에 글쎄 전쟁이 터졌지 뭐냐? 그러면 처세술이 무슨 소용이 있겠니?

이렇게 현실의 변화는 늘 사람에게 유용하게만 일어나지 않기 때문에, 사람은 현실 변화를 능동적으로 이끌지 않으면 안 되는 거야. 환경 파괴는 막아야 하고, 독재 정권은 갈아 치워야 하고, 사회는 타락하지 않게 해야 하고, 물가는 안정시켜야 하며, 전쟁은 막아야만 해. 이것이야말로 진정한 의미의 '처세술'이겠지.

"그런 걸 누가 모르냐? 그건 우리 힘으로 할 수 없는 일이야. 저마다 나서서 설쳐 대면 문제만 더 악화될 뿐이야. 그러니 이렇게 살다 죽게 냅 둬!"

만일 너희 주위에 이렇게 말하는 친구가 있다면, 그렇게 살다 죽지 못하게 꼭(!) 사사건건 참견해 주려무나. 너희 힘으로는 저런 생각까지도 변화시킬 수 있는 거야. 이런 일을 가능하게 하려면 물론 변화를 정확히 파악할 줄 알아야겠지.

자, 다음엔 객관세계의 변화는 어째서 일어나는지 변화의 원인부터 살펴보도록 하자꾸나.

콩쥐의 생각, 두꺼비의 생각

팥쥐 엄마가 어느 날 콩쥐더러 밑 빠진 독에 물을 가득 채워 놓으라고 심부름을 시켰어. 이것은 물론 콩쥐를 괴롭히려는 팥쥐 엄마의 못된 심술이지. 콩쥐는 계속 물을 가져다 부었지만 독을 채울 수는 없었어. 결국 불쌍한 콩쥐는 울음을 터뜨리고 말았지.

자, 여기서 콩쥐의 고민거리를 철학적으로 해결해 보자꾸나. 과연 독에 물이 차오르게 하는 원인은 어디에 있을까? 만일 정상적인 독이었다면 콩쥐가 몇 차례만 물을 길어다 부어도 독은 금세 가득 차오를 거야. 이것을 보면 독에 물이 차오르게 한 원인은 콩쥐가 물을 길어다 붓는 데 있는 것 같지.

그런데 팥쥐 엄마가 준 밑 빠진 독이라면 어떨까? 콩쥐가 아무리 애를 써도 독에 물이 채워지지 않을 게 분명해. 옛날이야기에는 콩쥐가 독에 물을 채우는 일에 실패하여 울고 있을 때, 두꺼비가 나타나서 해결 방법을 일러 주잖니? 그럼 두꺼비의 해결 방법이란 무엇일까?

두꺼비는 독에 물이 차오르게 하려면 먼저 독이 정상이어야 한다고 생각한 거야. 즉, 독이 물을 고이게 할 가능성을 갖고 있어야 한다는 것이지. 그래서 두꺼비는 독에 들어가 깨진 밑바닥을 자기 몸으로 틀어막아 버렸어. 그러고 나서 다시 물을 붓자 독에는 비로소 물이 고이기 시작했지.

여기서 콩쥐와 두꺼비의 생각은 어떻게 달랐던 것일까?

콩쥐는 독에 물이 차오르게 하는 원인이 '물을 길어다 넣는 데 있다.'라고 생각하여 열심히 물만 길은 반면, 두꺼비는 그 원인이 '물을 담을 수 있는 독의 성질에 있다.'라고 생각하여 밑 빠진 독을 자기 몸으로 막았던 거야.

콩쥐가 독에 물이 차오른다는 변화의 원인을 '외부적인 데에서' 찾았다면, 두꺼비는 '내부적인 데에서' 찾은 셈이지. 이 두 판단 가운데 두꺼비의 판단이 옳았음은 실천으로 입증되었어.

이 옛날이야기가 주는 철학적 교훈은, 객관 사물을 변화시키는 근본적인 원인은 사물 내부에 있다는 사실이야.

하지만 독이 온전하다 해도 콩쥐가 물을 붓지 않는다면 채워지지 않는 것이 아닐까? 물론이야. 객관 사물의 변화에 있어서 외적 원인도 중요하지. 하지만 독이 정상이라면 언제든지 물은 채워지겠지. 하지만 독이 정상적이지 못하면 어떤 경우에도 독은 채워질 수 없어.

이런 의미에서 사물 변화에 있어서 **내적 원인은 일차적·근본적인 원인이며, 외적 원인은 이차적·부차적인 원인이야.**

그렇다고 해서 내적 원인이 더 중요하고, 외적 원인은 덜 중요하다는 식으로 생각해서는 곤란해. 객관 사물의 변화에 두 원인은 다 같이 중요해. 여기서 '근본적' '부차적'을 따지는 까닭은 객관 사물의 변화에 있어서 두 원인이 어떤 연관을 갖고 작용하는지 정확히 알기 위해서야.(내적 원인과 외적 원인의 관계는 이미 네 번째 이야기에서 살펴본 바 있었지?)

만일 외적 원인을 일차적인 원인이라고 생각한다면, 콩쥐와 같은 실패를 맛보게 될 거야.

이렇게 사물의 변화에는 **내적 원인을 바탕으로 하여 외적 원인이 작용하는 거야.** "콩 심은 데 콩 난다."고 하지만 삶은 콩을 심었는데도 콩이 날 리가 없잖니? 콩이 나려면 어디까지나 콩 내부에 싹을 틔울 생명력이 있어야 하는 것이지. 이처럼 내적 원인은 변화의 바탕이며 근거라고 생각하면 좋을 거야.

우리 속담에 "잘되면 제 탓, 못되면 조상 탓."이라는 말이 있잖니? 이 속담에서처럼 잘된 변화는 자기 내부에 원인이 있고, 못된 변화는 외부에 원인이 있는 것은 아니야. 잘되든 못되든 일차적인 원인은 자기 내부에 있고, 그것이 이런저런 외적인 원인의 영향을 받아 변화를 나타내는 것이지.

그러니 너희도 "시끄러워서 공부를 할 수가 없다!" 같은 말을 하기 전에 공부할 자세가 되어 있는지부터 따져 보는 게 좋겠지?

밑 빠진 독에 물 붓기

독이 '물을 가두는 성질'을 가지고 있어야 콩쥐는 독에 물을 채울 수 있어. 이것은 아주 당연한 일이지. 그렇지 않다면 그야말로 '밑 빠진 독에 물 붓기'가 되겠지.

그런데 독은 어째서 '물을 가두는 성질'을 가져야 하는 것일까? 그건 물이 '가둘 수 없는 성질'을 가지고 있기 때문이야. 만일 돌멩이로 독을 채운다면 밑 빠진 독이라도 아무 문제 없을 거야. 하지만 물은 조금만 틈이 있어도 새어 나가 버리잖니? 이처럼 '가둘 수 없는 성질'을 가진 물을 채우려면 독이 '가둘 수 있는 성질'을 가지고 있어야 하는 것이지.

따라서 이 두 성질은 서로를 전제하여 있는 셈이야. '가둘 수 있는 성질'은 '가둘 수 없는 성질'을, '가둘 수 없는 성질'은 '가둘 수 있는 성질'을 전제로 해야 의미를 갖는 셈이지. 이 두 성질 가운데 어느 한쪽이라도 없다면, '독이 물을 가둔다, 만다' 따지는 것이 무슨 의미가 있겠니?

이렇게 '서로를 전제하여 존재하거나 의미를 갖는 관계'를 서로 의존하는 관계라고 해.

그런데 독의 '가둘 수 있는 성질'과 물의 '가둘 수 없는 성질'이 서로 의존하는 관계에 있다 해서, 사이좋게 있는 것은 아니야.

실제로 물이 담겨 있는 독을 보면 잘 알겠지만, 물은 독에 조그만 틈만 생겨도 새어 나가지. 그래서 독은 빈틈없이 물을 가두어야 해. 이 광경을 만화식으로 묘사하면, 독은 어떻게든 물을 가두려 안간힘을 쓰고, 물은 어떻게든 독에서 새어 나가려 호시탐탐 엿보고 있는 꼴이지.

그래서 이런 두 성질은 서로 의존하지만 한편으로는 서로 배척하고 있는 관계에 있기도 한 거야.

독의 가두려는 성질과 물의 새어 나가려는 성질처럼 '서로 다른 두 대상이 서로 의존하면서도 서로 배척함'을 철학에서는 **대립**이라고 해. 그리고 이런 대립 관계에 있는 두 대상을 **대립물**이라고 해.(일상에서 '대립'이라고 하면 서로 치고받고 싸우는 식의 대립만을 떠올리기 쉬운데, 여기서 말하는 대립은 그런 식의 대립이 아니야.)

'서로 의존하면서도 서로 배척한다'는 말이 조금 어렵게 느껴지니? 잘 생각해 보면 별로 어려울 것도 없어. 오히려 당연한 거야. 이를테면 바둑에서 '흑백 대립'을 떠올려 보자. 흑돌만 있거나 백돌만 있어서야 바둑을 둘 수 없잖아? 흑은 백을, 백은 흑을 전제로 하여 서로 의존하고 있는 셈이지.

하지만 서로 의존한다고 해서 "나는 여기다 둘게, 너는 저기다 둘래?" 하면서 바둑을 둔다면, 사이는 좋아도 그게 무슨 바둑이냐? 흑은 백을, 백은 흑을 이기려 하는 '배척 관계'가 있기 때문에 바둑이 성립하는 거야. 이렇게 바둑은 흑과 백이 서로 의존하면서도 서로 배척하는 관계가 있어야만 성립하는 것이며, 이런 흑백 대립으로 바둑의 오묘한 변화가 일어나는 것이지.

객관 사물의 변화도 마찬가지야. 사물들은 **서로 의존하기 때문에 관계를 유지하지만, 서로 배척하기 때문에 변화**하는 거야.

독과 물의 관계도 마찬가지야. 물의 '새어 나가려는 성질'이 독의 '막으려는 성질'보다 더 강할 때에는 독에서 물이 새어 나가는

변화가 일어나지만, 반면에 독의 '막으려는 성질'이 물의 '새어 나가려는 성질'보다 더 강할 때에는 독에 물이 고이는 변화가 일어나는 거야.

팥쥐 엄마가 콩쥐에게 '독에 물을 채우라'는 과제를 냈기 때문에, 콩쥐는 독에 물이 고이는 변화를 일으킬 필요가 있었어. 그래서 두꺼비는 제 몸으로 독 밑바닥을 메움으로써 독의 '막으려는 성질'을 더 강하게 만든 것이지.

현명한 두꺼비는 독과 물의 대립 관계를 잘 간파하여, 변화를 뜻하는 대로 이끌 수 있었던 셈이야.

우리는 떠날 때에 다시 만날 것을 믿습니다

모든 사물은 내부에 서로 의존하면서 서로 배척하는 관계에 있는 대립물을 반드시 가지고 있어.

그런데 이 대립물은 언제나 같은 상태에 있는 것이 아니라, 이런저런 조건에서 서로 뒤바뀌게 되는 거야.

이를테면 밑 빠진 독에서는 독의 '막으려는 성질'보다 물의 '새어 나가려는 성질'이 더 강하잖니? 때문에 물이 새어 나가는 쪽으로 변화가 일어날 테지만, 두꺼비가 몸으로 깨진 부분을 막는 조건에서는 독의 '막으려는 성질'이 더 강해져 물이 고이는 쪽으로 변화가 일어나는 거야.

이렇게 사물 내부의 대립물은 이런저런 외적 조건 속에서 작용하여 서로 뒤바뀌어 가며 변화를 나타내지. 좀 어렵게 느껴지겠지만 이것은 그리 낯선 생각도 아니야. 예로부터 사람들은 이런 사물 내부의 대립 관계를 잘 파악해 왔어.

만해 한용운 시인이 쓴 〈님의 침묵〉 한 구절을 읽어 볼까?

우리는 만날 때에 떠날 것을 염려하는 것과 같이, 떠날 때에 다시 만날 것을 믿습니다.

이런 '만남과 떠남'도 일종의 대립물이야. 만날 때라 하여 떠남이 사라지는 것은 아니며, 떠날 때라 해서 만남이 사라지는 것은 아니야. 만남과 떠남은 사물 내부에 함께 존재하다가, 이런저런 외적 조건 속에서 만남의 성격이 강해지면 '만날 때'가 되고, 떠남의 성격이 강해지면 '떠날 때'가 되는 셈이지.

'만남과 떠남'만이 그런 것은 아니야. 노자는 이렇게 말하더구나.

복福 속에 화禍가 들어 있고, 화 속에 복이 숨어 있어, 복과 화는 끊임없이 나타난다. 바른 것도 비뚤어진 것으로 바뀌며, 훌륭한 것은 망측한 것으로 바뀐다.

—《도덕경》에서

"양지가 음지 되고, 음지가 양지 된다." "쥐구멍에도 볕 들 날 있다." "머슴 조상 안 둔 양반 없고, 양반 조상 안 둔 머슴 없다."라는 우리 속담도 모두 '대립물이 서로 뒤바뀌며 변화를 나타낸다'는 사실을 잘 표현하고 있어. 이 대립물들은 사물 내부에 서로 대립되어 있다가 이런저런 외적 조건에서 어느 한쪽 성질이 더 강해지면 그쪽으로 변화를 일으키게 되는 것이야.

그런데 너희는 자칫 현실의 변화에서 대립물의 한쪽 측면만을 보기 쉬워. 만날 때에는 '만남'만을 보고, 떠날 때에는 '떠남'만을 보기 쉽지. 한용운 시인처럼 만날 때에 떠날 것을 염려하고, 떠날 때에 다시 만날 것을 믿는 식의 유연한 사고를 갖기란 사실 쉬운 일이 아니야.

한용운 시인의 훌륭한 점은 비단 '만남과 떠남'의 관계를 올바로 파악했다는 사실에만 있는 것은 아니야. 더욱 훌륭한 점은 그런 관계를 올바로 파악하여 '다시 만남을 위해' 능동적인 실천을 했다는 점에 있겠지.

일제강점기에 많은 사람들은 일본의 지배가 영원히 계속되리라는 착각에 사로잡혔어. 즉, '님의 떠남'만을 본 것이지. 그래서 어떻게 해서든 일본에 빌붙어 제 한 몸 잘살아 볼 궁리만 했지. 하지만 한용운은 '님의 떠남' 속에 '다시 만남'이 있음을 발견하고, 그 '다시 만남'을 위해 열심히 독립운동을 했던 거야. 물론 불행하게도 우리 민족 스스로의 힘으로 독립을 이루지 못한 탓에 해방 뒤에도 친일파들이 더 떵떵거리고 사는 꼴이 되었지만, 한용운 시인과 같은 분들의 실천적 삶은 여전히 빛나고 있어.

그래서 단순히 '변화를 잘 파악한다'는 것만이 중요한 것은 아니야. 아마 이런 식으로 변화를 잘 파악하는 데는 친일파들을 따라잡을 사람이 없을 거야. 그들은 일제강점기에는 일본에, 미군정 시대에는 미군에, 독재 정권 시대에는 독재 정권에 빌붙었어. 카멜레온보다, 바람개비보다 더 재빠르게 변화에 적응했지. 그리고 그들의 행위는 '처세술의 뛰어남'으로 미화되기까지 하더구나.

중요한 것은 변화를 잘 파악하는 데에 있는 것이 아니야. 중요한 것은 현실에서 일어나는 여러 변화 가운데 '그릇된 변화를 없애고 올바른 변화를 택하는' 능동적 실천을 하는 일이지.(무엇이 그릇되고 무엇이 올바른 것인가는 여섯 번째 이야기에서 다시 살펴보자.)

우리 현실 내부에 있는 '올바른 요소'와 '그릇된 요소'도 역시 하나의 대립물이야. 이 대립물의 관계를 파악하여 현실을 올바른 쪽으로 변화시키는 일, 이것은 단순한 인식의 문제가 아니라 실천의 문제지.

세계가 변화하는 모습

느리든, 빠르든 변화는 일어난다

모든 사물은 변화하기 마련이지만, 어떤 것들은 매우 빠르게, 또 어떤 것들은 아주 느리게 변해. 영영 안 바뀔 것 같다는 착각이 들 정도로 말이야. 그래서 어떤 친구는 이런 고민도 하더구나.

'왜 나는 잘하고 싶고 또 열심히 하는데도 요 모양일까?'
'결국 나는 재주가 없고 아이큐도 낮은 아이인가?'
이런 생각이 자꾸 떠올라 괴롭기만 하다. …… 나 자신을 돌아볼 때 너무나 초라하게 느껴진다. 이 세상에 태어나서, 17년을 살아오는 동안 무엇을 이루며 지내 왔는지 제대로 내놓을 것 하나 없는 주제다. 그렇고 그렇게 살아온 세월이다.
　-《홀로 앓는 풀잎들의 이야기》에서

이런 고민으로 심각한 열등감에 사로잡혀 있는 친구들도 많을 거야. 물론 너희가 공부하는 족족 성적이 부쩍부쩍 올라간다면 얼마나 좋겠니? 그림을 배우면 당장 화가가 되고, 축구를 배우면 단숨에 프로 선수가 되고, 바둑을 배우자마자 금세 9단이 되면 얼마나 신나는 일이겠니? 하지만 현실의 변화는 이렇게 금세 일어나지 않으니 참 답답한 노릇이지.

김시습은 세 살 때부터 시를 쓰고, 모차르트는 다섯 살 때 작곡을 시작했다고 하지만 그건 아주 특별한 경우일 뿐이야. 이런 천재적인 재능을 타고나지 않은 보통 사람들한텐 변화가 매우 더디게 느껴질지도 몰라. 그래서 앞의 친구처럼 '17년을 살아오는 동안 무엇을 이루며 지내 왔는지 모르겠다'는 한탄이 절로 터져 나올 때도 많겠지. 하지만 조급해할 필요 없어. 빠르든 느리든 변화는 쉴 새 없이 진행되기 마련이니까.

더구나 자신이 살아온 소중한 삶을 "그렇고 그렇게 살아온 세월" 이라고 비웃는 것은 전혀 너희답지 않은 태도야. 눈에 띄는 변화가 없다고 해서 자신이 살아온 세월이 결코 헛된 것은 아니잖아? 저런 푸념을 글로 쓸 수 있다는 것만 해도 얼마나 큰 발전이냐? 세상에는 70년을 살아도 자신의 감정 하나 제대로 옮겨 적지 못하는 사람들도 수두룩한데 말이야.

저런 고민을 하는 까닭은 아마 자신을 남들과 자꾸 비교하게 되기 때문일 거야. 그리고 자꾸 그런 비교를 하도록 강요하는 사회 분위기 탓도 크고 말이야. 그러나 걱정하지 마. 느리든 빠르든 변화는 반드시 일어나기 마련이니까.

그럼, 이런 변화는 어떤 모습으로 나타나는지 자세히 살펴보자꾸나.

질과 양

친구들과 식당에 갔을 때, 너희는 이런 말들을 하곤 하지.

"질보다는 양이 많은 음식을 시키자!"

"아냐, 양보다는 질이 좋은 음식을 시키자!"

이때 '질質'이 무엇이고 '양量'이 무엇인지 너희도 대충 짐작할 거야. 철학에서 말하는 질과 양도 크게 다르지는 않아.

먼저 '질'에 대해 살펴보자.

일상에서는 "쟤는 질이 낮아!"라든가 "질적으로 다른 서비스." 식으로 뭔가 좋고 나쁨을 따지는 말로 쓰기도 하더라만, 철학에서 말하는 질은 **다른 것들과 구분하게 해 주는 그 사물만의 특성**을 뜻해.

이를테면 너희 눈앞에 개와 고양이가 있다고 해 보자. 너희는 어느 쪽이 개이고 어느 쪽이 고양이인지 쉽게 구분할 거야. "어떻게 알았지?" 하고 물으면, 너희는 딱히 대답할 말이 없을 거야.

"뭐, 그야 개는 개처럼 생겼고, 고양이는 고양이처럼 생겼으니까."

어쩌면 이렇게 말할지도 모르지만, 사실은 그게 정답이야. 너희는 여태까지 수많은 개들을 봐 왔고, 그래서 딱히 설명할 수는 없어도 개는 개처럼 생겼음을 쉽게 알아차리는 거야. 개를 개답게 하는 어떤 특성들, 바로 그게 개의 질이야.

어떤 사물의 질을 한마디로 "이것이다."라고 딱 잘라 말할 수는 없어. 질은 그 사물이 가지고 있는 여러 다양한 성질들의 '종합적인 특성'이므로 그 사물의 여러 성질들에 대한 종합적인 이해로만 그 사물의 질을 파악할 수밖에는 없어.

'개'는 포유류이고, 잡식성 동물이고, 냄새를 잘 맡고, 반려동물로 키우기도 하고…… 이렇게 설명해 봐야 개에 대해 정확히 설명하는 것도 아니야. 개를 개답게 하는 모든 특징들을 몽땅 합쳐서 "저것은 개다!"라고 하는 것이지.

객관세계의 모든 사물들은 저마다 다른 질을 가지고 있으며, 사람들은 이런 질을 인지하여 여러 사물들을 혼동하지 않고 제대로 구분할 수 있는 거야.

너희는 개와 고양이뿐 아니라, 여자와 남자, 아이와 어른, 밥과 빵 따위도 구분할 수 있고, 심지어는 록과 헤비메탈, 시뮬레이션 게임과 롤플레잉 게임, 중학생과 고등학생의 차이까지 구분할 수 있잖니? 그래서 고등학생이 중학생더러 "나는 너랑 질적으로 달라!" 하고 뻐길 수도 있는 것이지.

다음에는 '양'에 대해서 알아보자.

너희 친구 갑순이가 얼마 동안 다이어트를 했더니 60kg이었던 몸무게가 50kg으로 팍 줄어들어 버렸어. 아마 너희는 "너 딴사람이 되어 버렸구나." 하고 깜짝 놀랄지는 몰라도, 그렇다고 갑순이가 갑돌이로 둔갑해 버린 것은 아니잖니?

그래, 생쥐만 한 개든 송아지만 한 개든 개는 개일 뿐이며, 작은 그릇에 조금 담겨 있든 양동이에 가득 담겨 있든 밥은 밥일 뿐이야.

이를테면 너희는 신체검사를 할 때 몸무게, 선키, 앉은키, 가슴둘레, 시력 따위를 재잖니? 이런 것들이 바로 양이야. 양에는 단지 '크기'나 '부피'만이 있는 것은 아니야. 시간, 속도, 힘의 세기, 빈도수, 밀도, 온도 따위도 모두 양이야. 또 공부를 해서 지식이 많아졌다거나 하는 따위의 '발전의 정도'도 양이며, 공부를 얼마큼 열심히 하느냐 따위의 '강도強度'도 양이야.

객관세계의 모든 사물들은 질과 양이라는 두 측면을 지니고 있어. 어떤 사물에 있어서 질이 없는 양이나, 양이 없는 질은 현실적으로 불가능해. 그래서 너희가 설사 "질보다는 양이다." 하고 양이 많은 음식을 시킨다 할지라도, 그 음식에도 역시 나쁜 질일망정 질은 분명 있는 것이지.

모든 사물들은 양도 변할 수 있고, 질도 변할 수 있지만, 이 두 변화는 뚜렷한 차이가 있어. **양은 늘어나고 줄어드는 증감**만 하고, **질은 오직 새로운 형태로 변화**만 하는 거야. 따라서 양은 수치로 나타낼 수가 있지만, 질은 수치로 나타낼 수가 없어.

이를테면 너희 몸의 크기나 무게 같은 양은 미터나 그램 따위의 여러 가지 측량 수치로 나타낼 수 있고, 지식의 양도 '성적' 따위의 수치로 나타낼 수 있을 거야.

하지만 질은 이런 수치로 나타낼 수가 없어. 너희가 "행복은 성적순이 아니잖아요." 하는 항변도 행복의 질적인 가치를 지식의 양으로 따지지 말라는 뜻일 테지.

양적 변화에서 질적 변화로

앞에서 말했듯, 어떤 사물의 질이 바뀌면 곧바로 그 사물 자체가 바뀌어 버려. 하지만 어떤 사물의 양이 바뀐다고 해서 곧바로 다른 사물로 바뀌지는 않아. 쌀을 수백 섬 쌓아 놓아도 쌀이 다른 사물로 바뀌는 것은 아니잖니? 하지만 한 홉의 쌀도 끓여서 질을 바꾸면 '밥'이라는 다른 사물로 바뀌고 말지.

그렇지만 양의 변화가 사물의 변화와 무관한 것은 아니야. 양의 변화도 일정한 한계에 다다르는 순간에는 질의 변화를 일으키게 돼. 하지만 '그 한계 안에서'는 양이 변화한다 할지라도 질의 변화는 일어나지 않아. 양의 변화가 질의 변화에 영향을 주지 않는 '한계'를 **한도**라고 해.

너희도 가끔 "참는 데도 한도가 있다!" 하고 말하잖니? 이 경우도 대체로 마찬가지야. 이 말은 '참는 한도'를 넘으면 지금까지와는 질적으로 다른 행동을 하겠다는 뜻일 테니까.

한도를 벗어나면 그 사물 자체가 달라져 버리기 때문에 한도는 **그 사물을 유지시키는 질과 양의 통일적인 결합**이라고 할 수 있어. 말이 조금 어렵지만, 이치는 간단해.

너희 몸은 음식을 너무 적게 먹어도 탈이 나고, 너무 많이 먹어도 탈이 날 거야. 운동을 너무 적게 해도 너무 많이 해도, 소금을 너무 많이 먹어도 너무 적게 먹어도, 햇볕을 너무 적게 쬐어도 너무 많이 쬐어도, 너무 추워도 너무 더워도 탈이지.

그러니 너희 몸의 질은 음식량, 운동량, 염분 섭취량, 일조량 등등 수많은 양과 통일적으로 결합된 한도 안에서 유지된다고 할 수 있겠지. 이런 결합 가운데 단 하나만 이상이 생겨도 너희는 몸 건강을 유지할 수 없을 거야.

객관세계의 사물들은 **한도 안에서는 양적 변화**만을 하다가, **한도를 벗어나면 질적 변화**를 하게 되는데, 이것을 **양질 전화**라고 해.

이런 양질 전화의 예들은 현실에서 많이 찾아볼 수 있을 거야. 부모가 물려준 재산을 야금야금 탕진하다가 어느 순간 알거지가 되는 일도 생기며, 그저 날마다 조금씩 마셨을 뿐인데 알코올중독자가 되어 버리는 일도 생기고, 하루하루가 매우 더디고 지겹게 느껴져도 어느 순간 "어, 벌써 졸업인가!" 하고 놀라기도 하잖니? "가랑비에 옷 젖는다." "티끌 모아 태산." "낙숫물이 바위를 뚫는다." "황소걸음에 천 리 간다." "개미구멍에 봇물 터진다." "삼 년 치성이면 돌부처도 눈물을 흘린다." 따위의 속담들도 양이 질로 바뀌는 변화를 말하고 있지.

양질 전화를 하는 과정에서 **양적 변화는 사물의 질을 그대로 유지한 채 증감만이 달라지는 변화**고, **질적 변화는 사물 자체가 달라지는 변화**야.

질적 변화에는 물려받은 재산을 야금야금 탕진하다가 어느 순간 보니 알거지가 되어 있는 식으로 느리게 진행되는 변화도 있고, 사기를 당해 하루아침에 알거지가 되는 식으로 급격히 진행되는 변화도 있어. 앞의 경우와 같은 질적 변화를 **점진적 비약**이라 하고, 뒤의 경우와 같은 질적 변화를 **폭발적 비약**이라고 해. 비약이란 다른 단계로 뛰어넘는다는 뜻이지.

폭발적 비약은 그야말로 폭발하듯이 갑자기 일어나니까 변화를 눈치채기가 쉽지. 하지만 점진적 비약은 아주 더디게 진행되다 보니 변화를 눈치채기가 어려울지도 몰라. 그러니 앞의 친구처럼 "17년을 살아오는 동안 무엇을 이루며 지내 왔는지 제대로 내놓을 것 하나 없는 주제다." 하고 한탄을 늘어놓는 것도 무리는 아니야.

물론 살아가는 동안 폭발적인 비약으로 인생이 바뀌는 경우도 아주 없지는 않아. "어느 날 아침에 일어나 보니 유명해져 있었다." 하는 식으로 말이야. 하지만 이런 건 아주 드문 경우니 부러워할 필요도 없어. 그보다는 황소걸음으로 천 리 가듯이 뚜벅뚜벅 걸어가다 어느 순간 돌이켜 보면 인생에 많은 변화가 있었음을 깨닫게 되는 경우가 더 많지.

노력을 해도 아무 변화가 없는 것 같아 답답한 생각이 들지도 모르지만, 눈에 보이든 안 보이든 적어도 노력을 한 만큼은 변화는 일어나고 있으니까 염려 푹 놓아도 될 거야.

솔직히 말해, 겨우 17년 살고 뭘 이루기를 바란다면 너무 성급하거나 욕심이 많은 게 아닐까? 지금까지 무엇을 이루었는지를 고민하기보다 앞으로 무엇을 이룰지를 더 고민해야 할 나이 같은데…… 너희 생각은 어떠냐?

사람만이 변화를 계획할 수 있다

지금까지 말했듯, 객관세계의 모든 사물들은 양질 전화, 곧 양적 변화를 거쳐 질적 변화로 옮아가는 거야. 이런 변화는 양 ➡ 질 ➡ 양 ➡ 질의 단순한 '반복'은 아니야. 객관 사물은 이런 양의 전화를 겪어 새로운 사물로 바뀌는데, 이렇게 낡은 사물이 새로운 사물로 옮아가는 것을 **발전**이라고 해.

이때 발전은 '나라 발전' 식으로 사람에게 꼭 이득이 되는 발전만을 뜻하는 것은 아니야. 사물이 질적 변화를 통해 **새로운 사물로 옮아가는 과정**을 뜻하지.

사물 내부에서 끊임없이 변화가 일어나기 때문에 이런 변화가 어떤 한도에 다다르면 기존의 질로는 변화를 감당할 수 없게 돼. 그래서 변화를 감당할 만한 새로운 질로 발전하는 거야.

예를 들어 젖니가 간니로 바뀌는 과정을 생각해 보자. 사람은 5~7세 무렵이면 젖니가 빠지고 새로운 간니가 돋잖니? 젖니는 적은 양의 음식으로 신체를 유지할 수 있는 아이에겐 적합하지만, 성장함에 따라 우리 신체는 많은 양분을 섭취해야 하니 젖니처럼 작고 약한 이로는 다양한 종류의 음식들을 소화하기 어렵게 돼. 그래서 성장한 신체를 감당할 크고 튼튼한 이로 바뀌는 거야.

어떤 친구는 양질 전화에 따른 사물 발전에 대해 이런 의문을 품을지도 몰라.

"모든 사물이 양질 전화에 따라 발전한다면, 발전은 반드시 어느 정도 양적 변화가 있어야만 이루어지는 셈이다. 그렇다면 모든 발전을 참고 기다려야만 할까?"

맞아. 질적 변화는 어떤 형태로든 반드시 양적 변화를 거쳐서만 일어나기 마련이야. 자연에서는 이런 양질 전화가 매우 자연스럽게 일어나지만, 사람이나 사회에서는 사정이 좀 달라.

너희는 어쩌면 어른들이 "우리나라는 민주주의 하기엔 아직 멀었어. 국민들의 의식이 좀 더 성숙되기를 기다려야 해."라고 말하는 걸 들어 본 적이 있을지 몰라.

이 말은 양질 전화를 의미하지만, 가장 중요한 부분을 놓치고 있어. 그건 사람의 '의식적인 노력'이라는 부분이야. 사람은 동물과는 달리 현실을 논리적으로 분석하고 추리하여 앞날을 예측하고 계획할 수 있는 의식적 능력을 가지고 있어. 그래서 딱히 배가 고프지 않아도 건강을 위해 끼니마다 밥을 찾아 먹는다거나, 강물이 불어나 홍수가 날 것 같으면 미리 둑을 쌓는 따위의 일도 할 수 있는 것이지. 말하자면 양적 변화가 한도를 넘기 전에도 미리 질적 변화를 예측하여 그에 대처하는 것이지.

이처럼 사람은 양질 전화의 기간을 짧게 하거나 늘리거나 하여, 자연의 발전을 자신에게 이롭게 바꾸어 놓을 수 있어.

사람은 자연만 바꿀 수 있는 건 아니고, 사회도 얼마든지 바꿀 수 있어. 때문에 "민주화를 성취하기 위해 국민의 의식이 성숙하기를 기다려야 한다."는 말은 민주화를 위해 아무런 노력도 하지 않으려는 사람들의 얄팍한 자기변명에 지나지 않는 거야. 실제로 사회가 민주화되면 국민들의 의식도 빠르게 성숙되는 예들은 역사상 얼마든지 찾아볼 수 있거든.

이것을 철학적으로 표현한다면, "사람의 의식적 노력으로 낡은 질을 없애면, 새로운 질에서 새로운 양적 변화가 빠르게 이루어진다."라고 말할 수 있겠지.

자, 이 이치를 응용한 학습 방법 하나 알려 줄게. 지금 너희 가운데 이 책 읽는 것도 어려워 낑낑거리고 있는 친구들이 틀림없이 있을 거야. 이런 친구들은 대개 책을 읽다가 어려운 대목이 나오면 막힌 부분에서 계속 낑낑대다가 그만 "애고, 모르겠다!" 하며 포기해 버리는 버릇이 있을 거야. 이럴 때에는 어렵건 말건 그냥 이해할 수 있는 부분만 따라서 끝까지 쭉 읽어 버리는 것이 요령이야. 끝까지 읽고 난 다음에 다시 한번 읽으면 몰랐던 부분을 저절로 알게 되기도 하거든.

학교 공부도 마찬가지야. 때로는 기초부터 차근차근 쌓아 나가는 학습 방법도 필요하지만, 그렇다고 막힌 부분에서 낑낑대다가 시간만 허비하고 공부 의욕까지 잃어버리는 건 정말 요령 없는 학습 방법이야. 너희가 어렸을 때를 생각해 보렴. 고양이를 처음 봤을 때 '저게 뭘까?' 하기는 했겠지만, 그렇다고 하루 종일 그 궁리하느라 낑낑대고 있었니? 그냥 '저런 물체가 있나 보다.' 하고 넘어갔는데, 자기도 모르는 사이에 고양이가 뭔지 알게 되었단 말이야.

모르는 부분은 '그런가 보다.' 하고 넘어가고 이해할 수 있는 부분을 중심으로 쭉 진행하다 보면 나중에는 모르던 부분까지도 저절로 이해할 수 있게 되지.

이해할 수 있는 부분은 지식 축적이 빨리 되지만, 모르는 부분은 지식 축적이 더디게 되기 마련이잖니? 말하자면 양적 변화를 가속화시켜 새로운 질로 발전을 이루면 그 상태에서 새로운 양적 변화가 빠르게 일어날 수 있다는 얘기야.

　뭐, 사람마다 공부하는 습관도 다 다르기 마련이니까 이 방법이
꼭 100% 옳다고 할 수는 없겠지만, 정 공부에 능률이 안 오르면
한번 시도해 볼 만하지는 않겠어?

새로 태어나는 변화, 낡아 사라지는 변화

천지에 모란은 자취도 없어지고?

꽃은 봄마다 새로 피지만 오래지 않아 시들고 말아. 여름의 푸른 나뭇잎도 가을에 낙엽이 되어 떨어지고, 최신 유행도 얼마 가지 않아 낡은 유행이 되어 버리며, 젊은이도 언젠가는 노인이 되고, 로마 제국의 영광도 결국엔 멸망으로 끝나 버렸지. 이렇게 객관세계에는 늘 새롭게 태어나는 변화만 나타나지는 않고, 낡아 사라지는 변화도 나타나. 이런 낡아 사라지는 변화들은 사람들을 자칫 '비관주의자'로 만들기 십상이야. 한창 감성이 예민한 너희는 눈물이 그렁그렁한 눈으로 떨어지는 낙엽을 바라보며 이렇게 읊조릴지도 몰라.

천지에 모란은 자취도 없어지고
뻗쳐 오르던 내 보람 서운케 무너졌느니

모란이 지고 말면 그뿐, 내 한 해는 다 가고 말아

삼백 예순 날 하냥 섭섭해 우옵네다.

— 김영랑의 〈모란이 피기까지는〉에서

하지만 세계의 변화를 너무 '낡아 사라지는 과정'에만 치우쳐 생각할 필요는 없어. 사물들이 변화하는 과정에는 분명 '새롭게 태어나는 과정'과 '낡아 사라지는 과정'이 함께 존재하기 마련이니까.

그렇다면 사물의 발전에서 '새롭게 태어나는 과정'과 '낡아 사라지는 과정'은 어떠한 연관이 있는 것일까?

앞 토막에서 잠깐 말했듯, 양적 변화가 어떤 한도에 다다르면, 낡은 질로는 변화를 감당하기 어렵게 돼. 때문에 새로운 질로 바뀌어 변화해 나가는 거야. 이렇게 '낡은 질의 사물'이 '새로운 질의 사물'로 변화함을 '발전'이라 한다고 했지? 우리는 앞 토막에서 이 과정을 젖니가 간니로 바뀌는 예를 통해 살펴보았어. 젖니가 사라짐으로써 새로운 간니가 돋게 되는 것과 마찬가지의 이치로, 모든 사물들은 낡고 시들고 죽는 과정을 거쳐 더욱 새롭게 발전하는데, 이것을 철학적으로 표현하면 **낡은 질을 부정하고 새로운 질로 발전한다**고 할 수 있지.

어떤 생명도 사라지지 않는다

여기서 '부정'이라는 말이 나왔는데, 이 말뜻을 좀 더 정확히 짚고 넘어가도록 하자꾸나.

너희는 흔히 "~이 아니다." "~하지 않다." 따위를 부정이라 하잖니? 이것은 어떤 문장을 부정문으로 만드는 식으로 논리에서 쓰는 '논리적인 부정'이야.

하지만 현실에서 나타나는 부정은 이런 논리적인 부정과는 달라. 세 번째 이야기에서도 말했듯이 논리란 사고 형식에 지나지 않아. 그래서 그것은 현실을 반영하지만 현실 자체와는 다르기 마련이야. 논리적인 부정도 마찬가지야.

이를테면 방금 도착한 열차를 보고 "열차가 멎었다."라고 말했다 하자. '열차가 멎었다'는 '열차가 달린다'의 논리적인 부정이야. 이런 논리적인 부정은 단지 '열차가 달리는가, 아닌가'를 구분하는 의미만 있을 뿐이야. 그런데 현실의 열차 운행에서 '열차가 달린다'와 그 부정인 '열차가 멎는다'는 다르게 나타나지.

'열차가 달린다'의 논리적인 부정은 '열차가 멎는다'야. 그리고 이것을 또다시 부정하면 '열차가 달린다'로 되돌아오잖니? 하지만 현실의 열차 운행에서는 부정한 것을 또다시 부정한다고 해서 원래

대로 되돌아오는 법이 없어. 이를테면 서울역을 출발한 열차가 달리다가 대전역에서 잠시 멎고 다시 달렸다고 하자. 이 경우도 열차는 달린다 ➡ 멎는다 ➡ 달린다의 순으로 부정을 부정했지만, 열차는 대전역에서 한참 더 간 상태로 달리고 있는 것이지. 이 차이를 그림표로 그려 보면 다음과 같아.

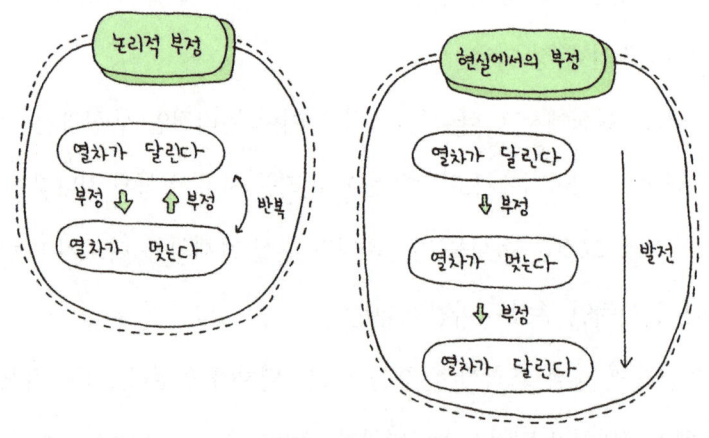

논리적인 부정은 '열차가 달리는가, 아닌가'의 구분만을 나타내기 때문에, 어떠한 경우에도 열차는 달리고 있거나 멎어 있거나 둘 중 하나일 수밖에 없어. '열차가 달린다'면 '열차가 멎는다'는 사실이 소멸되고, 반대로 '열차가 멎는다'면 '열차가 달린다'는 사실이 소멸되지.

논리에서는 "참을 부정한 명제는 반드시 거짓이어야 한다."는 법칙이 있는데, 이를 '배중률'이라고 해. "저 열차는 달리고 있기도 하고, 또 멎어 있기도 하다." "귀신은 있기도 하고, 없기도 하다." 같은 말은 논리에서는 써서는 안 되는 말이야. 그럼, 대체 뭐가 어떻다는 건지, 판단을 할 수 없게 되잖아? 그렇거나 아니거나, 딱 부러지게 말해야 해.

하지만 현실에서는 사물들의 운동과 변화에 서로 상반된 사실도 동시에 존재해. 실제로 열차는 달렸다, 멎었다, 또 달리는 식으로 운행하잖니? 열차가 늘 멎어 있기만 하면 그건 운행 중단된 열차일 테고, 유령 열차가 아닌 바에야 늘 달리기만 하는 열차는 존재할 수가 없겠지.

앞에 인용한 김영랑 시인의 시도 마찬가지야. 시인은 "천지에 모란은 자취도 없어지고" 하고 읊조렸지만, 설마 모란이 공룡처럼 멸종돼 버리기야 했겠니? 그저 올해 모란이 다 져 버렸다는 뜻이겠지.

하지만 '삼백 예순 날 하냥 섭섭해' 울 필요는 없어. 논리에서야 '모란이 지고 말면 그뿐'이지만, 현실에서는 그저 깡그리 소멸하는 게 아니라 다시 필 가능성을 보존한 채 지는 거야. 그래서 내년 봄에 모란이 활짝 피어 있는 광경을 또 볼 수 있는 것이지.

이처럼 현실에서의 부정은 앞의 것을 소멸시킬 뿐만 아니라, 보존하기도 하는 거야. 때문에 때로 철학에서는 부정이라는 말 대신

지양이라는 말도 사용하는데, 이때 지양은 소멸과 보존이 함께 통일을 이루며 발전한다는 뜻이야.

이 과정을 아주 아름답게 묘사하는 소설 구절이 있더구나.

"죽는 건 두렵지 않아요. 어디 산에 파묻히기라도 하면 다행이죠. 살이 썩으면 흙은 영양분을 얻게 되어, 이름 모를 풀꽃을 피우게 할 수도 있겠죠. 재수가 좋으면 진달래도 피울 수 있구요. 어릴 때 배고프면 산에서 진달래를 많이 따 먹었지요. 내가 죽어서 피운 진달래를 배고픈 어린애들이 따 먹으면 내가 다시 살아나는 것이 아니겠어요."

"그래요. 죽음은 그런 걸 거예요. 살아 있는 생명들은 하나도 사라지지 않을 거예요."

– 홍희담의 〈깃발〉에서

늙기만 하고 죽지는 않는다?

그리스신화에 나오는 새벽의 여신 에오스는 티토노스라는 사람과 사랑에 빠져 제우스에게 자신의 연인을 영원히 죽지 않게 해 달라고 부탁했대. 제우스가 부탁을 들어주기는 했지만, 에오스는 머지않아 큰 실수를 저질렀음을 깨달았지. 죽지 않게 해 달라는 부탁만 했지, 늙지 않게 해 달라는 부탁을 깜박 잊어버렸던 거야.

티토노스는 늙어 쪼글쪼글해졌지만 죽지는 않고 쉴 새 없이 잔소리만 늘어놓고 있으니, 그게 더 비참한 일이었지. 에오스는 그를 방에 가둬 놓고 식사로 꿀만 줬는데, 그러다 티토노스는 그만 매미가 되어 버렸대. 그래서 매미는 쪼글쪼글한 몸으로 나무진을 빨며 쉴 새 없이 울어 대게 되었다는 얘기야.

앞에서 말했듯, 사물이 양적 변화만 계속해 한도에 다다르면 기존의 질로는 변화를 감당할 수 없게 돼. 사람 몸도 나이를 먹으면 더 유지할 수가 없는 상태에 이르고 마는데, 늙기만 하고 죽지는 않는다면 티토노스 꼴이 되고 말겠지.

부정의 과정이 없다면 사물들은 양적 변화만 계속할 뿐 질적 변화를 할 수 없을 거야. 마치 한없이 쌓이기만 하는 쓰레기 하치장 같은 꼴이 되어 버릴 테지. 그러나 부정의 과정을 통해 사물들은 새로운 질로 거듭날 수 있으니, 다행한 일이지 뭐냐.

그래, 부정은 낡은 질을 사라지게 하는 과정이며, 동시에 새로운 질로 거듭 태어나는 과정이야.

꽃도 시들지는 않고 늘 피어 있기만 한다면, 새 꽃을 피울 수는 없을 거야. 마치 플라스틱으로 만든 꽃처럼 말이야. 사람 또한 죽지 않는다면 얼마나 좋겠냐만, 그럼 새로운 세대들이 차지할 자리도 없을 거야. 하다못해 유원지에 놀러 가도 먼저 온 사람들이 자리를 차지하고 있으면 뒤에 온 사람들이 앉을 자리가 없잖아?

어른들 가운데는 마치 영원히 죽지 않을 사람처럼 꾸역꾸역 자기 욕심만 차리고 있는 사람들도 참 많잖니? 죽어서 들고 가지도 못할 돈을 탐욕스럽게 챙기기도 하고, 죽으면 무덤 하나 차지할 텐데 세상을 다 거머쥘 것처럼 세도를 부리기도 하고, 죽고 나면 어차피 젊은 사람들이 살아갈 세상인데 제 고집만 내세우며 세상을 좌지우지하려 들기도 하지.

사람은 언젠가는 죽지만, 그것이 그저 모든 것이 다 끝나 버리는 종말이기만 할까? 물론 한 개인의 삶이야 그것으로 끝일지 모르지만, 죽고 난 뒤에도 세계는 여전히 존재하리라는 사실은 분명해. 언젠가는 자신이 죽으리라는 사실을 분명히 알고, 자신이 죽고 난 뒤에도 다른 사람들이 여전히 살아갈 것이라는 사실을 분명히 안다면, 아마 사람들은 삶을 좀 더 알차게 살게 될지도 몰라.

'내가 죽은 뒤에 세상이 어찌 되든 알게 뭐야!' '어차피 죽을 건데 뭐 하러 열심히 살아!' '그저 살아 있는 동안 실컷 즐겨야 해!' 이런 태도로 사는 사람들도 적지는 않지만, 이렇게 살아 봐야 삶만 더 비참해질 뿐이야.

유원지 같은 데서도 "내가 언제 여기 다시 오라!" 하며 쓰레기를 잔뜩 버리고 가는 사람들도 많고, "남이야 어찌 되든 나만 재미있으면 그만이다!" 하고 깽판 치는 사람들도 많잖아? 이런 사람들은 혼자 꽤나 약은 척하지만, 사실은 어딜 가든 불쌍하게 살 수밖에 없는 사람들이야. 저런 태도로 세상을 살면 기껏해야 코앞에 닥친 일에만 매달려 아등바등 살겠지. 그것도 다른 사람들한테 욕이나 잔뜩 먹으면서 말이지.

비록 인생은 짧아도 이왕이면 "내가 오늘 하는 일이 뒤에 오는 누군가에게 기쁨을 줄 거야." 하며 미래를 멀리 내다보며 사는 것이 훨씬 든든하고 보람되지 않겠어?

폴 엘뤼아르라는 프랑스 시인이 이런 시를 읊었는데, 잘 음미해 보렴.

빛은 언제나 꺼져들 듯하며

인생은 언제나 시시해 보이지만,

봄은 사라지지 않고 다시 오며

어둠 속에서 새싹이 돋고 열정은 뿌리를 박는다.

– 〈사랑의 힘에 대하여〉에서

사회 또한 낡은 질을 부정하는 과정을 통해서 발전하는 거야. 부정이 없으면 새로운 질로 발전하기 어렵고 그저 답보 상태로 머물 뿐이지.

우리나라가 일제로부터 해방된 이후 대다수의 사람들은 민족의 발전을 위해 일제의 잔재를 청산하고 친일파들을 색출하여 처벌해야 한다고 생각했어. 이것은 낡은 과거를 부정하고 민족의 새로운 질적 발전을 꾀하기 위한 당연한 주장이었어.

하지만 친일파들의 힘을 빌려서라도 정권을 잡으려고 발버둥을 치고 있던 이승만은 이런 국민들의 염원을 무시한 채 "과거의 모든 잘못은 용서와 화해로써 덮어 두어야 한다."는 따위의 가당찮은 주장을 늘어놓았어. 이런 이승만이 정권을 잡자 일제 잔재 청산은 실패로 돌아갔고 친일파들은 해방된 다음에도 일제강점기와 똑같이 버젓이 행세할 수 있었지. 이런 까닭에 오늘날까지도 일제강점기의 식민지 잔재가 구석구석에 그대로 남아 우리 사회의 민주 발전을 크게 가로막게 된 거야.

부정은 사물이 질적 발전을 하는 필연적인 과정이며, 부정이 없는 발전은 있을 수 없는 일이야.

부정에서의 소멸됨과 보존됨

그렇다면 모든 꽃은 그저 시들기만 하면 이듬해 더욱 많은 꽃을 피울 수 있는 걸까? 해방 이후 일제의 잔재를 부정만 하면 무조건 민족 발전을 장담할 수 있는 걸까? 물론 그렇지는 않아.

뿌리를 뽑아 일부러 꽃을 말려 죽이는 일도 부정은 부정이지만, 이런 부정은 발전에 별 도움을 주지 않는 부정이야. 또 일제의 잔재를 부정한다고 해서 일제 시절에 건설된 철도나 공장을 깡그리 파괴해 버리는 것도 올바른 태도는 아니야.

부정은 사물의 질적 발전의 한 과정이기는 하지만 완성은 아니야. 때문에 부정을 거쳐 발전이 완성되려면, 부정을 다시 한번 부정하는 긍정의 과정이 필요해. 이것을 부정한 것을 다시 부정한다고 해서 **부정의 부정**이라고 해.

논리적인 부정의 부정은 긍정이야. 그래서 논리적인 부정의 부정은 원래대로 되돌아오는 반복에 지나지 않아. 이를테면 '나는 학교에 갔다'를 두 번 부정하면 '나는 오늘 학교에 안 가지 않았다'가 되어 '나는 학교에 갔다'로 되돌아오잖니?

하지만 현실에 나타나는 부정의 부정은 반복이 아니라 발전이야.

얼핏 보면 현실에서도 부정의 부정이 반복하는 것처럼 느껴질 때가 많을 거야. 밤낮이 교체되고, 꽃이 피고 지고, 사람이 태어나고 죽고, 나라가 흥하고 망하고……. 하지만 이런 것을 보고 "세상만 사는 되풀이만 할 뿐 아무런 변화도 없다."라고 허무주의에 빠지는 것은 어리석은 일이야.

현실에서 부정의 부정은 새로운 발전을 가로막는 부정적 요소를 소멸시키고, 새로운 발전을 촉진하는 긍정적 요소를 보존하는 식으로 진행돼.

예를 들어 꽃이 피고 지는 과정을 생각해 보자. 올봄에 핀 꽃은 얼마 가지 않아 시들고 말아. 연약한 꽃잎으로는 식물 내부 변화나 외부 기후변화 따위를 오랫동안 감당하기 어렵기 때문이야. 이때 꽃잎은 변화를 더는 감당할 수 없는 부정적인 요소가 된 것이지. 따라서 이런 꽃잎은 부정되고, 시들어 땅에 떨어져 소멸되는 거야.

하지만 김영랑 시인의 표현처럼 꽃은 '자취도 없어지고' '지고 말면 그뿐'일까? 그렇지 않아. 꽃은 졌지만, 새 꽃을 피울 수 있는 요소는 보존되어 있는 거야. 그러니까 이듬해 봄에 또 꽃이 피는 것 아니겠어?

꽃이 피고, 지고, 피고, 지고…… 반복한다고 해서 봄마다 똑같은 꽃이 피는 것은 아니야. 그렇게 피고 지는 과정 속에서 꽃은 조금씩 발전하는 것이지. 성서에서 예수님은 이렇게 말했지.

정말 잘 들어 두어라. 밀알 하나가 땅에 떨어져 죽지 않으면 한 알 그대로 남아 있고, 죽으면 많은 열매를 맺는다.

예수님도 부정의 부정을 통한 사물의 발전을 잘 알고 계셨나 봐. 물론 열매는 양적으로만 늘어나는 것은 아니고, 질적으로도 달라지지. 만일 어제의 열매와 오늘의 열매가 똑같다면 식물들이 어떻게 새로운 종으로 바뀌는 진화를 할 수 있겠니?

사람의 삶 또한 이와 마찬가지 아닐까? "내가 죽고 나면 끝인데, 뒷일이야 알게 뭐냐?" 하며 그저 제 한 몸 챙기기에만 바쁜 사람들 참 많잖니? 죽은 뒤에도 누군가 자신의 삶을 보존하여 발전시킬 거라고 생각하면, 그렇게 함부로 살 수는 없을 것 같은데⋯⋯. 너희 생각은 어떠냐?

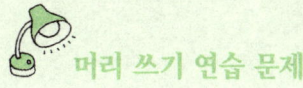

[1] 그럴싸한 논리 조작으로 사람들을 혼동시키는 주장을 흔히 '궤
     변'이라고 해. 이런 궤변 가운데 하나를 소개해 볼까?
     "머리카락을 한 올 뺀다 해서 대머리가 되지는 않는다. 한 올을
     더 빼도 대머리가 되지 않는다. 그러므로 계속 한 올씩 더 빼도
     대머리가 되지 않는다."
     하지만 실제로는 계속 한 올씩 뽑으면 그 사람은 결국 대머리가
     되잖니? 자, 이 궤변의 허점은 무엇일까?
     ➡ 도움말 349~351쪽

[2] 머리 쓰기라기보다 어쩌면 '마음 쓰기' 문제일지도 모르지만, 이
     런 질문 한번 던져 볼게. 요즘 사람들을 보면 죄다 "돈, 돈, 돈"
     하며 살잖니? 사람의 삶에 있어서 대체 돈은 얼마나 필요한 걸
     까? 물론 이런 물음에 '10억!' 하는 식으로 대답할 필요는 없을
     거야. 그냥 편안한 마음으로 생각해 보렴.
     ➡ 도움말 351~352쪽

🐱 '성질' '본질' '질'은 각각 어떻게 다른 것이지?

🐶 이 개념들은 대체로 비슷비슷한 개념이지만, 아주 같지는 않아.
우선 '성질'은 어떤 사물과 다른 사물이 구분되는 점이 무엇인가
를 중시하는 개념이고, '본질'은 어떤 사물을 그 사물이게끔 하
는 가장 기본적이고 핵심적인 점이 무엇인가를 중시하는 개념이
지. 그리고 '질'은 '성질'과 '본질'을 통일시킨 개념이라고 보면
좋을 거야. 그러니까 어떤 사물의 '본질적 성질'이 바로 질이지.
이렇게 정의하니까 좀 어렵게 느껴지지? 예를 들어 보자.

이를테면 우리는 물의 '성질'에 대해 말하라면 유동적인 액체이
며, 표준기압에서는 100℃에서 끓고 따위를 꼽잖니? 이것은 다
른 사물과 구분되는 물의 성질이지.

반면에 물의 '본질'이라면 어떨까? 물의 본질은 바로 물을 물이게
끔 하는 가장 핵심적인 점을 생각해야 해. 똑같은 액체지만 물,
술, 석유, 염산 등등은 다 다르잖니? 그럼 물을 물이게끔 하는 것
은 뭘까? 산소와 수소로 이루어진 분자의 결합체라고 말할 수 있
겠지. 그리고 본질은 현상과 관련해서 쓰는 말이라고 말했지?

물의 '질'이라면, 물을 물이게끔 하는 동시에 다른 사물과는 구
분되는 점을 떠올려야 해. 그런데 물의 질을 딱히 "이것이다!" 하

고 규정하기는 어려워. 물의 질은 물의 본질과 성질을 망라한 전체이기 때문이지.

좀 어렵게 느껴지겠지만, 이치는 간단해. 이를테면 물의 본질인 물 분자의 결합만을 물의 질로 꼽을 수 있을까? 그렇지는 않지. 왜냐하면 얼음이나 수증기도 물 분자의 결합을 가지고 있으니까. 그렇다면 액체라는 물의 성질만을 물의 질이라 할 수 있을까? 이것도 그렇지는 않아. 왜냐하면 알코올이나 황산 같은 경우도 액체니까. 물의 질은 물의 본질과 성질을 합한 전체라고 봐야 해. 그리고 질은 양과의 관계를 나타내는 개념이니까, 언제나 양을 전제하고 써야만 해.

객관세계의 변화는 반드시 발전하기만 할까? 내가 보기에는 오히려 퇴보하는 면도 많은 듯싶은데. 이를테면 과학은 발전되었지만, 도리어 공해와 전쟁 등등 사회는 더 나빠졌잖아?

우리는 흔히 '발전'이라는 개념을 '사람에게 이로운 것'이라는 유용성을 척도로 삼아 따지기 쉬운데, 발전의 문제와 유용성의 문제는 달라.

유용성은 주관에 따라 달라질 수 있어. 이를테면 불량 식품은 그걸 만들어 판 사람의 돈벌이에 이롭고, 그걸 먹는 소비자한테는 해롭지. 또 동네에 골프장이 들어서도 "지역 발전이 이루어졌다."

라고 말하는 사람도 있고, "동네가 완전히 망가졌다!"라고 말하는 사람도 있잖니?

이처럼 유용성 같은 척도는 객관적이라기보다는 주관적이야. 발전은 유용성처럼 주관적인 것은 아니고 객관적인 변화를 나타내는 개념이야. 발전은 한 사물이 다른 사물로 질적 변화함을 뜻하는 거야.

만일 오늘날 객관세계의 발전이 인류 전체의 삶에 불리하게 작용하고 있느냐 유리하게 작용하고 있느냐의 문제로 따진다면, 네가 우려하고 있는 바가 사실일지도 몰라. 당장 공해와 핵전쟁만 해도 인류의 생존을 크게 위협하고 있잖니?

객관세계의 발전은 꼭 인류에게 이롭거나 나쁘거나 하지 않아. 그저 객관적으로 진행될 뿐이야. 그런 발전을 자신의 삶에 이롭게 이끄는 일은 바로 사람들 자신이 해야 할 일이야.

여섯 번째 이야기 **바른 인식이란 무엇인가**

내가 나비 꿈을
꾸는 걸까,
나비가 내 꿈을
꾸는 걸까?

인식이란 무엇인가

장자와 나비

장자가 어느 날 나비가 된 꿈을 꾸었는데, 자신을 그저 나비라고만 생각할 뿐 장자임을 모르고 이리저리 날아다녔대. 그러다 잠을 깨서야 자신이 장자임을 깨닫게 되었지. 곰곰 생각해 보니, 장자가 나비 꿈을 꾼 것인지, 나비가 장자 꿈을 꾸고 있는 것인지 알 수 없더라는 거야.

이건 너희도 잘 알고 있는 '장자의 나비 꿈' 또는 '호접지몽胡蝶之夢' 이야기야. 어떤 사람들은 이 이야기를 "이것인지 저것인지 분명한 것은 아무것도 없다." 식으로 엉뚱하게 써먹더라만, 그건 장자의 뜻을 완전히 왜곡한 거야. 장자는 어느 한쪽에 치우치지 않은 유연한 사고를 강조했을 뿐이야.

어쨌든 장자는 그런 꿈을 꿨다고 해서 고민할 필요는 전혀 없었어. 왜냐하면 꿈은 뇌를 가진 고등동물들에게만 일어나는 뇌 활동의 일종이므로 나비가 장자 꿈을 꿀 턱이 없겠지. 게다가 꿈은 시각 경험이 뇌에 반영된 일종의 심리적 영상이거든. 그러니 나비가 설사 꿈을 꿨다 해도 장자의 모습은 그저 잘게 부서진 거울에 비친 상처럼 괴상한 덩어리로 보였을 거야. 곤충들의 눈에는 사물들이 그런 모습으로 보이잖니?

물론 장자는 그저 비유로서 이야기한 것이니까, 구태여 그런 걸 따질 필요는 없겠지.

우리는 나비가 꽃에 앉거나, 마약 탐지견이 가방에 든 마약을 찾아내거나 하는 광경을 보고 "나비가 꽃을 인식했다." "개가 마약을 인식했다." 하고 말할 수는 없어. 동물들이 객관 사물을 반영하는 방법과 사람이 객관 사물을 반영하는 방법은 전혀 다르기 때문이지. 이 이야기는 두 번째 이야기에서 의식을 설명하며 했었지?

인식은 외부에 존재하는 객관적 실재들을 사람 의식에 능동적으로 반영하는 과정으로서, 지구에서는 오직 사람만이 가지고 있는 능력이야. "지구에 사람 말고 또 다른 고등 생명체가 있을지 어떻게 알아?" 하고 묻고 싶은 친구도 있을지 모르겠지만, 그거야 누가 알겠냐? 현재 알려진 바로는 그렇다는 뜻이지.

너희는 자칫 잘못 생각하면 인식이 백지에 도장 찍는 것처럼 새

겨지는 거라고 여기기 쉬워. 이를테면 꽃을 보면 꽃에 대한 인식이 생기고, 돌을 보면 돌에 대한 인식이 생기는 식으로 말이야. 하지만 이것은 사실과 달라.

만일 인식이 객관 사물을 우리 의식 속에 도장 찍듯 새기는 것이라면, 같은 사물에 대한 사람들의 인식은 모두 다 똑같아야 할 테지. 하지만 실제로는 그렇지 않잖아? 이를테면 같은 진달래꽃을 보고도 김소월 시인은 '민족의 한恨'을 떠올렸지만, 술꾼들은 두견주(진달래꽃으로 담근 술)를 떠올리며 군침을 삼킬지도 몰라. 이처럼 같은 사물에 대해 사람마다 다른 인식을 갖게 되는 까닭은, 사람의 인식이 객관 사물에 대한 '능동적 반영'이기 때문이야.

사람은 어떤 사물을 인식할 때 그저 인식하는 것이 아니라, 자기 경험에 비추어 인식하기 마련이야.

이를테면 "저것은 개다." 하고 인식하는 것은 언젠가 개에 대해서 듣거나 본 경험이 있기 때문이야. 개에 대해 한 번도 듣도 보도 못한 사람이라면 "저것은 괴상한 동물이다." 하고 인식할 테지. 김소월 시인이 진달래꽃을 '민족의 한'으로 인식한 것은 그런 한을 느낄 만한 경험이 있었기 때문이고, 술꾼들이 진달래꽃을 '술 담글 재료'로 인식한 것은 두견주를 맛본 경험이 있었기 때문일 테지.

말하자면 인식에 앞서 경험이 있었다고 할 수 있는 거야.

인식은 어떻게 생기는가

사람은 경험에 비추어 사물을 인식하고, 사물을 경험한 자체가 하나의 인식이야.

너희 앞에 빵이 있다고 하자. 너희는 빵을 본 적이 있으니까 그것이 빵임을 아는 것이고, 직접 먹어 보고는 '맛있다.' 또는 '맛없다.' 하고 인식하는 거야.

이처럼 먹어 보고 맛을 아는 게 가장 단순하고도 확실한 방법이지만, 그렇다고 꼭 직접 먹어 봐야만 맛을 알 수 있는 건 아니야. 친구가 어떤 식당을 가리키며 "어제 저 집 음식을 먹었는데, 정말 맛대가리가 없더라." 한다면, 너희는 아마 다른 식당에 가려 할 거야. 만일 너희가 다른 친구에게 또다시 "내 친구가 먹어 봤다는데, 저 집 음식은 맛이 없대." 하고 말한다면, 그 친구도 '저 집 음식은 맛이 없다.' 하고 인식하게 될 테지. 이처럼 너희는 남이 경험한 일에 도움을 받아 인식하기도 해.

또 과거의 다른 경험들을 유추해서 인식하는 경우도 있어.

이를테면 너희 앞에 거뭇거뭇하고 팅팅 불어 터진 음식이 있다고 해 봐. 너희는 아마 '맛대가리도 없게 생겼다.' 하고 인식할 테지. 이건 너희가 그동안 먹어 봤던 음식들을 유추하여 '이러저러하게 생긴 음식은 맛이 없더라.' 하고 인식한 거야.

이처럼 직접적이든 간접적이든 어떤 경우에도 경험 없이는 인식을 할 수가 없어.

현재 너희가 알고 있는 것들은 대부분 앞선 세대들이 경험으로 터득한 인식들을 받아들인 거야. 그러니까 간접적으로 터득한 인식들이지.

예를 들어 '불'에 대한 인식을 생각해 보자. 그리스신화에는 프로메테우스라는 거인이 신의 나라에서 불을 몰래 훔쳐서 사람들에게 갖다 줬다고 말하고 있지만, 그건 신화일 따름이고, 진짜 프로메테우스는 바로 수십만 년 전의 원시 조상들이었지. 원시 조상들이 불의 사용법을 알게 되기까지는, 간단한 도구 사용의 시기로부터 따져도 10만 년 이상이 걸렸어. 물론 이렇게도 해 보고 저렇게도 해 보다가 불의 사용법을 알게 됐을 테지.

하지만 오늘날 어린이는 간단한 도움말 몇 마디와 서너 차례 시도만 해 보면 불의 사용법을 알게 되잖아? 간접경험으로 수십만 년이 한꺼번에 줄어든 셈이지.

너희가 이렇게 간접경험의 혜택을 듬뿍 받을 수 있는 것은, 앞선 세대들이 직접 몸을 부딪쳐 이런저런 지식들을 터득했기 때문이고, 또 그런 지식들을 대물림할 수 있는 사회가 있기 때문에 가능

한 거야.

'독버섯을 먹으면 죽는다'는 사실을 알게 되기까지 얼마나 많은 사람들이 독버섯을 먹고 죽어 갔겠니? 다른 사람이 죽는 모습을 보고 '음, 이러저러하게 생긴 버섯은 먹지 말아야겠구나.' 하는 인식을 갖게 되었을 테지.

너희 인식은 아무리 작은 것이라도 사회적으로만 형성되기 마련이야. 너희가 어떤 음식을 먹고 "맛있다."라고 한 것은 완전히 혼자 터득한 인식 같지만, 그에 앞서 너희 입맛을 길들인 사회가 있었어. 일설에 따르면, 사람은 이미 갓난아기 때부터 젖을 통해 어머니가 즐겨 먹는 음식에 길들여진다고 하더구나. 어머니가 먹은 음식이란 물론 그 사회의 식생활에 따른 것이겠지. 그래서 "김치 안 먹고는 못 살겠다." 하는 말들도 나오는 것이지.

너희는 저마다 개인적으로 인식하지만, 그것은 사회적으로 형성된 인식들을 바탕으로 해서만 생겨. 그리고 사회적으로 형성된 인식이란, 앞선 세대 누군가가 직접적인 실천을 통해 터득한 지식들의 총합이겠지.

모든 인식의 어버이인 실천

사람 행동은 사슴보다 느리고, 사람 힘은 소보다 약해. 하지만 사람은 어느 동물보다 빨리 달릴 수 있는 탈것을 만들고, 어느 동물보다 힘센 기계를 만들어 내잖니? 이것이 사람 행동의 특징이야.

사람의 모든 행동은 목적의식적이야. 이처럼 **사람이 자연·사회 따위의 대상에 대해 하는 목적의식적인 행동**을 **실천**이라고 해. 재채기를 하거나 하품을 하는 따위의 본능적인 행동을 제외한 사람의 행위·활동 모두는 실천이야.

너희는 학교에 가거나, 가게에 물건을 사러 가거나, 이성 친구에게 편지를 쓰는 행동을 그저 하지는 않고, 일정한 목적의식을 갖고 하잖니? 이것은 일상생활에서 나타나는 실천이야.

이런 여러 실천 가운데 가장 바탕이 되는 것은 물질적 생산 활동이야. 동물들의 행동을 보면 먹이 구하는 일로 대부분의 시간을 보내잖니? 사람이라고 해서 거기서 크게 벗어난 것은 아니야. 다만 사람은 먹이 구하는 일도 사회적으로 하기 때문에 다른 동물들보다 좀 더 효율적일 수 있는 것이지.

이를테면 호랑이가 자갈을 주워 먹고 사는 건 있을 수 없는 일이지만, 사람은 자갈을 줍는 것으로도 먹고살 수 있단 말이야. 자갈

채취장 같은 데에서 일하면 되니까.

사람은 사회적인 협업·분업을 통해 자연으로부터 자신의 생명 유지를 위한 물질적 재화들을 얻어 오는데, 이를 **생산**이라고 하잖니? 그리고 이런 생산 활동을 일컬어 **노동**이라고 해.

공장노동자들이 제품을 만들고, 농부가 농사를 짓고, 어부가 고기를 낚고, 광부가 석탄을 캐는 따위의 직접적인 생산 활동뿐 아니라, 선생님들의 교육, 간호사나 의사의 진료 행위, 예술가들의 창작 활동, 학자들의 연구 따위도 생산 활동을 간접적으로 돕는 노동이지.

물질적 생산 활동은 사회를 유지하고 개인이 살아가는 데에 바탕이 될 뿐 아니라, 여러 사회적·개인적 실천에 필요와 목적을 주기도 해. 크리스토퍼 콜럼버스가 인도를 찾아 항해에 나선 것은 모험심도 있었겠지만, 더 큰 이유는 유황과 향료 따위를 구할 목적 때문이었지. 또 너희가 공부를 하는 까닭은 인격 수양을 위해서이기도 하지만, 장래에 이런저런 직업을 갖고 밥벌이와 사회생활을 하려는 뚜렷한 목적이 있잖니?

역사적으로 보아도 모든 과학적 인식은 실천적 필요에 따라 생겨나고 발달해 왔어. 기하학은 강이 범람한 뒤의 농경지를 정확히 나누기 위한 필요 때문에, 천문학은 바다나 들판에 갈 때 행선지를 가늠하기 위한 필요 때문에 발달했지. 철학도 그저 뜬구름 잡는 소리가 아니라, 세상을 잘 살아가거나 사회를 잘 이끌어 나가는 데에 정확한 인식이 필요했기 때문에 발달했던 거야. 정치적으로 혼란한 시기일수록 뛰어난 철학자들이 많이 나왔다는 사실만 봐도 철학이 얼마나 실천적인 학문인지 짐작할 수 있을 거야.

그런데 사회가 점점 발달하고 복잡해질수록 실천과 인식은 점점 무관해지는 듯한 착각이 생기기 쉬워. 학자나 지식인들은 연구실에서 책만 읽는데도 다른 사람들보다 더 정확하고 자세한 인식을 갖고 있기도 하잖니? 이런 것을 보면 자칫 인식은 실천에서 나오는 것이 아니라, 인식 자체에서 나오는 것처럼 생각하기 쉽지.

앞에서 말했듯, 사람은 모든 인식을 직접적인 실천으로만 터득할 수는 없어. 오히려 앞선 세대가 터득한 인식을 간접적으로 받아들이는 경우가 더 많아. 사회적인 실천 성과들이 쌓이고 발전할수록 사람이 받아들일 수 있는 간접경험의 폭과 깊이도 점점 더 커지기 마련이야.

이를테면 라이트형제가 첫 비행에 성공한 이후 제트엔진을 단 비행기가 나오기까지 36년의 세월이 걸렸어. 그로부터 초음속 비행기가 나오기까지 29년이 걸렸으며, 그로부터 우주왕복선이 나오기까지 고작 13년이 걸렸어. 이렇게 과학기술이 진보하는 기간이 점점 짧아지는 까닭은, 앞선 세대가 실천으로 터득한 인식이 쌓여 다음 실천을 점점 가속시키기 때문이야.

너희는 어쩌면 1년만 열심히 책을 읽으면 비행기에 관한 거의 대부분을 알게 될지도 몰라. 그렇다고 해서 비행기에 관한 인식이 인식 자체에서 생기는 것은 아니고, 라이트형제를 비롯한 앞선 사람들의 실천을 받아들임으로써 생기는 것이지.

실천과 인식이 점점 무관해지는 듯이 보이는 현상은 단지 간접적으로 터득할 수 있는 인식이 점점 많아진다는 뜻이지 실천과 인식 자체가 점점 무관해진다는 뜻은 아니야.

직접적인 실천은 가장 확실하고 정확한 인식이야. 하지만 너희는 모든 것을 직접적인 실천으로만 인식할 수는 없고, 많은 부분을 간접경험의 도움을 받아야만 해.

이를테면 독버섯을 먹으면 죽는다는 말을 듣고도 "그걸 어떻게 믿어? 내가 직접 먹어 봐야 믿을 수 있어." 하고 직접 먹어 본다면 어리석은 짓 아니겠어?

그런데 이런 어리석은 사람들이 뜻밖에 많더구나. 지구온난화나 사막화, 이상기후 같은 환경 변화로 조만간 세계적인 대재앙이 오리라 과학자들이 계속 경고하는데도, 많은 사람들이 "그걸 어떻게 알아? 닥쳐 봐야 아는 거지." 하고 살고 있잖니? 하지만 닥쳤을 때에는 이미 알아도 소용없는 때일 테지.

그렇다고 간접경험만으로 모든 것을 해결하려 들어서도 곤란해. 너희가 책이나 매스컴, 대화 따위를 통해 받아들이는 간접경험은 중요하지만 한계가 있을 수밖에 없어.

"두 다리 건너면 멸치가 고래 된다."라는 속담처럼 간접적인 경험은 부정확한 경우가 많아. 또 "안방에 가면 시어머니 말이 옳고, 부엌에 가면 며느리 말이 옳다."라는 속담처럼 경험을 전하는 사람의 입장에 따라 사실이 달라질 수도 있어. 때문에 너희가 간접경험에 의존할 때에는 늘 주의를 기울여야만 해. 그리고 정 불확실한 것은 직접적인 실천으로 확인해야겠지.

인식의 여러 형태들

감각적 인식과 이성적 인식

비 오는 날에 너희는 천둥소리를 듣고, 번쩍거리는 번개도 보고, 때로는 벼락이 내리치는 광경도 볼 수 있을 거야. 옛날 사람들도 이런 현상을 듣고 보곤 했지만 어째서 이런 현상이 일어나는지는 알지 못했어. 하늘 도깨비가 두드리는 북소리라고 생각하기도 했고, 용들이 하늘에서 싸우고 있다고 생각하기도 했고, 신이 노여워 하는 것이라고 생각하기도 했지. 하지만 오늘날 너희는 이것이 구름 속에 들어 있는 양전하와 음전하가 충돌하여 생기는 방전 현상임을 잘 알고 있을 거야.

너희는 천둥, 번개, 벼락들을 듣고 보며 그 속에서 보이지 않는 전하 작용까지 생각하고 있는 셈이야. 이때 너희는 천둥소리, 번개의 번쩍임, 벼락 떨어지는 소리 따위를 감각으로 인식하는 한편, 보이지 않는 전하 작용을 이성으로 인식하는 거야.

크게 나누면 인식에는 이렇게 감각적 인식과 이성적 인식이 있어.

감각적 인식은 시각, 청각, 후각, 촉각, 미각 등의 감각기관을 통해 받아들이는 직접적인 인식이고, **이성적 인식**은 감각기관을 통해 받아들이는 정보를 분석하고 판단하고 사고하는 등등의 인식이야. 이런 인식들이 어떤 다양한 형태를 갖고 있는지 살펴보자꾸나.

감각적 인식의 여러 형태들

감각적 인식의 대표적인 형태로는 감각, 지각, 표상이 있어.

너희는 일상생활에서 여러 객관 사물들을 대하며 그 사물이 희다든가 붉다든가, 또는 차갑다든가 뜨겁다든가 하는 느낌을 갖게 될 거야. 그건 그 사물이 감각기관에 작용해 뇌에 각 느낌에 해당하는 관념(희다, 붉다, 차갑다 뜨겁다 따위)이 생기기 때문이야. 이것을 **감각**이라고 해.

감각은 색깔, 온도, 크기, 질감, 형체 등등과 같은 사물의 개별적인 속성들이 사람 의식에 직접 반영된 것으로 감각적 인식의 가장 초보적인 형태야.

사물의 개별적인 속성을 반영한 감각들은 두뇌에서 서로 결합하여 그 사물 전체에 대한 관념을 만드는데, 이것을 **지각**이라고 해.

너희는 '붉다'라는 감각만으로는 그 사물이 사과인지 꽃인지 토마토인지 구분할 수 없을 거야. 모양, 향기, 질감 따위의 여러 개별적인 감각 정보를 모아 사물 전체를 인식해서 사과와 꽃과 토마토를 구분할 수 있는 것이지. 이처럼 지각은 사물의 여러 특징들을 연관지어 전체적으로 반영한 감각적 인식이야. 그래서 지각은 감각에 근거하지만, 감각보다는 높은 단계의 인식이야.

또 너희는 한번 지각된 사물을 두뇌에서 재생하고 재현할 수 있을 거야.

공포 영화를 보고 난 뒤 무서운 장면들이 자꾸 떠오르게 된다거나, 오랫동안 보지 못한 친구의 모습을 떠올릴 수 있다거나 하는 식이지. 이렇게 지각된 사물들이 머릿속에서 재생되고 재현되는 것을 **표상**이라고 해.

표상이 있어야 사물에 대한 인상을 머릿속에 기억하고, 다음에 그 사물을 다시 대했을 때 알아차리고 비교하는 일이 가능해지는 거야. 표상은 지각에 근거하지만, 지각보다 높은 단계의 감각적 인식 형태야.

감각에서 지각으로, 지각에서 표상으로 발전하는 것처럼 사람의 인식은 구체적인 것에 대한 인식에서 추상적인 것에 대한 인식으로, 직접적인 인식에서 간접적인 인식으로 발전해 나가는 거야.

하지만 인식의 전체 과정에서 볼 때, 감각·지각·표상은 모두 객관 사물을 직접 반영한 감각적 인식들에 불과하며 초보적인 인식 형태들이야.

이성적 인식의 여러 형태들

감각적 인식이 객관 사물의 현상과 개별적인 특성을 반영하는 것이라면, 이성적 인식은 본질과 보편적인 특성을 반영하는 인식 형태라 할 수 있어. 물론 이성적 인식은 감각적 인식의 바탕 위에서만 가능하지만, 감각적 인식에서 질적으로 발전한 인식이야.

이성적 인식의 대표적인 형태로는 개념, 판단, 추리가 있어.

개념은 '산' '바다' '학교' '사회' 따위처럼 주로 낱말의 형식으로 표현되는 이성적 인식의 가장 기본적인 형태야. 개념은 낱말로 표현되기는 하지만, 낱말이 곧 개념이라고 생각하면 안 돼. 이를테면 고양이를 미국 사람은 Cat, 프랑스 사람은 Chat, 독일 사람은 Katze, 일본 사람은 ねこ라고 하지만, 그 사람들은 머릿속에 똑같은 동물을 떠올리고 있는 거야.

개념은 사물의 구체적이고 다양한 모든 면을 나타내는 것이 아니라, 보편적이고 본질적인 면만을 개괄적으로 나타내지. 예를 들어 '고양이'라는 개념을 생각해 보자. 너희는 "저것은 고양이다." 하는 말만 듣고는 그 고양이의 주인·종류·이름·색깔·크기 따위의 정보를 알 수 없을 거야. '고양이'라는 개념이 너희에게 알려 주는 것은 모든 고양이들이 공통적으로 가지고 있는 보편적이고 본질적인 특징들이지.

한편, 개념의 뜻을 정하는 일을 **정의**라고 해. 너희도 수학 시간에 '삼각형의 정의' 같은 말을 들어 봤지? 정의는 대상을 가장 명확하게 규정지을 수 있어야 해. 이를테면 고양이의 개념을 '야옹 하고 우는 동물' 식으로 정의하면 곤란하다는 얘기야. 백과사전 같은 데에 보면 그 항목 제일 앞부분에 "식육목 고양잇과 동물의 총칭." 식으로 적힌 말이 있는데, 대체로 이런 것들이 정의야.

판단은 '객관 사물들의 연관'을 반영하는 인식 형태로 개념들의 결합으로 이루어지지.

이를테면 '소는 개보다 크다.'라는 판단은 '소' '개' '크다'는 개념들을 결합하여 이들 간에 어떤 연관이 있는가를 나타내는 거야. 개념이 주로 '단어'로 표현된다면, 판단은 '문장'으로 표현된다고 할 수 있어.

판단은 개념들의 결합이기 때문에 개념이 정확하지 못하면 판단 또한 정확하지 못하게 되고 말아. 예들 들어 미국이 이라크를 침공하고 우리 정부에 병력 지원을 요구하자 어떤 국회의원들은 "국익을 위해 파병해야 한다."고 주장하더구나. 그런데 대체 '국익'이 뭔지 막연하니까, 왜 파병해야 하는지도 설득력이 없단 말이야. 그래서 이런 주장을 할 때에는 개념부터 명확히 정의해 줘야 해. "국익이란 전쟁터에 빌붙어 뜯어내는 개평을 뜻한다." 하는 식으로라도 말이야.

추리는 기존의 판단들을 통해 새로운 판단을 이끌어 내는 인식 형태야. 예컨대 탐정이 '범행 시간에 개똥이의 알리바이가 성립되지 않는다.' '범죄 현장에서 개똥이의 지문이 발견되었다.' '신문배달원이 개똥이의 범행 장면을 목격하였다.' 따위의 전제된 판단을 근거로 '개똥이는 범인이다.'라는 새로운 판단을 이끌어 내는 식이지.

너희는 '갑순이는 그제 아침에도, 어제 아침에도, 오늘 아침에도 빵집 앞을 지나갔다.'라는 판단을 근거로 '음, 갑순이는 아침마다 빵집 앞을 지나가는군.'이라고 추리할 수도 있고, '갑순이는 아침마다 빵집 앞을 지나간다.' 하는 판단을 통해 '음, 갑순이는 내일

아침에도 빵집 앞을 지나가겠군.'이라고 추리할 수 있지. 앞의 경우처럼 개별적인 판단에서 보편적인 판단을 이끌어 내는 것을 **귀납추리**라고 하고, 뒤의 경우처럼 보편적인 판단에서 개별적인 판단을 이끌어 내는 것을 **연역추리**라고 해.

너희는 이런 추리를 통해 다음 날 아침 재빨리 빵집 앞에 가서 갑순이를 기다리고 있을 수 있겠지. 물론 이 추리가 맞을 수도 있고, 틀릴 수도 있겠지만 말이야.

정확한 개념에서 정확한 판단이 나오듯, 정확한 추리는 정확한 판단에서 나오는 거야. 이를테면 빵집 앞에 가서 아무리 기다려도 갑순이가 나타나지 않는다면, 너희는 '갑순이는 아침마다 늘 빵집 앞을 지나간다.'라는 판단이 정확하지 않았음을 깨닫게 될 테지.

감각적 인식에서 이성적 인식으로

지금까지 감각적 인식과 이성적 인식의 여러 형태들을 살펴보았지만, 이 두 인식은 서로 긴밀한 연관을 갖고 거의 동시에 작용하게 돼.

컴퓨터도 하드디스크에 프로그램을 깔고 뭔가 입력을 해 줘야 제대로 작동하잖니? 사람 뇌가 하드디스크처럼 단순한 것은 아니지만, 어쨌든 여기에도 정보를 입력해 줘야 제대로 작동한다는 점에서는 마찬가지지. 사람 뇌가 아무리 뛰어나다고 해도 아무런 정보를 입력시키지 않는다면 그저 고깃덩어리에 불과할 뿐이야. 컴퓨터의 입력 도구가 키보드, 마우스, 스캐너, 마이크 등등이라면, 사람 뇌의 입력 도구는 감각기관이라고 할 수 있겠지.

사람 뇌는 감각기관을 통해 수많은 외부 정보들을 받아들이는데, 거의 70%가 시각 정보라고 하더구나. 그러나 뇌는 컴퓨터 하드디스크처럼 그저 정보를 저장만 하는 것은 아니고, 분석하고 검토하고 종합해서 나름의 새로운 체계로 저장하는데, 그것이 바로 인식이야.

감각적 인식은 이성적 인식에 이르는 창구이자 통로야. 사람은 감각적 인식을 통해서만 객관세계를 반영해 인식을 가질 수 있어. 그런 의미에서 감각적 인식은 인식의 시작이며 출발점이라고 할 수도 있지.

미국의 사회사업가 헬렌 켈러의 경우도 이를 잘 보여 주더구나. 헬렌 켈러는 태어난 지 19개월 되던 무렵에 열병을 앓은 뒤, 듣지도 보지도 말하지도 못하는 장애를 갖게 되었어. 그래서 소녀가 되어서까지 야수처럼 살았대. 그때 설리번이라는 가정교사가 헬렌 켈러에게 촉각을 통해 외부 사물을 인식하도록 특수교육을 시켰고, 그 결과 헬렌 켈러는 비로소 이성적 인식을 갖게 되었다더구나. 만일 헬렌 켈러가 촉각의 도움조차 받을 수 없었더라면 영영 이성적 인식을 갖지 못했을 거야.

물론 사람의 감각은 한계가 있어. 매만큼 멀리 볼 수 없고, 올빼미만큼 잘 들을 수 없고, 개만큼 예민한 후각을 갖고 있지 않으며, 돌고래나 박쥐처럼 특수한 음파를 감지할 수 있는 감각기관을 가지고 있지도 않아. 게다가 착시나 환청 같은 경우처럼 감각은 때로 부정확한 정보를 주기까지 해.

하지만 이런 경우를 들어 "사람은 어차피 모든 걸 다 인식할 수는 없다." 식으로 부정적으로 생각할 필요는 없어. 한계가 있는 것은 사람의 감각기관일 뿐 인식 자체는 아니거든.

사람의 시각은 매만큼 멀리 볼 수 없지만 천체망원경을 통해 우주도 관측할 수 있고, 사람의 청각은 올빼미만큼 잘 들을 수 없어도 무선통신으로 지구 반대편에 있는 사람하고도 대화를 나눌 수 있잖니? 게다가 적외선탐지기로 눈에 안 보이는 빛도 탐지할 수 있고, 전자현미경으로 미립자의 세계도 관찰할 수 있고, 초음파 검사기로 땅속이나 바닷속도 관측할 수 있지.

말하자면, 사람들은 감각기관을 보조할 수 있는 도구를 개발해

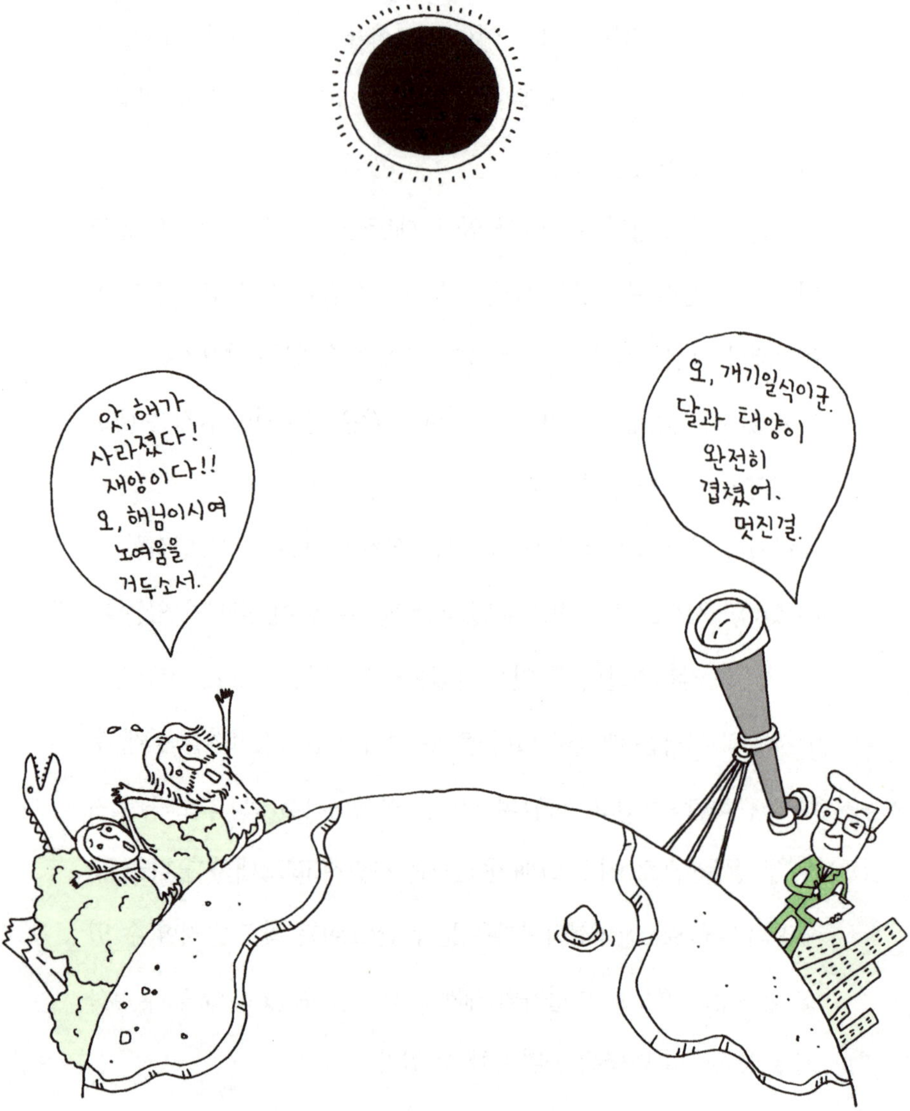

사람이 인식할 수 있는 범위를 점점 늘려 나가는 것이지.

옛날 과학자들은 태양계에 존재하는 행성은 토성까지밖에 없다고 믿었지만, 너희는 그 바깥쪽에 천왕성, 해왕성, 명왕성도 있다는 사실도 알잖니? 지금 광학 기술로는 명왕성까지 관측할 수 있지만, 또 새로운 관측 기술이 발명되면 그 바깥쪽에 또 다른 행성이 있을지도 모르지.

이처럼 인식의 한계는 현재 조건에서의 한계일 뿐이지, 사람이 인식할 수 있는 범위는 사실상 무한하다고 볼 수 있어. 그건 사람의 인식이 '알고 있는 것'을 토대로 '모르는 것'으로 끊임없이 새로운 인식들을 창조해 나가기 때문인 거야.

이성적 인식의 창조적인 형태들

사람의 인식은 창조적이어서, 현재 존재하지 않는 것들까지 인식할 수 있어. 인식의 이런 창조적인 형태로 가정, 추측, 가설, 직관, 상상 따위가 있어.

가정은 말 그대로 **가**짜로 **정**해 놓은 판단이야. 일상생활에서도 "네 말이 사실이라면 정말 큰일이구나." 식의 말을 많이 쓰잖니?

여기서 '네 말이 사실이라면'은 '네 말이 사실인지 아닌지는 모르지만, 일단 사실이라고 가정하면'이라는 뜻이겠지.

"만일 범인이 승강기로 올라왔다고 가정하면, 무인 카메라에 찍혔을 것이다. 그러나 범행 시각에 무인 카메라에는 아무도 찍히지 않았다. 따라서 범인은 계단으로 올라온 게 틀림없다."

이런 추리처럼 가정은 불확실한 판단에서 새로운 판단을 끌어내는 인식이야. '만일 내일 비가 온다면' '만일 환경 파괴가 이대로 계속된다면' '만일 내가 어른이 된다면' 등등 일상생활에서 너희도 여러 가지 가정들을 많이 하잖니?

추측은 알고 있는 사실들에서 새로운 판단을 끌어내는 추리와는 달리, 불확실한 판단을 미리 꺼내는 인식 형태야.

이를테면 추리는 '이러저러한 증거들로 보아, 개똥이는 범인이다.' 하는 판단을 끌어내지만, 추측은 '(뚜렷한 증거는 없지만) 개똥이가 범인일지 모른다. 그렇다면 개똥이를 잘 감시해야겠다.' 식으로 판단을 끌어내지. 물론 추측은 참일 가능성도 있고 거짓일 가능성도 있는 만큼 신중하게 사용해야 해. 그저 편견을 근거로 죄 없는 사람을 범인으로 몰아붙이면 곤란하잖니?

가설은 기존의 사실들과 가정·추측을 결합하여 체계를 갖춘 '근거 있는' 이성적 인식 형태야.

이를테면 공룡이 멸종된 이유에 대해서는 아무도 모르잖니? 그래서 과학자들은 "지구에 거대한 운석이 충돌해 기온 변화가 일어났기 때문이다." "지각변동으로 해수면 높이가 달라졌기 때문이다." "작은 포유류들이 공룡알을 계속 먹어 치웠기 때문이다." "식물계에 독초가 번식해 중독되어 죽었다." 등등 여러 가지 이론을 내세우는데, 이런 것들이 바로 가설이야.

가설은 '어쩌면 공룡들이 사이비 종교에 속아 집단 자살을 했을지도 몰라.' 식의 막연한 추측과는 달라. 여러 믿을 만한 근거와 자료를 이용해 체계화시킨 추측이지.

추측과 가설은 비록 창조적인 인식 형태이기는 하지만, 일정한 근거를 가지고 있는 한 머지않아 현실적인 판단·이론으로 바뀔 수 있어. 그건 물론 그 추측과 가설이 얼마나 정확한 현실적 근거를 갖고 있느냐에 따른 것이지.

직관은 비약적인 형태로 일어나는 인식이야. 일상에서 흔히 쓰는 '아이디어'나 '영감' 같은 것도 직관이야. 또 노련한 선생님은 학생 표정만 보고도 '음, 저 녀석 숙제를 안 해 왔구나.' 하고 직관적으로 알아차릴지도 모르지. 이렇게 다른 사고 과정을 거치지 않고 곧바로 일어나는 인식 형태를 직관이라고 해.

직관은 너무 비약적이어서 느닷없는 것처럼 보이지만, 사실은 이런 직관이 나타나는 것도 끊임없는 실천에 따른 것이야. 고대 그리스 과학자 아르키메데스는 욕조에 들어갔다가 물이 넘치는 것을 보고 번쩍 영감이 떠올라 '아르키메데스의 원리'를 발견했다지만, 욕조에 들어가 본 사람이 어디 아르키메데스 한 명뿐이겠냐? 그런데 오직 아르키메데스만 이 원리를 발견한 것은 그만큼 그가 연구에 몰두하고 있었기 때문일 테지.

그래서 미국의 발명가 에디슨은 "발명은 99%의 노력과 1%의 영감으로 이루어진다."라는 유명한 말을 하기도 했어.

상상은 가장 창조적인 인식 형태야. 상상은 객관 사물이나 그 사물의 성질들을 관념 속에서 임의로 연관시키고 재구성하는 독특한 인식 형태야. 사람들은 상상을 통해 존재하는 것과 존재하지 않는 것, 감각적 인식과 이성적 인식을 결합시키곤 하지.

상상이라면 예술에나 필요한 것으로 여기기 쉽지만, 사람의 창조적 활동의 모든 영역에 빠질 수 없는 요소야. 그래서 물리학자 알베르트 아인슈타인은 "상상은 지식보다 중요하다. 지식은 제한되어 있지만 상상은 세계 전체로 뻗어 나가며 발전을 촉진시킨다."라며 상상력 예찬까지 했다고 하더구나.

이런 의미에서 지식 주입식 교육을 '상상력을 고갈시키는 교육'이라고도 하잖니? 이런 교육은 지식을 그저 받아들이게만 하고 창조적인 생각을 할 기회를 안 주니, 그런 말을 하는 것일 테지.

하지만 상상이 아무리 무제한적이어도 그건 결국 현실에 뿌리를 두고 있기 마련이야. 이를테면 용과 같은 상상의 동물도 결국은 현실에 존재하는 동물들의 여러 속성들을 연관시킨 것이지. 사슴뿔, 뱀 몸통, 독수리 발톱, 물고기 비늘 식으로 말이야.

그러니 현실에 뿌리를 둔 상상과 현실의 뿌리를 잃어버린 '망상' 과는 구분되어야 해. 상상은 현실을 발전시키지만, 망상은 현실을 파탄시키고 사람을 정신 분열자로 만들기 십상이지. "거울아, 거울아! 내가 세상에서 제일 예쁘지?" 하는 '공주병'도 일종의 과대망상 아닐까?

지금까지 살펴본 것들은 현재 있는 것들에 대한 인식을 뛰어넘어 새로운 것에 대한 인식을 창조하는 '창조적 인식 형태'들이었어.

이런 인식 형태들은 때로는 너무 창조적이어서 자칫 '천부적인 능력' 심지어는 '신의 선물'로까지 미화되기 쉬워. 물론 현실에서는 창조적 인식 능력에 있어서 이른바 '천재적인' 사람들이 있는 것도 사실이야. 하지만 이런 능력은 몇몇 '천재'들만의 소유물은 아니고, 문제는 그것을 얼마만큼 개발하고 노력하느냐에 달렸을 뿐일 테지.

바른 인식인 진리

진리란 무엇인가

앞에서 말했듯, 사람의 인식은 객관 사물을 도장 찍듯 곧이곧대로 반영하지는 않아. 때문에 똑같은 문제에 대해서도 여러 상반된 인식들이 존재하게 되는 거야. 같은 진달래꽃을 보고도 김소월은 '민족의 한'으로 인식하지만, 술꾼들은 '술 담글 재료'로 인식하는 것처럼 말이야.

때문에 너희는 "안방에 가면 시어머니 말이 옳고, 부엌에 가면 며느리 말이 옳다."라는 속담처럼 어떤 인식이 옳은지 판단을 못해 쩔쩔매는 수도 생길 거야. 어떤 사람들은 심지어 "이 말도 옳고, 저 말도 옳다."는 식으로 너그러운 체하기도 하지만, 사실 이것은 너그러운 게 아니라 무엇이 옳은지 판단을 못 하는 것일 따름이야.

"그렇다면 도대체 '바른 인식'이란 무엇일까?" 너희는 때때로 이런 고민을 할지 몰라. 앞서도 말했듯, 인식이란 외부에 존재하는 객관적 실재를 사람 의식에 능동적으로 반영하는 작용이야. 때문에 바른 인식은 '객관적 실재를 사람 의식에 얼마나 정확히 반영하는가'에 달려 있기 마련이야.

너희는 아마 어릴 때 밤에 빨래가 펄럭이는 것을 보고 '귀신이 나타났다.'고 생각한 경험이 있을지 몰라. 이 경우 빨래를 귀신이라고 인식한 것은 실재와 일치하지 않는 인식이고, 빨래를 빨래라고 인식한 것이 실재와 일치한 인식이지.

이렇게 인식 대상과 인식을 일치시키는 것을 **진리**(또는 참)라 하고, 다른 것을 **거짓**이라고 해.

진리는 주관적이 아니라, 어디까지나 객관적이야. 고대 그리스의 철학자 아리스토텔레스는 진리의 객관성을 이렇게 비유해 설명했어.

우리가 네 살갗이 희다고 옳게 인식했기 때문에 네 살갗이 흰 것은 아니다. 네 살갗이 희기 때문에 우리는 '네 살갗이 희다.'고 옳게 인식하는 것이다.

이것은 아주 당연한 말이지만, 종종 이와 반대로 생각하는 사람도 없지는 않아. 이를테면 '내가 옳다고 믿는 것이 곧 진리다.'라고 생각하는 사람들도 많잖니? 물론 그 사람이 그렇게 믿는 것이야 자유지만, 혼자 그렇게 믿는다고 남들이 알아주겠냐? 아무도 안 알아주니까 공연히 독불장군 취급당하기도 하고, 억지를 쓰기도 하고, 심지어는 폭력까지 휘두르게 되는 것이지.

진리는 주관적이 아니라 객관적이며, 객관적인 까닭에 하나의 인식에 관한 한 오직 하나의 진리만이 존재하는 거야.

때때로 두 개의 진리가 존재하는 것처럼 보이는 경우도 있을 거야. 이를테면 '불은 뜨겁다'와 '불은 나무를 태운다'라는 인식은 모두 진리지. 이런 경우를 보면 마치 진리가 여러 개인 것처럼 보이잖아? 그래서 심지어 어떤 사람들은 "진리가 하나라고 주장하는 것은 편협한 생각이다."며 진리 자체를 부정하는 논리도 펴더구나.

하지만 이것은 하나의 인식에 두 개의 진리가 존재하는 것이 아니라, 두 개의 인식이기 때문에 두 개의 진리가 존재할 수밖에 없는 거야. 즉, '불은 뜨거운가, 그렇지 않은가' '불은 나무를 태우는가, 그렇지 않은가' 하는 두 개의 인식에 대한 각각의 진리인 것이지.

"안방에 가면 시어머니 말이 옳고, 부엌에 가면 며느리 말이 옳다."라는 속담의 경우도 마찬가지야. 사실 시어머니 말도 옳고, 며느리 말도 옳은 경우도 많잖니? 하지만 이 경우도 "둘 다 옳다!" 하기보다는 서로 다른 인식들로 구분을 해 줘야 해. "시어머니 말

은 이런저런 점에서 옳지만 요런조런 점에서는 틀리고, 며느리 말
은 요런조런 점에서 옳지만 이런저런 점에서는 틀리다." 하는 식으
로 말이야.

하나의 인식에 대해서는 오직 하나의 진리밖에는 존재하지 않
아. 때문에 진리를 파악하는 일도 가능한 거야.

상대적 진리에서 절대적 진리로

그렇다면 사람은 어떤 사물의 전모를 완벽하게 인식할 수 있을
까? 사람의 인식 능력은 무한한 것이므로, 원리적으로는 그렇다고
할 수 있어. 하지만 현실적으로는 그렇지 못해.

앞의 여러 곳에서 말했듯, 모든 객관 사물들은 다른 사물들과
다양한 연관을 맺고 무궁무진하게 변화·발전하고 있어. 그런데 사
람의 인식은 객관 사물들의 변화·발전을 모조리 반영하는 것이 아
니라, 일정한 조건 속에서 제한적으로 반영할 수밖에 없어.

예컨대 옛날 원시인들도 '불은 뜨겁고, 나무를 태운다'는 정도
의 인식은 가지고 있었겠지. 이것도 실제 사실과 일치하는 진리야.
하지만 이 정도로 불의 전모를 인식했다고 할 수는 없어.

과학이 발전한 오늘날 사람들은 불에 관해 원시인들보다 훨씬 더 많은 성질들을 알게 되었어. 그렇다면 인류는 이제 "불에 대해 모든 것을 인식했다."라고 선포할 수 있지 않을까? 하지만 그건 오만이야. 과학이 더 발전한 미래에는 불에 관한 더욱 새로운 성질들이 발견될 수 있고, 그에 따라 불에 대해 훨씬 더 완벽한 인식에 도달하게 될 거야.

원시인들이 갖고 있던 '불은 뜨겁다' '불은 나무를 태운다'는 인식이나, 오늘날 너희가 갖고 있는 '불은 열에너지를 방출한다'는 등의 인식은 모두 하나의 진리지. 하지만 이런 진리는 당대의 과학 발전의 일정한 수준에서 갖게 된 불의 여러 부분적 성질들에 대한 진리일 뿐 불에 대한 완벽한 진리는 아니야.

어떤 대상에 대한 완벽한 진리를 **절대적 진리**라 하고, 일정한 사회적·역사적 발전 수준에서 파악된 부분에 대한 진리를 **상대적 진리**라고 해.

불의 부분적 성질들에 대한 이러저러한 진리들을 통해 점점 불의 모든 속성에 대한 진리가 완성돼 가듯, 진리는 앞 시대에서 획득한 상대적 진리를 다음 시대에서 계승하며 점점 절대적 진리에 가까워져 가는 거야. 그렇다면 어느 순간인가에 마침내 절대적 진리를 성취할 날이 오지 않을까? 그렇지는 않아. 사람은 절대적 진리에 더 가까워질 수는 있어도 결코 절대적 진리에 도달할 수는 없어.

좀 모호하게 들리겠지만 따지고 보면 당연한 이치야. 만일 사람이 절대적 진리에 도달하는 순간이 있다면 그 순간 인식은 더 발전하지 않고 정지하고 말 테지. 그런데 객관세계가 끊임없이 발전하는데 그것을 반영하는 인식이 정지한다는 것은 있을 수 없는 일이 잖니? 때문에 객관세계가 끊임없이 발전하는 만큼 사람의 인식 또한 진리를 향해 끊임없이 발전해 나가는 것이지.

그렇다면 너희는 이런 의문이 생길 거야.

"모든 진리가 단지 완성해 가는 과정에 있을 뿐이라면, 진리는 영영 모호한 것으로 남아 있을 수밖에 없는 것이 아닌가?"

그렇지는 않아. 이를테면 뉴턴이 만유인력에 관한 역학 이론을 발표했을 때, 많은 사람들은 그것이 모든 물질 운동에 타당한 절대적인 진리라고 생각했지. 하지만 얼마 뒤 과학자들은 뉴턴의 역학은 큰 물체들의 운동에서만 타당한 진리이며, 빛이나 미립자들의 운동에까지 타당한 진리는 아니라는 사실을 밝혀냈지. 그리고 아인슈타인은 빛이나 미립자의 운동에 타당한 상대성이론을 밝혀냈어. 하지만 상대성이론이 나왔다고 해서 뉴턴의 역학이 가치가 없다거나 모호한 이론이 되는 것은 아니야. 뉴턴의 역학 이론은 큰 물체의 운동이라는 범위에서는 여전히 절대적이라고 할 수 있어.

이처럼 진리는 상대적 진리이면서 동시에 절대적 진리를 포함하고 있기 마련이야.

진리가 늘 상대적이기만 하다면, 너희는 인식을 발전시키는 일 따위는 할 수 없게 될 거야. 이를테면 오늘 수업 시간에 진도가 1단원까지 나갔는데, 선생님이 "자, 이건 그저 오늘의 진리이기만 하고, 내일의 진리는 따로 있어." 하지 뭐냐? 오늘 배운 게 내일에는 몽땅 거짓이 되어 버린다면, 내일 배운 것도 마찬가지 아니겠어? 그러나 다행히 너희는 오늘 배운 것이 오늘의 진리이기만 한 것이 아니기 때문에, 그것을 기초로 내일 또 2단원을 나갈 수 있는 거야.

물론 너희는 오늘, 내일뿐 아니라, 죽을 때까지 배워도 완벽한 진리에 도달할 수는 없을 거야. 그저 조금씩 가까워질 뿐이지.

뉴턴은 죽으며 "나는 그저 바닷가에서 작은 조개 하나를 줍고 기뻐하는 아이에 불과할 뿐이다."라는 유명한 말을 남겼다고 해. 겸손한 말이기도 하지만, 그보다 진리에 이르는 일이 그만큼 어렵다는 말이기도 하겠지. 하지만 그렇다고 해서 조개를 줍는 아이의 기쁨이 사라지는 것은 아니잖니? 아니, 어쩌면 진리에 이르는 일이 어렵기 때문에 더 즐거운 것인지도 모르지. 바닷가가 온통 조개로 덮여 있다면, 발견의 기쁨 따위도 없지 않겠어?

그릇된 인식도 사람만이 할 수 있다

사람의 인식은 객관 대상을 도장 찍듯 곧이곧대로 반영하는 게 아니라, 갖가지 연관, 유추, 추상화, 상상 따위와 함께 반영해. 때문에 사람은 객관 대상을 정확하게도 반영하지만, 그릇되게도 반영할 수 있어. 밤길에 빨래를 보고 '이크, 귀신이다!' 하는 인식은 잘못된 인식이지만, 이것은 오직 사람만이 할 수 있는 인식이야. 다른 어떤 동물도 빨래를 보고 귀신을 유추해 낼 수는 없을 테니까.

다른 동물들은 객관 대상을 그저 정직하게만 반영할 뿐이야. 덫에 걸려든 쥐는 '덫'을 그릇되게 반영했기 때문이 아니라, '미끼'를 너무 정직하게 반영했기 때문에 걸려든 거야. 너희는 때때로 객관 사물을 그릇되게 인식하는 수가 많겠지만, 이것 역시 사람만이 할 수 있는 능력이야. 객관 사물을 이러저러한 이유로 왜곡되게 반영한 인식을 철학에서는 **오류**라고 해.

똑같이 그릇된 인식이어도 오류와 거짓은 달라.

〈해와 달이 된 오누이〉에서 호랑이는 자신이 오누이의 어머니가 아님을 알면서도 오누이에게 "나는 너희 엄마다." 하고 말하잖아? 이것은 거짓말이야. 하지만 오누이는 "저건 우리 엄마가 틀림없다." 라고 확신하고 문을 열어 주지. 이때 오누이는 거짓말을 한 게 아니라 오류를 범한 거야.

이처럼 거짓말은 그것이 '거짓임을 알면서도' 진리라고 주장하지만, 오류는 그것이 '거짓임을 모르기 때문에' 진리라고 주장하지.

오류는 착각, 선입견, 편견, 주관적 믿음, 시대적 제약 따위에 의해 생겨나므로 주장하는 사람 자신은 그것이 진리라고 확신하고 있지. 말하자면 오류를 범하는 자는 스스로도 속고 있는 셈이지만, 거짓말쟁이는 남을 속일지언정 스스로는 속지 않아. 그러므로 **오류**는 **정직한 비진리**이며 **거짓말**은 **부정직한 비진리**라고 할 수 있어. 오류는 진리를 깨달음으로써 수정되지만, 거짓말은 스스로 정직해지지 않는 이상 구제 불능이야.

때문에 오류는 인식의 문제지만, 거짓말은 도덕의 문제와 관련이 있어. 자신의 인식이 오류임을 깨달았을 때에는 즉각 그것을 수정하려는 자세가 필요해. 그러면 오류는 범할지언정, 거짓말은 하지 않게 되지.

오류와 거짓말은 이처럼 다른 것이지만, 대개는 오류와 거짓말이 뒤범벅되어 나타나는 경우가 많아. 어떤 인식이 오류임을 깨닫고도 고치지 않고 오히려 그것을 여러 가지 편법으로 합리화시키려 들 때 이런 일이 흔히 발생하게 되지.

이를테면 "스스로를 독재자라고 생각하는 독재자는 없다."라는 말처럼 독재자는 '자기가 옳다'는 오류에 빠져 있어. 하지만 이런 오류를 정당화시키려고 독재자는 수많은 거짓말로 국민들을 속이게 되는 거야.

너희는 오류를 범하는 것을 경계해야 하지만, 두려워할 필요도 창피해할 이유도 없어.

"실패는 성공의 어머니."라는 말도 있듯이, 진리는 오류를 통해서 발전하는 거야. 과학사에 있어서도 천동설은 큰 오류였지만 천체에 관한 여러 지식들을 발전시키는 데에 많은 기여를 했어. 그리고 이렇게 발전한 천문학에서 지동설도 나오게 된 것이지.

진리는 부모님에게 용돈 타 쓰듯 그저 주어지는 것이 아니라, 사람 스스로가 도달해 가는 거야. 진리에 도달하는 과정에는 무수한 오류가 생기며, 그것이 오히려 당연한 일이야.

그러니 어쩌다 한 번 실수했다고 해서 "아, 나는 왜 이 모양일까? 살 가치도 없는 인간이야!"라며 머리를 쿵쿵 쥐어박을 필요는 전혀 없어. 오류를 두려워하지 말고, 도리어 오류를 두려워하는 마음을 더 두려워해야 해. 오류는 그것이 오류임을 받아들이는 순간 교정되기 마련이며, 오류를 통해 발전한 진리는 오류의 과정을 한 번 겪었기 때문에 오히려 더 확실한 진리가 될 수도 있는 거야.

오류 피하기

그럼에도 불구하고 무작정 오류만 범하고 살 수는 없는 노릇이잖니? 또 오류를 진리의 밑거름으로 삼기 위해서는 어째서 오류가 발생되는가 하는 오류의 근원에 대해 깊게 새겨 두지 않으면 안 되겠지.

오류의 발생 근원에 대해 몇 가지만 살펴보자.

첫째, 대상을 주관적으로 파악할 때 오류가 생기기 쉬워.

이를테면 소심한 성격을 가진 친구라면, 세상 사람들이 죄다 자기만 쳐다보고 있는 듯한 착각에 빠질지도 몰라. '내 옷에 묻은 얼룩을 다른 사람들이 비웃지 않을까?' 하는 식으로 말이야. 하지만 세상 사람들은 남의 옷에 묻은 얼룩이나 비웃고 있을 만큼 한가하지 않아. 그저 혼자 주관적으로 그렇게 생각할 뿐이지.

"사람들은 누구나 제 눈으로 세상을 본다."라는 말도 있지만, 그렇다고 그게 옳다는 뜻이 될 수는 없겠지. 도리어 오직 제 눈으로만 세상을 보려 할 때 오류에 빠지기 쉬운 거야.

둘째, 대상을 선입견을 가지고 대했을 때 오류가 생기기 쉬워.

비슷한 얘기겠지만, 어떤 대상을 객관적으로 파악하기 전에 지레짐작으로 '저것은 이러저러할 것이 뻔해.' 하고 생각하는 경우가 그래. 이런 선입견은 물론 기존에 주입된 통념, 다른 대상으로부터 받은 인상, 제멋대로의 믿음 따위에 영향을 받아 생긴 것이지. 하지만 모든 대상은 "뻔해." 하고 말할 수 있을 만큼 단순하지는 않아. 나의 기존 관념은 옳은 것인가를 끊임없이 의심해 보고, 모든 대상을 구체적이고 객관적으로 보려는 자세를 갖추어야만, 선입견으로 생기는 오류를 막을 수 있을 거야.

셋째, 대상을 편협하게 인식할 때 오류가 생기기 쉬워.

"엄마는 괜히 나만 미워해!" 이런 얘기 흔히 하지만, 그건 엄마의 다양성을 너무 무시하는 발언 아닐까? 엄마가 할 일도 많을 텐데, 뭐 하러 늘 자식만 미워하고 있겠냐? 그건 입장을 바꿔 놓고 생각해 봐도 그렇지. 너희는 일 년 열두 달 늘 엄마를 원망만 하고 있니? 예쁠 때도 있고, 미울 때도 있고, 고맙게 느껴질 때도 있고, 짜증스럽게 느껴질 때도 있고…… 그런 거 아니겠어?

다양한 측면이 있는 대상을 어느 한 면만 보고, "저건 저러해!" 하고 단정 짓는 태도는 오류를 낳기 쉽지. "장님 코끼리 만지는 격."이라는 속담도 있잖니?

넷째, 오류는 개인적 인식 태도의 문제에서 생기기도 하지만, 남의 생각을 아무 비판 없이 받아들일 때 생기는 수도 많아.

여론 조작이 효과를 발휘하는 것도 대개 그런 이유 때문이지. "저 사람 나쁘다!" 하고 수군수군하는 소리를 들으면 딱히 그럴 만한 이유도 없는데 그 사람이 왠지 나쁜 사람이라는 생각이 든단 말이야. 또 광고를 한참 보면 자기한테 딱히 필요 없는 물건인데도 꼭 필요하다는 생각이 들기도 하잖니?

또 드라마 같은 걸 보면 세상에는 오직 미남 미녀들만 존재하는 것 같은 착각에 사로잡히기도 하잖니? "아, 사랑은 다 저렇게 짜릿하고 달콤한 건가 보다." 하고 환상에 젖기도 하고 말이야. 그런 것들과 비교하여 "내 일상은 왜 이리 구질구질하지?" 하고 한탄할 필요는 전혀 없어. 드라마는 가짜일 뿐이고, 진짜는 바로 너희 일상이니까.

이상의 것들은 오류를 발생시키기 쉬운 인식 태도의 예들이지만, 깊이 따져 보면 훨씬 더 많을 거야.

물론 주관적 태도, 선입견, 편협한 사고 따위를 극복하고 대상을 인식하기란 말처럼 쉬운 일은 아닐 테지. 특히 대중매체가 사람들의 생각을 휘어잡는 오늘날의 사회에서는 더더욱 쉬운 일이 아니지. 바로 그렇기 때문에 너희가 나를 친구로 삼아야 할 필요가 있지 않겠어?

진리임은 어떻게 밝혀지는가

길고 짧은 것은 대봐야 안다

아마 너희는 이런 의문을 갖게 될지도 몰라.

"현실에서는 '이것이 옳다, 저것이 옳다' 의견 대립이 번번이 일어나잖아? 진리인지 아닌지를 판단하는 것조차 인식에 의존해야 한다면, 그 인식이 옳은지 그른지는 또 어떻게 판단해야 하지?"

맞아. 현실에서는 같은 대상에 상반된 인식이 존재하며, 저마다 자기 인식이 진리라고 주장하지. 그렇다면 어떤 인식이 진리이고 어떤 인식이 진리가 아닌가는 도대체 어떻게 밝혀지는 것일까?

자칫 진리를 밝히는 일 역시 '인식의 문제'라고 생각하기 쉽지만, 사실은 그렇지 않아. 결론부터 말하면 진리를 밝히는 일은 인식의 문제라기보다는 실천의 문제야. 어째서 그럴까?

'인식의 원천은 실천'이기 때문에 '어떤 인식이 바른가, 그른가'

또한 실천으로만 입증할 수 있는 거야.

"길고 짧은 것은 대봐야 안다."라는 속담도 있듯이 사람들은 "이 것이 길다, 저것이 길다."라고 논쟁을 벌일 수는 있어. 하지만 이런 논쟁을 마지막으로 끝낼 수 있는 가장 확실한 방법은 오직 직접 대 보는 일이지.

사실 오늘날 진리로 승인하고 있는 모든 객관적 진리들은 실천으 로써 입증된 것들이야. '복어알을 먹으면 죽는다.' '깨를 짜면 식용 기름이 나온다.' 따위의 진리들은, 그저 누군가 머리를 싸매고 궁리 해서 밝혀낸 것이 아니라 모두 앞선 세대들이 실천으로써 밝혀낸 진리들이지. 물론 '복어알을 먹으면 죽는다'는 인식이 진리가 되기 까지는 무수히 많은 사람들이 복어알을 먹고 죽어 갔을 거야.

그러나 '진리는 실천으로만 입증된다'는 말은 '입증되어야만 진 리다'라는 말과는 달라. 모든 진리는 실천을 통해 입증되기 마련이 지만, 그렇다고 해서 '입증되어야만 진리'인 것은 아니야.

만일 당장 실천적으로 증명되어야만 진리라면, '핵전쟁이 일어나 면, 인류는 멸망할 것이다.'라는 인식이 진리인지 아닌지는 어떻게 알 수 있겠니? 증명되는 순간 다 죽어 버릴 텐데 말이야. 그렇다고 이것이 단지 '논리적으로 옳기 때문에' 진리인 것은 아니야. 인류 는 핵의 위험에 관한 여러 실험이나, 히로시마 원폭 투하, 핵 발전소 누출 사고 따위의 실천적 경험들을 갖고 있어. 이런 실천적 경험으로 핵전쟁을 겪지 않고도 '핵전쟁이 일어나면, 인류는 멸망할 것이다.'라는 인식이 진리임을 아는 거야.

물론 핵전쟁이 진짜 일어난다면 이것이 진리임이 입증될 테지만, 그건 너무 끔찍한 일이니 그런 일이 일어나서는 안 되겠지?

진리의 척도를 인식에 두는 그릇된 태도들

진리는 이처럼 실천을 통해서 밝혀지고 입증되는 거야. 그래서 **실천은 진리의 척도**라고 할 수 있어.

진리의 척도가 인식 자체에 있다고 생각하는 태도는 어떤 형태든 그릇된 거야. 다음에는 마치 진리의 척도인 양 주장되고 있는 잘못된 논리들에 대해서 살펴보자.

권위는 진리의 척도가 될 수 없어.

옛날 왕권 사회에서는 흔히 "짐의 말이 곧 진리다."라고 주장했고, 종교 국가에서는 "경전에 이렇게 적혀 있으니 이것이 진리다."라고 주장하기도 했어. 때로 성현이나 유명한 학자의 견해를 들먹이며 "그

들도 이렇게 말했으니, 이것이 진리다."라고 주장하는 경우도 있어.

물론 왕이나, 경전이나, 이름난 학자의 견해가 진리인 경우도 많겠지만, 그것은 그 견해가 객관적 실재와 일치하기 때문에 진리일 뿐 그들의 견해이기 때문에 진리인 것은 결코 아니야. 때문에 권위를 지닌 말이라고 해서 그것을 진리의 척도로 삼을 수는 없는 노릇이야.

'명백한 것'은 진리의 척도가 될 수 없어.

간혹 진리의 척도를 '명백한 것' '논리적으로 모순이나 갈등이 없는 것'이라는 식으로 어물쩍 답변하는 주장도 있더구나. 이것은 진리의 척도를 인식 자체에 두는 대표적인 사고방식이야.

이를테면 개똥이는 A라는 의견이 "명백하다."라고 주장하고, 갑돌이는 B라는 의견이 "명백하다."라고 주장하는 경우는 흔히 있는 일이야. 만일 '명백한 것' '논리적으로 모순이나 갈등이 없는 것'이 진리의 척도가 되려면, '무엇이 명백한 것인가?' '무엇이 논리적으로 모순이나 갈등이 없는 것인가?'에 대한 또 다른 척도가 필요하게 되잖니? 따라서 이런 것들은 진리의 척도가 될 수 없어.

다수결은 진리의 척도가 될 수 없어.

또 어떤 사람들은 '다수결의 원칙'을 진리의 척도로 착각하는 경우도 있어. 신문에서 발표하는 '설문 조사 통계'와 같은 것도 이런 착각을 일으키게 하지.

옛날 사람들은 지구가 평평하다고 믿었기 때문에 아마 당시에 설문 조사를 했다면, 많은 사람들이 지구는 평평하다고 대답했을 거야. 그렇다고 이것이 진리인 것은 아니잖아? 이렇게 다수가 잘못된 의견을 지니고 있을 가능성은 얼마든지 있을 수 있어. 다수의 의견은 그저 다수의 의견일 뿐이지, 진리의 척도가 될 수는 없어.

'유용한 것'은 진리의 척도가 될 수 없어.

또 '좋은 게 좋은 거다' 식으로 유용성을 진리의 척도로 내세우는 주장도 있어. 모든 진리는 사람에게 궁극적으로 유용하기 마련이야. 하지만 반대로 유용하다고 진리이지는 않아.

이 주장 또한 '유용한 것이 뭐냐'에 대한 또 다른 척도가 필요하므로 진리의 올바른 척도가 될 수 없는 거야.

'당장 입증할 수 있는 것'이 진리의 척도는 아니야.

'당장 입증할 수 있는 것'이 진리의 척도가 아님은 앞에서 말한 바와 같아. 모든 진리는 결국에는 입증되기 마련이지만, 그렇다고 해서 꼭 당장 입증할 수 있어야만 진리인 것은 아니야.

과학 이론 가운데도 처음에는 가설이었다가 실험 기술이 발전함에 따라 뒤늦게 진실로 입증되는 경우가 많잖니?

지금까지 진리의 척도라고 믿기 쉬운 통념들에 대해 살펴보았어. 이 밖에도 주변을 잘 관찰하면, 아마 서너 가지쯤 더 꼽을 수 있을 거야. 이처럼 진리의 척도에 대한 많은 견해가 존재한다는 사실은, 곧 그만큼 진리를 입증하는 방법이 어렵다는 사실을 뜻하는 것이기도 할 테지.

하지만 어렵든 쉽든 진리는 오직 실천으로만 밝혀지고 최종적으로 확정될 수 있는 거야.

진리의 획득 과정은 무한하다!

너희는 지금까지 여러 가지 철학적 내용들을 고찰해 왔어. 너희는 내 얘기를 듣는 동안 이런 물음들을 떠올렸을지도 몰라.

'이러저러한 내용은 과연 진리인가?'

그래, 이런 물음이야말로 진리를 받아들이는 아주 올바른 태도야. 물론 내 말이 다 진리라고 할 수는 없어. 하지만 내 말이 진리인가, 아닌가 또한 논리로 검증할 문제는 아니고, 너희가 세상을 살아가면서 실천적으로 검증해야 할 문제일 테지.

옛날 어떤 성현은 이렇게 말했다더구나.

적게 읽고 많이 행하면 위험하며, 많이 읽고 적게 행하면 어리석다.

이것은 인식과 실천의 통일을 일깨우는 말이야. 바로 그런 실천
을 통해서 너희는 내가 말한 이상의 진리를 획득해 나가길 바라.

그리고 그 진리 획득의 과정은 무한한 거야.

[1] 고대 그리스 철학자 피론은 어느 날 배를 타고 가다가 풍랑을 만났어. 배에 탄 사람들은 모두 공포에 질려 어쩔 줄을 몰라 우왕좌왕했지. 그런데 배 밑창에 있던 돼지들은 아주 태연하게 죽을 먹고 있는 거야. 그래서 피론은 이렇게 생각했어.

'현실에 대한 판단을 중지하면 우리도 저 돼지와 같은 평화를 얻게 될 것이다.'

너희는 피론의 이런 주장에 대해 어떻게 생각하니? 현실에 대한 판단을 중지함으로써 얻는 평화는 어떤 종류의 평화일까? '진리의 절대성과 상대성'의 문제를 떠올리며 한번 생각해 보렴.

➡ 도움말 352~354쪽

[2] 한때 어떤 종교 단체에서 '내 탓이요!' 운동을 벌인 적이 있었어. 서로 자기만 잘났다고 상대방을 헐뜯는 사회 풍토에서 이 운동은 신선한 느낌도 들었지. 그런데 어떤 사람들은 이 운동을 보고 오히려 저마다 "네 탓이다!" 하고 주장하기 시작했어.

어째서 이런 일이 벌어진 것일까? 이 운동이 성공하려면 어떤 문제부터 해결해야 했을까? '진리의 척도' 문제를 떠올리며 생각해 보렴.

➡ 도움말 354~356쪽

🐱 경험과 실천은 어떻게 다른 것이지?

🐶 경험과 실천은 모두 어떤 자연적, 사회적 대상에 작용한다는 점에서 비슷하게 느껴지지? 그러나 경험은 '인식 작용'에 관련한 개념이고, 실천은 '사람 활동'에 관련한 개념이니까 분명 다르지. 좀 더 정확하게 정의하면, '실천'은 사람이 자연적·사회적 대상에 대해 목적의식적으로 하는 모든 물질적 행동들을 뜻해. 그리고 사람은 이런 실천을 통해 자연적·사회적 대상들과 관계를 맺게 되는데 이때 얻는 앎을 '경험'이라고 해.

엄밀하게 정의하니까 어렵게 느껴질 뿐이지 그리 어려운 말도 아니야. 너희가 빵을 손으로 집어 입에 넣는 것은 실천이고, 이 실천을 통해 너희는 "어, 이 빵 맛있네!" 하는 경험을 얻게 되는 셈이지. 또 너희가 농촌 생활을 경험해 보려면 어떻게 해야 하니? 의자에 앉아 '농촌 생활은 틀림없이 이럴 거야.'라고 열심히 상상을 하니? 아니지? 농촌에 가서 밭도 매 보고 감자도 캐 보고 해야 한단 말이야. 이런 게 실천이지.

그래서 모든 경험은 실천으로 이루어지고, 또 모든 실천은 반드시 경험을 포함하고 있다고 말할 수 있어.

참고로 말하면, 실천으로 얻어진 경험은 모든 인식의 바탕이 되지만, 이것을 '모든 인식은 경험된 것'으로 혼동하면 곤란해. 이를테면 너희는 '-1' 같은 개념을 경험할 수는 없잖니? ('사과 한 개를 빚졌다.'를 '나는 -1개의 사과를 가졌다.' 하면 우습잖니?) 사람은 하나에 다른 하나를 보태는 경험을 바탕으로 수학을 만들었겠지만, 그것을 바탕으로 '-1'이나 '$\sqrt{-1}$'같이 경험할 수 없는 인식에도 도달할 수 있는 것이지.

그래서 실천을 통한 경험은 우리 인식의 바탕이 된다는 점에서 중요하지만, 너무 경험에만 집착하는 태도도 옳지 못해. 여러 경험들을 종합하고 그 본질을 파악하는 이성적 인식의 힘도 무시할 수는 없어. 그렇다고 해서 또 이성적 인식만을 너무 중시해서는 안 되고 말이야.

세상에는 우리가 알 수 없는 일들이 참 많잖니? UFO나 외계인 같은 것들도 그렇고. 이런 걸 생각하면 진리를 인식한다는 일이 갑자기 허무해지기도 해. 도대체 우리는 얼마큼이나 인식할 수 있는 것일까?

네 질문 가운데 '우리'를 '한 개인으로서 우리'와 '사람으로서 우리'로 나누어 생각해 보자.

'한 개인으로서 우리'의 인식 능력은 분명 제한되어 있어. 아무리 천재라고 해도 혼자서 모든 것을 다 인식할 수는 없지. 그럴 수 있다고 믿는 것은 오만이야.

하지만 '사람으로서 우리'의 인식 능력은 제한이 없어. 내가 모르는 것을 다른 사람은 잘 알고 있는 경우도 많잖니? 또 오늘날 사람들이 알 수 없는 문제라고 해서 그것이 영영 미궁 속에 잠겨 있지만은 않을 거야.

어쩌면 한 개인으로서 우리는 죽을 때까지 UFO의 비밀을 모르고 죽을지도 몰라. 하지만 수백 년 뒤에까지 영원히 비밀로 남아 있으란 법은 없지. 그걸 딱히 억울하게 생각할 필요는 없을 거야.

"꼭 오늘 인식할 수 없다 해도 좋다. 꼭 내가 인식할 수 없다 해도 좋다. 나는 진리를 향해 계속 나아가리라!" 이런 자세가 오히려 넉넉한 자세 아니겠어? 너무 '나' '개인'만을 강조하는 태도는 바람직하지 않아.

'한 개인으로서 우리'는 너무 미약한 존재지만, '사람으로서 우리'는 아주 강한 존재지.

그리고 '개인으로서 우리'가 인식할 수 있는 범위는 당대의 조건 속에서 가능한 모든 것이야. 내가 모르는 것은 남한테 물어보면 되니까.

머리 쓰기 연습 문제 도움말

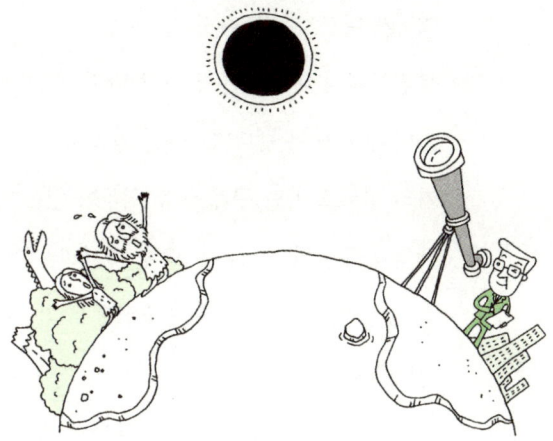

첫 번째 이야기

[1] "가난 구제는 나라님도 못한다."

이 말은 옛날 봉건사회 사람들이 하던 말이야. 그러니 너희는 먼저 봉건사회의 나라님(왕)과 민주 사회의 나라님(대통령, 정부)이 어떻게 다른가부터 따져 봐야 해.

봉건사회의 나라님은 신처럼 단지 '군림하는 존재'였기 때문에 가난 구제를 못 했다기보다는 할 의무가 없었지. 그렇다면 민주국가의 정부도 가난 구제를 할 의무가 없을까? 가난에 대한 정부의 책임과 국민의 책임은 어떻게 다를까? 위의 말이 어떻게 악용될 수 있을까? 따위의 물음을 중심으로 더 생각해 보렴.

"오십보백보."

이 말은 '전쟁터에서 50걸음 달아난 병사나, 100걸음 달아난 병사나 달아나긴 마찬가지'라는 뜻에서 유래된 고사성어잖니? 그래서 사람들은 이 말을 들먹이며 흔히 '피장파장'의 논리를 펴곤 하지.

"당신들이 거리에 침을 뱉는 거나, 우리 공장에서 하천에 폐수를 버리는 거나 오십보백보다!"

또 오래전에 어떤 텔레비전 드라마를 보니 이런 얘기도 나오더구나. 일본 형사의 끄나풀 노릇을 한 친일파가 해방이 되자 동네 사람들한테 맞아 죽을 판이 되었어. 그러자 이 친일파는 억울하다며 이렇게 외치는 거야.

"나만 친일했어? 너희 중에 왜놈들이 판 성냥 한 갑 안 사 본 놈 있으면 나와 봐! 없지? 그런 주제에 나만 친일했다고 떠들어?"

이것도 일본 성냥 한 갑 산 행위와 일본 형사의 끄나풀 노릇을 한 행위가 마찬가지라는 '오십보백보'의 논리야.

과연 '50걸음 달아난 병사'와 '100걸음 달아난 병사' 사이에는 아무런 차이도 없는 것일까? 50걸음의 차이는 아무 의미도 없는 것일까? 만일 이 차이가 없다면, '한 발짝 물러선 병사'와 '천 리 밖으로 달아난 병사'도 마찬가지라고 할 수 있을까? 이 말은 현실에서 어떻게 악용될 위험이 있을까? 더 생각해 보렴.

[2] 당장 눈에 보이는 문제들부터 생각해 보자. 쓰레기, 더러운 강물, 자동차 매연, 유해 식품…… 끝도 없겠지? 이 가운데 아무거나 붙잡고 왜 그런 문제가 생기는지 따져 보렴. 이를테면 쓰레기 문제라면, '사람들이 쓰레기를 많이 버리는 게 문제다' 식으로 말이야.

그럼 그 문제는 또 왜 생기는지 따져 보렴. 일회용품을 너무 많이 쓴다, 상품의 포장재가 너무 많다, 물건들을 필요 이상으로 사들인다, 물건을 오래 쓰지 않고 너무 쉽게 버린다……. 이쯤 되면, 문제 해결 방법도 궁리해 볼 수 있을 거야. '일회용품을 너무 많이 쓴다. 일회용품 규제 정책을 마련한다' 식으로 말이야.

하지만 너희는 아마 더 따져 볼 수도 있을 거야. 오늘날 상점들은 왜 일회용품을 많이 쓸까? 상품을 빨리 많이 팔기 위해서다. 왜 상품을 빨리 많이 팔아야 할까? 그래야 돈을 많이 벌기 때문이다. 왜 돈을 많이 벌어야만 할까? 돈이 많을수록 더 많이 가질 수 있기 때문이다. 왜 더 많이 가져야 할까? …… 이런 식으로 말이야.

한참 따지다 보면, 결국 '인간의 끝없는 욕망' 문제까지 나올지도 몰라. 아마 많은 사람들은 "인간의 욕망은 어쩔 수 없는 거야." 하고 끝내 버릴지도 몰라. 하지만 너희는 "인간의 욕망은 왜 생기는 걸까?" 하고 더 나가 보렴.

두 번째 이야기

[1] 이것은 이청준의 〈조만득 씨〉라는 단편소설에 나오는 이야기야. 이 소설에 나오는 의사는 치료를 하는 쪽을 선택하며 이렇게 말하더구나.

"미친 것은 가짜의 삶이고 가짜의 행복이니까. 현실의 그것이 아무리 무겁고 고통스러운 것이라도 거기서밖에는 삶의 진실이 찾아질 수 없거든."

그런데 이 말을 들은 간호사는 이렇게 되묻는 거야.

"그가 그 현실의 무게를 감당하지 못해 다시 미쳐 돌아온다고 해 두요? 그리고 우리는 그를 다시 비정한 현실로 돌려보낼 수 있을 뿐 그가 그 현실의 짐을 짊어지는 데엔 아무런 힘도 보탤 수가 없어두요?"

참으로 까다로워 보이는 이 문제는 비단 정신병자 치료의 문제에만 머물러 있는 것은 아니야.

이를테면 '마약 환각' 상태의 행복은 참된 행복인가? 이런 문제를 '마약을 복용하면 잡혀간다' 식의 규범적 관점이 아닌, 행복 실현의 관점에서 한번 생각해 보렴.

또 너희는 가끔 노래방이나 인기 가수의 콘서트에 가서 실컷 열광하다가 집에 돌아오면 일상생활이 짜증 나고 허무하게 느껴지는 경험을 해 본 적이 있지 않니? 노래와 춤에 도취되었을 때 느끼는 행복은 어떤 종류의 행복일까? 이런 문제도 고민해 볼 만하지.

소설은 치료를 마치고 집에 돌아간 정신병자가 늙은 어머니와 동생을 목 졸라 죽여 버리는 것으로 끝맺고 있더구나. 행복의 환상이 컸던 만큼 현실의 불행이 더욱 비참하게 여겨졌던 탓이겠지.

행복은 사람의 생각 속에서 존재하는가, 아니면 현실과 일치되었을 때만 가치 있는 것인가? 행복한 착각 속에 영원히 머물러 있는 일은 과연 가능한가? 현실을 행복하게 바꾸는 일은 아주 불가능한 일인가? 현실은 언제나 사람에게 고통만을 줄 뿐인가? 이런 여러 물음을 떠올리며, 이 문제를 더 고민해 보렴.

[2] 《갈매기의 꿈》을 읽으며 가장 궁금하게 느꼈던 점은 '조나단은 도대체 뭘 먹고 살까?'였어. 작품 속에서 조나단이 물고기를 잡는 대목은 딱 한 군데밖에 나오지 않는데, 그나마 잡은 물고기조차 늙은 갈매기에게 줘 버리거든. '전혀 쓸데없는 것이다.'라고 생각하며 말이야.

다른 갈매기들은 배를 채우는 일에 급급해 자유를 만끽할 시간조차 없는데, 조나단만은 어떻게 배를 채우지 않고도 자유를 만끽할 수 있는 것일까? 조나단은 먹지 않고도 사는 남다른 비법을 알고 있었던 걸까? 이를테면 식물들처럼 '광합성'이라도 하는 것일까? 그래서 모든 시간을 오직 하늘을 나는 자유를 만끽하는데에만 사용할 수 있었던 걸까? 그렇지 않으면 어디다 물고기를 잔뜩 꼬불쳐 둔 것은 아닐까?

어쨌든 다른 갈매기들이 자유롭게 날도록 하려면, 조나단은 먼저 자기처럼 '먹지 않고도 살 수 있는 비법'부터 알려 주어야 했던 게 아닐까? 그런 비법도 알려 주지 않은 채 '먹어야만 사는 다른 갈매기들'을 비난한다면 그거야말로 비열한 짓이 아닐까?

사실 어느 누군들 자유를 만끽하고 싶지 않겠니? 재미있는 책도 읽고 싶고, 예술도 하고 싶고, 마음 내키는 대로 여행도 가고 싶어 하지. 하지만 대부분의 어른들은 저마다 "먹고살자니." "목구멍이 포도청이어서." 하고 말하잖니? 이렇게 말하는 어른들은 자유도 모르는 저질들일 뿐일까?

사람은 조나단처럼 먹지 않고도 살 수 있는 존재가 아님은 분명하지. 그렇다면 《갈매기의 꿈》은 먹지 않고는 살 수 없는 사람들에게 무슨 가치가 있는 책일까? 그야말로 '꿈'만을 보여 주는 것은 아닐까?

물론 "'먹이'가 '자유'보다 더 중요하다."라는 말은 있을 수 없지만, 참된 자유를 위해서라도 먹이 문제는 일차적으로 해결되어야 하는 게 아닐까? 만일 너희가 자유롭지 못하다면, 그건 너희에게 자유롭고자 하는 의지가 부족하기 때문이 아니라 다른 현실적인 이유가 있기 때문은 아닐는지…….

나는 이렇게 생각하는데, 너희는 어떻게 생각하니? 자, 친구들과 의견을 나누며 더 곰곰이 생각해 보렴.

세 번째 이야기

[1] 이런 논리는 연관을 무시하는 대표적인 예야. 만일 그 사회의 모든 사람들이 동시에 태어났다가 동시에 죽어 버린다면(물론 아기도 낳지 않고) 이 논리는 맞겠지.

하지만 다양한 나이와 수명을 가진 개개의 사람들이 사회라는 연관 속에서 존재하기 때문에, 이 논리는 허튼 말장난일 뿐이지. 물론 너희는 이런 논리가 엉터리임을 금세 눈치챌 거야.

하지만 다음과 같은 주장은 어떨까?

"내가 있고 사회가 있는 것이다. 그러니 내가 죽고 나면, 사회는 아무 의미도 없다. 때문에 사회는 결국 내 수명과 똑같은 수명을 가지고 있는 셈이다."

상당히 그럴듯한 얘기지? 이 논리의 허점이 뭔지 너희 스스로 판단해 보렴.

'의미가 없는 것'과 '존재하지 않는 것'의 차이는 뭘까? '나'와 '사회'의 관계는 뭘까? 내가 죽은 뒤에도 세상이 존재한다는 사실이 과연 아무 의미도 없는 일일까? 그 사실 때문에 삶을 더 가치 있게 살 수도 있는 것은 아닐까? 죽음은 삶의 의미를 몽땅 지워 버리는 종말일 뿐일까?

자, 푸슈킨의 시를 읽으며 이 문제를 더 생각해 보렴.

삶이 그대를 속일지라도

슬퍼하거나 노여워 마라

……

마음은 내일에 사는 것.

[2] 이것은 일제강점기 어떤 소설가가 쓴 작품 속에 나오는 문제야. 나는 어떤 방법을 선택하든 그건 단지 자기 입맛의 문제일 뿐이라고 생각해. 자기가 먼저 먹고 싶은 걸 먹으면 되는 거지.

하지만 만일 사과의 변화를 고려한다면 선택 방법은 입맛의 문제가 아닐 거야. 이를테면 현실의 사과는 계속 썩어 가기 마련이잖니? 그렇다면 좋은 사과부터 먹어 나간다면, 마지막 사과는 썩어 문드러져서 버려야 하는 일이 생길지도 모르지. 만일 이런 변화를 전제한다면, 당연히 나쁜 사과부터 먹어야 한 알이라도 더 아끼게 되는 셈이야.

하지만 겨우 다섯 알의 사과를 먹는 동안에 이런 일은 일어나지 않을 거야. 즉, 이 짧은 동안에는 사과는 크게 변화하지 않고 '상대적 정지'한 채 있는 셈이지. 때문에 어떻게 먹든 자기 입맛대로 먹으면 돼.

하지만 이런 문제를 현실의 문제와 똑같이 취급할 수는 없는 노릇이야. 현실은 사과 다섯 알처럼 금세 먹어 치울 수 없기 때문이지. 이를테면 예전에 어떤 문학 평론가는 이 '사과 먹기 문제'에 자기 고민을 섞어 이렇게 말하더구나.

"아마도 사과를 먹는 것이나 세상을 보는 눈이나 비슷할 것이다. 세상의 좋은 면부터 봐 나간다. 봐라, 이런 선의에서 일이 시작하고 있지 않으냐. 그러나 결과는 신통치가 않은 경우가 허다하다. 그렇다면 세상의 나쁜 면에만 눈을 준다. 앞으로 잘되어 나갈 것이다, 최소한도 이것보단 낫지 않겠는가. 그렇다면 미리 잘되어 있는 나라에 태어나지 않고 이따위 형편없는 나라에 태어난 게 한심해진다."

"미리 잘되어 있는 나라"가 도대체 어떤 나라인지, 우리나라가 어째서 "이따위 형편없는 나라"인지에 대해서도 불만은 있지만, 그 문제는 그렇다고 치자. '아마도 사과를 먹는 것이나 세상을 보는 눈이나 비슷할 것이다.'라는 생각은 완전히 독단이야.

사과 다섯 알을 먹는 동안에는 사과가 크게 변화하지 않지만, 세상은 변화·발전하기 마련이야. 세상의 변화·발전은 사람들이 어떻게 이끄느냐에 따라 사람에게 이롭게도 해롭게도 되는 것이지. 그래서 '세상의 좋은 면과 나쁜 면' 어느 쪽을 먼저 보느냐의 관점은 입맛의 문제로 따질 수는 없어. 세상의 좋은 면이 사람에게 이롭고, 나쁜 면은 사람에게 해롭다면, 당연히 현실의 나쁜 점은 뜯어고치고 좋은 점은 북돋아 줘야 하지 않겠어? 그것이 어떻게 '어느 쪽을 먼저 보느냐' 하는 '관점의 문제'겠니? 그건 실천의 문제야.

그럼에도 이 문학 평론가는 어째서 이것을 하나의 관점이나 취향의 문제로 돌려 버렸던 걸까? 그건 현실의 변화·발전을 무시하고 관념적인 사고에만 골몰하고 있기 때문이야. 바로 그래서 현실에 사고를 맞춰야지, 사고에 현실을 짜 맞추려 하면 위험한 거야.

사고에 현실을 짜 맞추는 논리들이 참으로 흔하니, 너희는 어떤 글을 읽을 때에는 늘 의심하면서 읽어야 해. 물론 이 책을 읽을 때에도 마찬가지겠지?

네 번째 이야기

[1] 물론 '머피의 법칙'은 진짜 법칙이 아니라, 일상생활에서 흔히 겪게 되는 일들을 농담처럼 지어낸 거야. 설마 우산 두고 간 날만 골라서 비가 내릴 리야 있겠니? 그냥 우연히 그렇게 되었을 뿐이지.

하지만 일이 꼬인다고 생각하면 진짜 계속 꼬이기만 하는 경우도 흔히 있잖니? 여기엔 어떤 심리적인 영향이 작용하고 있을지도 몰라. 일이 꼬이니까 무슨 일을 해도 자꾸 움츠러들기 마련이고, 움츠러드니까 어떤 일을 해도 또 꼬이게 되는 식으로 말이야. 말하자면 악순환이 계속되는 셈이지. 이렇게 '움츠러드는 심리'와 '움츠러드는 행동' 사이에 어떤 필연적인 연관이 있는 게 아닐까?

이를테면 멀쩡한 아이도 자꾸 "바보야! 멍청아!" 하고 구박하면 진짜 바보가 되어 버리기도 하잖니? 자꾸 구박을 받으니까 무슨 일을 해도 자신감을 잃어버리게 되고, 자신감 없이 일을 하니까 또 멍청한 행동을 하게 되는 것이지.

'머피의 법칙' 자체야 그저 우연일 뿐이지만, 위축된 심리와 위축된 행동 사이에는 필연적 연관이 있을지도 몰라.

'샐리의 법칙'이라는 것도 있는데, 이건 정반대로 '되는 일은 어떻게 해도 된다'는 법칙이야. 일이 잘 풀리니까 자신감을 갖게 되고, 자신감이 있으니까 무슨 일을 해도 잘 풀리는 것이지.

그러니 '머피의 법칙'보다 '샐리의 법칙'을 믿고 자신감 있게 행동하렴. 뭐, 어차피 둘 다 엉터리 법칙인데, 이왕이면 잘 풀리는 쪽으로 믿는 게 낫지 않겠어?

[2] 이런 꾸지람을 하는 부모님은 혹시 원인과 조건을 혼동하고 있는 게 아닐까?

이렇게 자신만만하게 자식을 꾸짖는 부모라면, 아마 나름대로 훌륭한 공부 여건을 갖춰 줬다고 자부하고 있을지도 몰라. 좋은 학군, 고급 학원, 고액 과외, 조용한 공부방 등등 말이야. 하지만 조건은 원인과 다르다고 했지?

물론 더 나은 조건에서는 더 나은 결과가 나올 수도 있어. 이를테면 기름을 잘 먹인 바퀴가 기름을 덜 먹여 뻑뻑한 바퀴보다 더 빨리 굴러갈 수 있겠지. 하지만 기름 자체가 바퀴를 굴리는 것은 아니잖니? 어디까지나 바퀴를 굴러가게 하는 것은 기름이 아니라 동력이잖니?

만일 원인이 똑같다면 조건이 나은 쪽이 더 나은 결과를 나타낼 거야. 하지만 진짜 '똑같은 조건에서' 결과가 달라졌다면, 그건 원인이 다르기 때문이 아닐까?

그러니 저렇게 조건 내세우며 꾸지람하기보다는 차라리 공부 의욕을 북돋아 주는 편이 훨씬 더 낫지 않을까? 자전거 페달 밟을 기운이 없는데, 자전거 체인에 기름만 잘 발라 놓으면 무슨 소용 있겠니? 안 그래?

그건 부모님뿐 아니라 너희도 마찬가지야. 공부 못하는 핑계로 공연히 돈 없는 부모님 들볶지 말고, 진짜 공부할 마음이 있는지부터 따져 보란 말이야. 이럴 때 딱 맞는 속담이 있는데, "절 탓 말고 중이나 잘해."라던가?

다섯 번째 이야기

[1] 이런 궤변은 여러 가지 면에서 허점을 지적할 수가 있지. 얼핏 생각하면 논리적으로는 맞는 것 같지만, 잘 생각해 보면 논리적으로도 잘못되어 있어.

'머리카락을 한 올 뺀다'는 것은 머리털 한 올에 대한 개별적인 사건이지만, '계속 한 올씩 더 뺀다'는 것은 머리털 전체에 걸쳐 일어나는 사건이잖니? 그리고 '대머리가 된다, 만다'는 것은 머리털 전체에 걸쳐 일어나는 사건이지.

그런데 이 궤변은 전제에서는 "머리카락을 한 올 뺀다 해서 대머리가 되지는 않는다."라는 식으로 개별적인 사건을 문제 삼다가, 결론에 가서는 "그러므로 계속 한 올씩 더 빼도 대머리가 되지 않는다."라는 식으로 전체적인 사건을 문제 삼고 있는 거야.

참고로 말하면, 이렇게 전제에서는 개별을 문제 삼다가 결론에 가서는 전체의 문제로 결합시키는 논리적 잘못을 '결합의 오류'

라고 해. 이를테면 "개똥이는 바보다 ➡ 개똥이는 사람이다 ➡ 그러므로 사람은 바보다."라는 논리를 생각해 보면 알기 쉽겠지.

그런데 너희가 이 궤변에서 생각해 볼 점은, '양질 전화'의 문제야. 머리카락을 한 올씩 뽑아 가는 것은 양적 변화지만, 그런 양적 변화가 어느 한도에 이르면 '대머리'로 질적 변화를 하는 거야. 하지만 "어느 순간부터 대머리라 할 수 있느냐?" 하고 물으면 딱히 대답할 말이 없을 거야. 대답할 말이 없는 까닭은 '대머리'라는 말 자체가 사람들이 만들어 낸 개념어이기 때문이야. 딱히 대머리라 할 수도 없고, 딱히 아니라 할 수도 없는 어중간한 상태를 일컫는 말이 없잖니? 꼭 필요하다면 '반 대머리' 식으로 새 개념어를 만들 수도 있지만, 그래 봐야 정확한 것도 아니야.

이처럼 '궤변'은 대개 현실과 논리의 불일치를 이용해서 만들어 내곤 해. 흔히 궤변이라면 다 나쁜 걸로 알지만 꼭 그런 것은 아니야. 옛 철학자들은 논리와 현실이 일치하지 않는다는 사실을 잘 알고 있었고, 논리만 따지는 사람들을 반박하려는 의도로 이런 궤변들을 많이 만들어 냈던 거야.

사실 '양질 전화'처럼 현실에서 일어나는 객관적인 변화를 무시하고, 논리에만 치우친 사고를 하다 보면 이런 궤변에 넘어갈 위험이 있어.

그렇다고 논리를 무조건 부정해서는 정확한 사고를 할 수 없는 경우가 많아. 논리를 부정한다는 것은 곧 말을 부정한다는 것과 다름없는데, 그래서야 어떻게 사고를 할 수 있겠니?

결국 문제는 '논리가 중요하다, 현실이 중요하다'가 아니라, '현실을 어떻게 정확하게 볼 것인가'이며 '현실을 논리 속에 어떻게 담아낼 것인가'겠지.

이런 궤변들은 그래도 사고 훈련에 보탬이 되는 재미있는 궤변이지만, 세상에는 그저 남을 속여 먹으려고 만든 위험한 궤변들도 많아. 언제나 실제 현실을 중심으로 사고하는 습관을 키워 두면 어떤 궤변에든 쉽게 속아 넘어가지 않을 거야.

[2] 한도가 그 사물을 유지시키는 질과 양의 통일적 결합이라고 말했지? 그러니 돈의 양 또한 삶의 질을 유지시켜 주는 '한도' 안에서 생각해야 하지 않을까?

물론 돈이 너무 없어도 삶의 질이 파괴되고 말 테지만, 돈에 너무 집착하면 삶의 질이 파괴될 테지. "돈, 돈 하다가 돌아 버린다."라는 말도 있잖니?

하지만 세상에는 욕심이 많아 이것저것 다 갖고 싶어 하는 사람도 있고, 그저 하루 세끼 굶지 않을 정도면 된다고 생각하는 사람도 있잖니? 심지어 어떤 사람들은 삶의 질은 양에 의해 결정된다고 믿기도 하더구나. "적어도 이 정도는 갖고 살아야지." 하면서 말이야. 하지만 '적어도'의 기준조차 다 다르잖니?

갖고 싶은 것을 못 가지면 좌절하고, 자기 능력을 한탄하고, 현실을 비관하고, 심지어 자살까지 하잖니? 어쩌면 '소유욕'이라는 것도 삶을 '양'의 문제로만 따지는 발상이 아닐까? 너희 인생이 걸린 문제니까 더 깊이 따져 보기를 바라.

이 문제에 관한 좋은 참고 도서로 에리히 프롬의 《소유냐 존재냐》 같은 책이 있으니, 관심 있는 친구는 한번 읽어 보렴.

여섯 번째 이야기

[1] 이 문제를 좀 더 깊이 생각할 수 있도록 피론이 어떤 철학자인지 조금 설명해 줄게.

피론이 살았던 시대는 고대 그리스 사회가 무너지고 있던 격변기였어. 고대 그리스 국가는 크고 작은 여러 도시국가들로 이루어져 있었는데, 대부분 노예제 국가였지. 처음 얼마 동안에는 노예제가 사회적 생산에 적합했어. 그런데 사회적 생산이 발전해 감에 따라 노예노동으로는 발전을 더 감당하기 어렵게 되었어. 강제 노동을 하는 노예들은 생산에 별 의욕도 없었고, 또 노예를 계속 충당하려면 끊임없이 전쟁을 벌여 다른 부족 사람들을 잡아 와야 했기 때문이지.

이때 마케도니아의 알렉산더는 정벌 전쟁을 벌여 동방에까지 이르는 거대한 제국을 건설했어. 너희도 세계사 시간에 배웠겠지만, 이 시기를 '헬레니즘 시대'라고 하잖니? 하지만 알렉산더 제국은 단지 노예제사회의 붕괴를 잠시 멈춰 주는 정도의 역할만 했을 뿐이었어.

노예제사회의 붕괴는 필연적인 추세였고, 그래서 노예제를 대신할 새로운 사회에 대한 다양한 견해들이 나오고 있었지. 더구나 이 시기에는 동방에서 쏟아져 들어온 여러 색다른 문물들의 영향으로 다양하고 풍부한 사상들이 나오기도 했어. 격변기의 사회가 대개 그렇듯이 입이 달린 사람들이라면 누구나 자기주장 한마디씩 내뱉고 있는 꼴이었지.

피론은 바로 이런 시대에 살았던 철학자야. 피론은 오만 가지의 사상과 견해들이 난무하는 모습을 보며 '진리는 사람의 입장에 따라 상대적으로 달라질 수 있으므로 절대적인 진리는 있을 수 없다'는 식으로 생각했지. 절대적인 진리는 없는데, 저마다 자기 사상이 진리라고 우기면 오히려 현실이 더 망가질 뿐이라고 주장했어. 그래서 피론은 현실에서 관심을 떼고 모든 판단을 중지하면 '아타락시아'라는 마음의 평화 상태를 얻을 수 있다고도 주장했지.

피론처럼 사람의 인식이 불확실하다며 진리의 존재에 대해 회의(의심)하는 주장을 '회의론'이라고 하고, 때로는 피론의 이름을 따서 '피로니즘'이라고도 해.

하지만 피론식의 회의론은 단지 '현실도피'일 따름이며, 무엇보다 그 자체로도 자기모순에 빠져 있는 주장이야. 만일 피론 말이 옳다면, '진리가 없다'는 주장조차 진리가 아니잖니? 그건 마치 "나는 판단할 수 없다." 하고 판단하고 있는 꼴이지.

사람마다 다른 주장과 견해들을 펴고 사상적인 혼란이 심한 시대일수록 피론식의 회의론이 큰 호소력을 갖기도 하지. 너희도 이런 시대에 살고 있으므로 회의론에 빠지지 않도록 늘 주의해야 해. 왜냐고? 그야 너희는 돼지가 아니며, 그저 먹을 것이나 찾으며 꿀꿀대는 돼지의 삶을 너희 삶의 목표로 삼을 수는 없는 노릇이니까. 사람의 인식에는 오류가 많지만, 오류 때문에 진리를 포기할 필요는 없어. 그건 그야말로 '구더기 무서워 장 못 담그는' 얼간이들이나 할 짓이지.

[2] 어떤 잘못을 "이건 내 탓이다."라고 판단할 때, 도대체 무엇을 척도로 판단하는 것일까?

사람들은 흔히 '잘잘못은 너무 명확하다.'라는 착각에 빠지기 쉬워. 특히 종교를 믿는 사람들은 종교 교리를 진리의 척도로 삼기 때문에 더더욱 이런 착각에 빠지기 쉽지.

하지만 현실에서 자신이 잘못한 줄 알고도 잘못을 저지르는 경우가 얼마큼이나 있을까? 자신이 옳다는 오류에 빠져 잘못을 저지르는 경우가 더 많지 않을까? 친일파는 친일이 옳다고 믿고 친일을 하며, 독재자는 독재가 옳다고 믿고 독재를 하기 마련이지. "핑계 없는 무덤 없다."라는 속담처럼 저마다 이런저런 이유로 '나의 행위는 옳다.'라고 생각하잖니?

그렇다면 이런 사람들이 "내 탓이요!" 하고 말할 수 있게 하려면, 먼저 '나의 행위는 옳다.'라고 믿는 오류부터 깨 줘야 하는 것은 아닐까? 어떤 행위의 잘잘못은 '신의 말씀'에 따라 너무나 명백하므로 이것은 전혀 필요 없는 일일까?

하지만 현실에서는 '신의 말씀'을 잘못 해석해서 저질러지는 잘못도 많잖니?

신이 법원의 판사처럼 행위 하나하나의 잘잘못까지 판가름해 줄 수 없다면, 어차피 어떤 행위의 잘잘못은 사람 자신이 판가름할 수밖에 없겠지. 때문에 여기에는 어떤 척도가 필요하게 돼. "이것은 네 잘못이다!" "아니다, 네 잘못이다!"라는 의견 차이(또는 "이것이 신의 말씀에 합당하다." "아니다, 저것이 합당하다."라는 의견 차이도 마찬가지겠지.)는 무엇으로 판가름할 수 있는 것일까? 이것을 판가름할 수 있는 척도가 없다면 '내 탓이요!' 운동은 좋은 의도와는 달리 '남의 탓 헐뜯기'의 결과만 낳게 될 거야.

'내 탓이요!' 운동이 단지 자기 잘못에 대해 끊임없이 주의를 기울이자는 뜻이라면, 긍정적인 의미를 가질 수도 있겠지. 하지만 이것 또한 잘잘못의 척도가 올바로 주어지지 않는다면 공허한 애기야. 자신의 잘못이 뭔지 알아야 주의를 기울여도 올바로 기울일 수 있는 법이니까.

아무 척도 없이 "내 탓이요!"만 되뇌라고 하기보다는, 차라리 현실에서 나타나는 잘못을 밝혀내고 "그건 네 잘못이다."라고 구체적으로 지적해 주는 편이 잘못을 저지른 사람을 위해서나 현실 발전을 위해서나 더 정당한 태도가 아닐까? 한 번 더 깊이 생각해 보렴.